古代歷史文化研究輯刊

二 編

王 明 蓀 主編

第 11 冊

西漢游俠的活動特色及其社會關係

鄭 宗 賢 著

兩漢人口移動之研究

洪 武 雄 著

國家圖書館出版品預行編目資料

西漢游俠的活動特色及其社會關係　鄭宗賢著／兩漢人口移動之研究　洪武雄著 — 初版 — 台北縣永和市：花木蘭文化出版社，2009〔民 98〕

序 2+ 目 4+124 面 + 目 2+76 面；19×26 公分

（古代歷史文化研究輯刊　二編；第 11 冊）

ISBN：978-986-6449-89-5（精裝）

1. 游俠　2. 社會關係　3. 人口遷移　4. 漢史

546.11　　98014186

ISBN - 978-986-6449-89-5

古代歷史文化研究輯刊

二　編　第十一冊　　ISBN：978-986-6449-89-5

西漢游俠的活動特色及其社會關係
兩漢人口移動之研究

作　　者　鄭宗賢／洪武雄

主　　編　王明蓀

總 編 輯　杜潔祥

出　　版　花木蘭文化出版社

發 行 所　花木蘭文化出版社

發 行 人　高小娟

聯絡地址　台北縣永和市中正路五九五號七樓之三

電話：02-2923-1455 ／傳真：02-2923-1452

網　　址　http://www.huamulan.tw 信箱 sut81518@ms59.hinet.net

印　　刷　普羅文化出版廣告事業

初　　版　2009 年 9 月

定　　價　二編 30 冊（精裝）新台幣 46,000 元

西漢游俠的活動特色及其社會關係

鄭宗賢　著

作者簡介

鄭宗賢，1980 年生於臺灣臺北，淡江大學歷史系學士、碩士。現在國立臺灣師範大學歷史系攻讀博士，兼授淡江大學、東吳大學的通識課程。主要的研究時間斷限為秦漢時代，目前重點研究主題是社會人物、歷史地理與簡牘學等。生活以閱讀、寫作和運動為樂趣，化名「久保」混跡數位世界，拿歷史來玩樂人生。

提　要

快意恩仇、刀光劍影、輕功過人、濟弱鋤強是俠的普遍印象，他們不只活在虛擬的小說故事或電視影劇裡，還曾經真實存在於秦漢時代……。有別於通史性的俠文化介紹，本書以《史記》、《漢書》的文獻記載出發，僅討論西漢時代的俠文化。

藉由西漢時代「俠」的種種行為，勾勒他們的人物性格是如何造就，他們又抱持著什麼樣的「俠義」，作為處世的價值觀？究竟是人在江湖身不由己，還是游俠想表現獨特言行，展現追求自我信譽的主動作為？藉著他們的人際關係與活動空間，體現游俠極為重視個人名譽，吸引不少群眾追隨，卻也因此深陷其間，難以掙脫江湖恩怨的泥淖。

帶著江湖味的游俠們，與國家政權相遭遇時，不能再以我行我素的方式因應，仍得嚴肅地面對統治者。對此本書從統治當局與國家法律的視野，論述眾多「俠行」的潛在風險，省思歷史上唯一的一波任俠風潮，提供我們鑑戒日常生活中，偶見幫派組織、角頭老大、流氓地痞的事情。

目次

序
第一章　緒　論 …… 1
一、研究動機 …… 1
二、研究回顧 …… 2
三、研究內容的補充與課題的拓展 …… 6
四、章節結構 …… 7
第二章　游俠概念的成形與內容 …… 9
第一節　游俠的字源與衍生辭彙 …… 9
一、釋「俠」 …… 9
二、俠的衍生辭彙 …… 13
第二節　司馬遷、班固與荀悅的游俠觀 …… 17
一、司馬遷的游俠觀 …… 18
二、班固的游俠觀 …… 21
三、荀悅的游俠觀 …… 24
第三節　判定游俠的具體行爲 …… 26
一、交友或養客 …… 26
二、干犯法禁 …… 27
三、助人於危難 …… 28
第三章　游俠性格的型塑與人際網絡 …… 31
第一節　游俠性格的型塑 …… 31
一、家庭 …… 31
二、宗族 …… 34
三、社會 …… 35
第二節　游俠人際網絡的構築 …… 36
一、地方鄉里 …… 36
二、貴族官宦場域 …… 41
第三節　人際關係的發展模式 …… 43
一、親屬關係 …… 44
二、主從關係 …… 45
三、朋友關係 …… 47
第四章　游俠的分布與活動 …… 51
第一節　游俠的出生、成長分布與社會文化 …… 51
一、分布概況的分析 …… 52

二、成年以後的活動範圍……55
三、社會風俗的催生因素……58
第二節　生平活動的總體觀察……61
一、貴族和官吏的移動……61
二、郡縣鄉里的百姓任俠……63
第三節　聯繫人際關係的型態與俠名的傳播……65
一、距離遠近的聯繫方式……65
二、俠名的傳播……66
第五章　游俠在西漢政權下的立場與因應之道……69
第一節　統治階層對游俠的觀感……69
一、皇帝與貴族……70
二、官員及胥吏……72
第二節　郡國變化與游俠的消長……75
一、七國亂前的郡國並行……75
二、七國亂後公權力的單軌化……78
第三節　政府治理游俠的政策……79
一、繩之以法……80
二、徙民政策……83
三、教育與選士……87
四、官吏與游俠的妥協……90
第六章　西漢游俠的法律問題……93
第一節　從〈賊律〉與〈盜律〉分析俠行……94
一、矯制與〈賊律〉……94
二、上書、言論失當與〈賊律〉……95
三、殺、傷人與〈賊律〉……97
四、盜挖他人墳墓與〈盜律〉……98
第二節　從〈具律〉到〈史律〉的俠行分析……98
一、因故逃亡與〈亡律〉……98
二、藏匿罪犯與〈亡律〉……99
三、私鑄錢幣與〈錢律〉……101
四、任人不廉與〈置吏律〉……102
五、擔任官職與〈秩律〉和〈史律〉……103
第三節　〈津關令〉與俠行的分析……105
一、非法與合法出入關津……105
二、置馬於關中……107
三、關外任官而須傳馬……108
第四節　其他事例與法規的分析……109

一、大逆無道 …… 109
二、橫行鄉里 …… 111
三、「賜告」的特准休假 …… 113
四、姦人婦女與〈襍律〉 …… 113
結　語　117
徵引資料 …… 121

附圖目次

圖 2-1　班氏族譜圖 …… 21
圖 3-1　文帝與竇皇后的親屬關係圖 …… 44
圖 3-2　景帝與王皇后的親屬關係圖 …… 48
圖 3-3　景武之際官場社交關係圖 …… 49
圖 4-1　西漢游俠生長分布圖 …… 52
圖 4-2　西漢人口密度圖 …… 53
圖 4-3　西漢人口分佈圖 …… 54
圖 4-4　張良生平活動範圍圖 …… 55
圖 4-5　鄭莊生平活動範圍圖 …… 56
圖 4-6　郭解生平活動範圍圖 …… 56
圖 4-7　游俠活動範圍概況圖 …… 57
圖 4-8　張良軍事移動路線圖 …… 62
圖 5-1　地方行政制度變遷圖 …… 77
圖 5-2　郭氏族譜圖 …… 89
圖 5-3　孫寶、杜穉季、淳于長、蕭育、文印、王音關係圖 …… 91
圖 6-1　西漢合法鑄幣時段示意圖 …… 102

附表目次

表 2-1　游俠犯禁事蹟表 …… 28
表 4-1　汲黯、鄭莊、灌夫、陳遵升遷調職概況表 …… 62
表 4-2　游俠擔任地方官職表 …… 67
表 4-3　俠名來源、傳播範圍表 …… 67
表 4-4　游俠名號內容及其性質表 …… 68
表 5-1　秦代懲處逃犯罪行表 …… 81
表 5-2　《兩漢會要》大赦、別赦、他赦統計表 …… 82
表 5-3　漢武帝朝徙民情況表 …… 84
表 5-4　郭解、原涉家族遷徙情形表 …… 84
表 5-5　竇嬰、汲黯、鄭莊家族遷徙情形表 …… 85
表 5-6　長陵、茂陵戶口表 …… 86
表 6-1　《史記》所見游俠官稱與《二年律令・秩律》對照表 …… 103

序

俠文化由秦漢時代展開，綿延不絕迄今，即使實質的人物事蹟，已在魏晉南北朝轉向虛擬的人物性格，從而活躍於說書橋段裡，成爲大眾在茶餘飯後的一項消遣。不論其內涵如何變化，歷經千餘年的累積之後，隨著二十世紀中葉武俠小說的時興，並跨足影劇和遊戲等面向，由一絲漣漪變成澎湃波濤，充斥在你我生活週遭；而這波以「俠」爲題的風潮，又在影劇的推波助瀾下，推廣到全球各地，成了中華文化圈的象徵之一。因此學者們對俠文化的討論，從二十世紀以降早已是百家爭鳴，眾說紛紛而未有停歇的局面；並開創出專屬這時代的俠文化，賦予了更多不凡的意義。

我生長在中華文化圈內的台灣，學術關懷自不能免於這個時空之外，因此從大學到碩士的求學階段，選擇了「俠」作爲研究主題；復有諸位老師不厭其煩的指導，遂把時間斷限在秦漢時代，企求迴觀眞實存在的游俠，觀察他們呈現的整體風貌，以及因應社會變遷之道，勾沉出西漢游俠到底是如同孫鐵剛倡議的由盛而衰，亦或是改個面貌地存於後世，此一中國社會史的課題。

本書以碩士論文爲主體架構，鋪陳游俠在秦漢時代的概念與內容，分析其性格的型塑與人際網絡，歸納文獻所見的分布活動情形，以及他們在政權底下的立場與因應之道。僅改寫碩士論文的「游俠個人行爲模式與律令的衝突」一節，獨立成本書的第六章；內容不再遵照《史》、《漢》強調游俠與律令衝突的片面性，期能呈現游俠依違法律的全貌，以持平論述游俠的法律問題。在維持原貌與全面改寫的取捨上，將碩士論文原封不動出版，未修改近幾年重溫時的不滿意處，不僅無法向自己交代，也對不起閱覽本書的讀者；

故而我對第五章、第六章與徵引書目三部份，做了較大幅度的調整，至於其他細節就不一一贅述。

最後，這本小書能有面世之日，要感謝的人著實很多。啓迪我研讀秦漢史，卻已故數年的吳慧蓮老師，迄今仍未敢忘懷。又因爲我經常會胡思亂想，只要有天外飛來一筆的靈感，沒多久便寫些上不了檯面的文章，導致姚秀彥老師與黃繁光老師得不堪叨擾地指正，所以我這些年內心充滿罪惡感，在此先向兩位老師誠心「懺悔」。由於我的未來爲學之路還很漫長，藉這篇序文要對見證我從大學到碩士畢業的雙親、眾多師長、同學們與學弟妹們，致上衷心感謝之意。

鄭宗賢

2008 年 8 月 16 日於書房

第一章　緒　論

一、研究動機

西周社會結構比較嚴密，知識、武力、商業都操縱在王官手中，直到春秋、戰國時期逐漸鬆懈和崩潰。知識份子變成游士，形成諸子百家；部分武力轉入游俠，成爲西漢游俠的源始；商業經營走向貨殖，產生眾多商賈。秦世以嚴酷的法制力量控制游俠的發展，但法律總存有空隙。漢初更定秦法，漢文帝時廢除苛法，法律爲之稍鬆，人民活動空間變大，在地方鄉里具有某些權勢者因而崛起。「且緩急，人之所時有也」，政府即使有社會福利措施，也無法面面俱到，當游俠的某些行爲有益於百姓大眾時，他們受群眾所支持或傾慕，游俠因此得以活躍。

自漢高祖劉邦封王漢中開始，至王莽假禪讓美名，取得帝柄爲止，歷時二一四年的西漢帝國，總結夏、商、周以來的華夏社會，成爲中國往後兩千年文明型態的典範。社會是以「個人」作單位，在人與人之間的互動中，構築一張張錯綜複雜的人際網絡；而人際網絡的風貌，不僅反映出每個人的人際關係，還顯示出各個鄉里的文化、風俗特色。因此，將這些個人、群體關係加以集合，該時代的價值、律令及風尚等等，便隨之體現。

由於歷史上展現「游俠」性格的人們，不絕如縷，到了宋元時期還產生了《七俠五義》、《水滸傳》等傳統俠義風格的說書，衍及今日，更有金庸《天龍八部》、《倚天屠龍記》，古龍《楚留香》、《絕代雙嬌》等膾炙人口的武俠小說，在在說明俠文化不僅僅是社會重要現象之一，還隱含著抽象人物性格的創造，其影響深深烙印在東亞文化圈。然而仔細探究「游俠」性格的具體規範，將游俠的內在涵義與外在行爲闡釋說明者，就現存的先秦、兩漢文獻而論，應當以戰國末年的韓非（280～233B.C.）著作的《韓非子》首開其端，西漢前中期司馬遷（135～87B.C.）《史記》繼之充實，東漢初年班固（32～92A.D.）《漢書》、荀悅（148～209A.D.）《漢紀》紹述體例，但此後諸史卻不再爲游俠立傳，頂多字裡行間偶爾提及罷了。

「游俠」性格的認定標準，帶有時代和個人的價值色彩，不同時代的游俠代表人物，即有相當差異存在。爲何《史記》選擇朱家、劇孟、郭解等爲代表，《漢書》則選擇陳遵、樓護、萬章等作模範呢？往後其他不同時代的史家，又將如何看待、取捨西漢的游俠範例？

筆者在大學一年級之初，選修林美莉教授的「中國文化史專題」課程，她在課堂上談及中國武俠史的概況，讓筆者對「俠文化」產生興趣。繼而大學二年級承蒙二〇〇五年一月二日仙逝的吳慧蓮教授之「秦漢史」課程引導，透過課堂的指定閱讀教材，即增淵龍夫〈漢代民間秩序的構造與任俠的習俗〉一文，深化筆者對游俠在西漢社會發揮作用的認知，並曾以西漢游俠爲題，在吳老師推薦下，申請二〇〇二年度大專生參與國科會計畫，撰寫〈西漢游俠初探〉草稿，本欲於二〇〇三年二月稿成之時，再度向吳師請益，卻聞她因病入院，此稿遂無進一步修正；同年五月舉行的〈史記導讀學會〉第五十三次集會，筆者拿這份草稿誦讀，獲姚秀彥教授、劉世安老師的指點。爾後筆者就讀研究所，持續關懷此一課題，試圖將西漢的游俠做一通盤檢討。因此，在此特別感謝諸位老師先後的提攜，增益筆者觀察游俠的角度與思維，也藉此文來紀念吳慧蓮老師。

二、研究回顧

自《史記》、《漢書》爲游俠作傳，樹立起游俠的形象典範以降，歷來描述游俠者，皆循此二傳延伸發揮，並增附撰述者所欲描寫的時代人物，纂著成各類以俠義爲中心的傳記、小說，形成獨具特色的「俠文化」。以西漢游俠發展脈絡作爲研究對象的近世論著，可謂粲然豐富，作者們各擅巧心，用各種角度對游俠進行深刻的討論。如將二十世紀以降，研究先秦至兩漢游俠課題的文章，依據定稿刊出的時間，論其先後，中國學者以一九三一年至一九三四年間馮友蘭的〈原儒墨〉、〈原儒墨補〉〔註1〕二文首發其端，敘述俠的起

〔註1〕馮友蘭，〈原儒墨〉、〈原儒墨補〉，收錄於《中國哲學史》下（臺北：臺灣商

源及其與先秦儒家、墨家的關係。同時，一九三二年初，陶希聖於《食貨》雜誌刊登〈西漢之客〉，〔註 2〕該文以「客」爲中心，附帶提出游俠乃是「養客」、「結客」的名詞，才算眞正涉入西漢游俠此一主題。

另一方面，日本學界由宮崎市定在一九三四年，修改他在內藤湖南課堂中的作業，完成了〈游俠に就て〉〔註 3〕一文，內容是針對游俠的源流興衰、日常生活、社交活動及行爲特質等面向，進行面向的描繪。增淵龍夫於一九五一年發表〈漢代における民間秩序の構造り任俠的習俗〉，〔註 4〕則著重以游俠個人特質所糾合成的家長式集團，以及任俠習俗帶來推波助瀾的效果。顯見日本學者閱讀《史記・游俠列傳》、《漢書・游俠傳》等關懷西漢游俠的角度，多從個人特質、社會人脈著手。

台灣地區直到一九五〇年勞榦撰作〈論漢代的游俠〉〔註 5〕一文，他從游俠與黃老思想的關聯、官吏對游俠之治策和游俠平日生活概況等方面，對西漢游俠作一廣泛地研究，本文啓發台灣往後學人對西漢游俠的關懷。此後較重要的成果，是孫鐵剛在《臺大歷史學報》上發表的〈秦漢時代的士和俠的式微〉〔註 6〕一文，及他後來一篇《中國古代的士和俠》的學位論文專著，〔註 7〕兼談秦漢之世游俠的漸衰；到了一九八五年六月，劉增貴《漢代豪族研究——豪族的士族化與官僚化》〔註 8〕定稿，更將游俠與豪族相結合，針對豪俠在文獻的出現次數，做一縝密的統計和廓清。此外論及游俠的相關文章也不在少數，如許倬雲〈兩漢政權與社會勢力的交互作用〉、〔註 9〕賴福順

務印書館，1993 年），頁 1043～1103。

〔註 2〕陶希聖，〈西漢之客〉，《食貨》第 5 卷第 1 期（臺北：食貨雜誌社，1937 年），頁 1～6。

〔註 3〕宮崎市定，〈游俠に就て〉，《歷史と地理》第 34 卷 4～5 合號（京都：史學地理學同考會，1934 年），頁 286～305。

〔註 4〕增淵龍夫，〈漢代における民間秩序の構造り任俠的習俗〉，《一橋論叢》第 26 卷第 5 號》。本文選劉俊文等編，《日本學者研究中國史論著選譯》第 3 卷（北京：中華書局，1993 年），頁 541～560。

〔註 5〕勞榦，〈論漢代的游俠〉，《文史哲學報》第 1 期（臺北：臺灣大學文學院，1950 年），頁 237～252。

〔註 6〕孫鐵剛，〈秦漢時代的士和俠的式微〉，《臺大歷史學報》第 2 期（臺北：臺灣大學歷史學系，1957 年），頁 1～22。

〔註 7〕孫鐵剛，《中國古代的士和俠》（臺灣：臺灣大學歷史學研究所，1973 年）。

〔註 8〕劉增貴，《漢代豪族研究——豪族的士族化與官僚化》（臺灣：臺灣大學歷史學研究所，1985 年）。

〔註 9〕許倬雲，〈兩漢政權與社會勢力的交互作用〉，《中央研究院歷史語言研究所集

〈漢初游俠新論〉、〔註 10〕錢穆〈釋俠〉、〔註 11〕陳惠芯〈漢代社會中游俠階級屬性之探討〉、〔註 12〕林聰舜〈抗議精神的體現者 —— 游離於體制外，伸張「另一種正義」的游俠〉、〔註 13〕唐文標〈劍俠千年已矣！〉〔註 14〕等等。綜觀台灣地區學人，多從游俠與學術思想、游俠產生的社會原因、游俠的衰落或轉化、史家詮釋的角度、游俠的歷史意義、游俠的性格、游俠的時代定位等課題切入探討。

晚近五十年的中國學人的論著，前期受到馬克思或恩格斯，對東方社會歷史分期的影響，其後又運用社會學理論來分析中國史，加上局勢氛圍轉移的因素，從一九六四年以降，李慶善、冉昭德、吳汝煜及李思延〔註 15〕等人，幾乎都著墨在游俠的社會屬性之上，無論是屬於上層人物、平民布衣，還是因循郭沫若在《十批判書》提出「任俠之士，大抵是出身於商賈」的說法，〔註 16〕甚至是文革十年當中所謂寄生蟲與流氓無產階級等論點，陸續暢言個人的主見。直到一九八五年後，或許是政治激情的色彩逐漸褪去，學界關懷焦點也慢慢走向多元。劉修明和喬宗傳合寫〈秦漢游俠的形成與演變〉一文，透過「俠」字形、字義的詮釋，再追溯「游俠」的起源跟演變，且將「游俠」視作單一特殊階層；〔註 17〕不久以後，王子今的〈說秦漢的「少年」與「惡少年」〉，分析游俠組成份子的特性，〔註 18〕較前期將「游俠」一視同仁的看

刊》第 35 本（臺北：中央研究院歷史語言研究所，1964 年），頁 261～281。

〔註 10〕賴福順，〈漢初游俠新論〉，《簡牘學報》第 5 期（臺北：簡牘學會，1980 年），頁 317～328。

〔註 11〕錢穆，〈釋俠〉，《中國上古史論文選集》下（臺北：華世出版社，1979 年），頁 923～927。

〔註 12〕陳惠芯，〈漢代社會中游俠階級屬性之探討〉，《史苑》第 59 期（臺北：輔仁大學歷史學系，1999 年），頁 1～21。

〔註 13〕林聰舜，〈抗議精神的體現者 —— 游離於體制外，伸張「另一種正義」的游俠〉，《國文天地》第 3 卷第 12 期（臺北：國文天地雜誌社，1988 年），頁 63～67。

〔註 14〕唐文標，〈劍俠千年已矣！〉，《中華文化復興月刊》第 9 卷第 5 期（臺北：中華文化復興運動推行委員會，1976 年），頁 41～44。

〔註 15〕李思延，〈游俠批判〉，《歷史研究》1975 年第 4 期（北京：中國社會科學院，1975 年），頁 40～46。

〔註 16〕郭沫若，《十批判書》，選錄自《郭沫若全集》歷史編，第 1 卷（北京：人民文學出版社，1982 年），頁 72～73。

〔註 17〕劉修明、喬宗傳，〈秦漢游俠的形成與演變〉，《中國史研究》1985 年第 1 期（北京：中國社會科學院歷史研究所，1985），頁 71～80。

〔註 18〕王子今，〈說秦漢的「少年」與「惡少年」〉，《中國史研究》1991 年第 4 期（北

法，已顯得嚴謹多了。更有汪湧豪對西漢游俠長期關注，觸角已經延伸到日常生活，包括飲食、穿著、交通概況、休閒活動等各方面。

爾後，陳山《中國武俠史》〔註19〕一書，是承繼寓居美國的劉若愚的《中國之俠》一書，〔註20〕以「俠」爲核心的通史式著作，建構出先秦到清代之間的「俠文化」發展史。曹正文的《中國俠文化史》、〔註21〕張志和與鄭春元合著的《中國文史中的俠客》、〔註22〕汪湧豪和陳廣宏共纂的《江湖任俠》、〔註23〕與《俠的人格與世界》，〔註24〕及王齊的《中國古代遊俠》〔註25〕等通俗性的「俠文化」專書，皆將西漢游俠視爲歷史上曾經存在的人物例證，針對《史記》、《漢書》陳述的游俠特性，用不同的筆法予以突顯，並描繪出其中人物的人格特質。

前賢的研究成果極爲豐碩，關懷的面向與方式亦甚爲多元，在文獻史料上則都依據《史記・游俠列傳》、《漢書・游俠傳》的內容加以排比，或自行增加《史記・刺客列傳》，或者檢討西漢初年劉邦麾下群英，對游俠作一史論。大體上，學者們對「游俠」的定義，不是引援清人段玉裁《說文解字注》對「俠」的文字意義，就是討論《韓非子》、《史記》所描繪的「游俠行爲特質」。游俠產生的因素，有的追隨《漢書・游俠傳》，力主周代政治的傾頹一說；也有從學術思想的變遷，講述戰國時代的百家爭鳴，導致「游俠精神」的發生；更有依照《史記・貨殖列傳》對鄉里社會中「俠風」的描繪，由社會風俗進行討論。至於游俠的興衰趨勢，有孫鐵剛抱持漸衰的態度，不同於《漢書・游俠傳》的漸盛觀點，又有像劉增貴體察的豪強化、士族化趨勢。至於游俠的行爲特質，大多從《史記》的〈刺客列傳〉、〈游俠列傳〉，以及《漢書・游俠傳》的人物進行分析，講述他們的武鬥、義氣、叛逆、復仇、違法、重友、養士，或是被貴族豢養等行爲。前文提及中國學人在晚近五十年的研究方向，著重在游俠的社會角色，因此學者們有階級說、職業說，或是日本學人增淵

京：中國社會科學院歷史研究所，1991年），頁97～106。

〔註19〕陳山，《中國武俠史》（上海：三聯書店，1992年）。

〔註20〕劉若愚著，唐發饒譯，《中國之俠》（上海：三聯書店，1967年）。

〔註21〕曹正文，《中國俠文化史》（上海：文藝出版社，1994年）。

〔註22〕張志和、鄭春元，《中國文史中的俠客》（北京：中國社會科學出版社，1994年）。

〔註23〕汪湧豪、陳廣宏，《江湖任俠》（臺灣：漢揚出版公司，1997年）。

〔註24〕汪湧豪、陳廣宏，《俠的人格與世界》（上海：復旦大學出版社，2005年）。

〔註25〕王齊，《中國古代遊俠》（臺北：臺灣商務印書館，1998年）。

龍夫的集團說。從王子今、劉修明、喬宗傳開始，中國學人轉向探究游俠的生活環境，對游俠的服飾、飲食、經濟來源和娛樂活動，建構出游俠的生活。當然，各家說法不盡相同，諸多結論間也有不少的牴牾、捍格，卻讓「西漢游俠」這個課題，掀起了相當熱烈的討論。

三、研究內容的補充與課題的拓展

有關西漢游俠的文字詮釋，在汪湧豪《江湖任俠》出版之前，大多以許慎《說文解字》爲本，詮釋「俠」、「任」與「游」的字形、字義，輔翼說明游俠起源之特質。然而許愼係東漢時人，解釋存在超過千年的文字，是否全然符合字形的原創者的用意，且字義隨著時空變異的附加、扭轉，直到韓非、司馬遷乃至班固遣詞用字，是否與許愼所言相同，則仍有待更詳細的考察。再者，如林蔚松〈《史記》、《漢書》〈游俠列傳〉之比較研究——兼論漢代游俠興廢的歷史意義〉〔註 26〕一文的探討方式，學者們大抵著重《史記》與《漢書》游俠觀的比較，至於《韓非子》展現之游俠概念，以及荀悅在《漢紀》的觀點，則很少受到關注。今若總結西漢游俠的各種行爲，並予分類，雖不是創舉，卻能將游俠的性格及他的行爲舉措，亦即「俠義」究竟爲何，重新作周延的定義。

史家們在襲用《史記》、《漢書》中，類如「救人於厄，振人不贍」、「權行州域，力折公侯」、「睚眦必報，崇尚名節」等司馬遷與班固所賦予的定義，卻未省察到這樣的引用，是否眞切反應、描摹西漢游俠的全貌？何況《史記》、《漢書》將游俠的行誼，所歸納出的幾大特色，難免隱藏他們個人的主觀意識。所以游俠的全貌是否眞如《史記》、《漢書》所寫那般，全屬救助危難之人、民間權力的支配者、尊崇個人名譽和以武力干犯法禁者之外，還是仍有其他不同風貌，而被司馬遷、班固所忽略了呢？增淵龍夫的文章曾略提劉邦具有游俠的個人特質，所以能帶領週遭群體，型塑出集團共同價值，並轉化爲改朝換代的動力；但他並未對劉邦的個性與游俠特質兩者之間，作更爲深入且完整的分析，則是筆者深感遺憾之處。

歷來的相關討論始終圍繞在游俠的人格特質、社會背景因素、游俠行爲風貌的討論；而對於游俠出現地區的分布，以及他們每個人所營造的人際網絡，

〔註 26〕林蔚松，〈《史記》、《漢書》〈游俠列傳〉之比較研究——兼論漢代游俠興廢的歷史意義〉，《輔大中研所學刊》第 6 期（臺北：輔仁大學中國文學系，1996 年），頁 17～37。

還有游俠生平活動範圍、俠名傳佈範圍等空間議題，卻不曾被提出來討論。如此一來，已有的研究成果像是浮萍般，僅能分析游俠的人性成分，卻缺乏游俠個人的空間經驗，使得游俠的討論像是對人性的哲學思維，或作社會群體分析一般。因此，筆者希望藉由歸納游俠們的空間分布、活動範圍，結合他們的人際網絡情形，建立較爲全面的空間概念。另外，游俠在社會群體中的產生因素、活躍情形，甚至是游俠與政權之間的互動關係，以及游俠自身性質的轉變，已是向來眾多學者討論的重點；這一部分筆者僅就個人閱讀《史記》、《漢書》等文獻的感想，參酌前賢們已有的見解，做一些補充與意見。最後，在沈家本輯合傳統文獻的漢律，以及雲夢秦簡的法律文書，張家山二四七號墓的漢律等考古資料，得以詳細討論游俠違法犯紀的行爲，和判決的實際情況。

四、章節結構

本文首重考察現存兩漢時期紀錄游俠的文獻，從文字、詞彙的概念出發，探討史家紀錄諸多游俠在言行舉止呈顯出來的人物性格，及其在西漢二一四年當中之社會作用。因此，第一章著重探究「俠」此一字型在先秦的出現，與它在秦漢時期的使用情形。再由西漢時期衍生之相關詞彙，如「游俠」、「任俠」、「輕俠」和「豪俠」等的創造與轉變，透過對司馬遷、班固等史家對游俠的認知與界定，及史家們紀錄游俠的人物例證來討論；進而將史家所突顯游俠性格的各類描述，歸結出可能列入游俠的行爲模式。

第三章將《史記》、《漢書》判定爲游俠或曾任俠者，皆以一人視爲一個案，透過考察這些案主一生當中，從家庭、宗族乃至於社群交友，所接觸到且有紀錄的人們，試圖了解游俠隨著年齡增長，逐步擴大人際網絡之過程，並分析游俠人際關係的建立場合與模式。

第四章講述游俠的人際網絡由家庭延伸到社會的情形，自出生到死亡之間的數十載時間，他們的空間活動概況，藉以瞭解游俠的分佈情形及其意涵。在《史記・貨殖列傳》裡屢屢提到西漢帝國內部各鄉里之間，存在不同的習俗，本章觀察各地區的風尚，結合游俠分佈情形與活動特性，則更能顯明西漢社會游俠的活躍並非偶然，實由地方性的活力供給他們活動的養分，其日常生活中的「義行」，在無形實踐了司馬遷所欲闡發的「且緩急，人之所時有也」〔註27〕

〔註27〕司馬遷，《史記・游俠列傳》，卷124（北京：中華書局，1982年，二版），頁3182。

之社會救濟精神。另一方面，游俠的生平活動所及地域，受到西漢時期交通條件的制約，成了跨越州郡與侷限鄉里兩種現象，而這又與其扮演的社會角色，是貴族官宦或是平民百姓，息息相關；因此，筆者組合活動範圍與社會角色間的關聯性，分析游俠在空間條件的侷限下，採取哪些方法來建立並維持人際關係。另一方面，游俠重視自身名譽的價値觀，在他們所營造的人際網絡以外，經由口耳傳誦促成游俠個人聲譽流傳的無形影響，也値得關注，因此列一節單獨論述俠名的傳播範圍。

第五章講述游俠面對公權力時所持的立場及其因應之道，首先探究皇帝對於游俠的觀感，以及朝廷上下官僚對待游俠的態度；又因統治者與游俠之間沒有絕對的區隔，因而兩者間的互動，因而出現了游俠之融入統治集團，或乃至遭受官府法令的撲滅等各種關係。其次是觀察西漢時期，由於諸侯實權逐次被收回，漸集中在中央政府的過程中，游俠游走社會空間的縮小，游俠的調適與轉化。最後部分則觀察西漢政府運用各種政策，來遏止游俠的產生，如徙民政策切斷游俠的社會基礎等；並探索西漢後期走向獨尊儒術後，入仕管道較前期開放，部分游俠或其子孫們，紛紛從事學儒通經的道路，乃至逐漸馴化於公權力底下的現象。

第六章以《二年律令》檢視西漢游俠的各種行爲，探究其犯罪類型已不限於〈賊律〉與〈盜律〉的武力型態，而擴及〈亡律〉、〈錢律〉和〈津關令〉等非武力型態，體現他們犯罪型態多元化的特徵，已不再是韓非認定的「武鬥」可以涵蓋全貌。同時映照出游俠鑽營法條本身的不周延，以及執法過程的死角，藉此遂行己意或保全性命。另一方面，他們的行爲仍未找到觸犯家族倫理、財產繼承和耕田營生等傾向的法條，甚至平常恪遵〈秩律〉領取薪俸，依循〈史律〉辦理業務等，表達游俠有所爲、有所不爲的取捨。透過本章諸多案例的排比，將可發現游俠的備受爭議之處，乃在於行爲符合社會小眾需求，卻未必全然合乎法律規範；就算整件事都合法，還是有違背道德標準的可能。

第二章　游俠概念的成形與內容

第一節　游俠的字源與衍生辭彙

一、釋「俠」

中國象形文字並非憑空創造，造字的經過往往是人們爲了表達某種意義的使用需求，讓原先只是聲音的語言，轉化爲簡牘、紙張上的形符，且該字形足夠描寫其意義；「俠」字之所以爲俠，亦循此模式發展而來。現存戰國以前的文獻，在《儀禮》、《禮記》、《公羊傳》、《穀梁傳》分別有八處使用「俠」字，其中《儀禮．士喪禮》：「婦人俠床，東面。」，〔註 1〕《儀禮．既夕禮》：「執燭，俠輅，北面。」〔註 2〕與《禮記．祭義》：「薦黍稷，羞肝肺首心，見間以俠甒，加以鬱鬯，以報魄也。」〔註 3〕等辭句內的「俠」字皆作「挾持器物」之意。只有在《公羊傳．隱公九年》和《穀梁傳．隱公九年》的《春秋》經文中，才共同出現「俠卒」兩字，《公羊傳》註解爲：「俠者何？吾大夫之未命者也。」〔註 4〕而《穀梁傳》註解爲：「俠者，所俠也。」，〔註 5〕

〔註 1〕不詳，《十三經注疏 4 儀禮．士喪禮》，卷 35（臺北：藝文印書館，1997 年），頁 410。

〔註 2〕不詳，《十三經注疏 4 儀禮．既夕禮》，卷 39（臺北：藝文印書館，1997 年），頁 464。

〔註 3〕不詳，《十三經注疏 5 禮記．祭義》，卷 47（臺北：藝文印書館，1997 年），頁 814。

〔註 4〕不詳，《十三經注疏 7 公羊傳．隱公九年》，卷 3（臺北：藝文印書館，1997 年），頁 40。

《公羊傳》解釋「俠」是一位因爲未被任命爲大夫，在死後沒有氏族之名的人；《穀梁傳》則說經文中的「俠」，他的本名是「所俠」，「所」是他的姓氏。雖然該字沒有字義，卻意謂著「俠」一字還被當作人名使用。由此推知，「俠」字形的出現應不晚於春秋中、末葉，字形自「夾」衍生，原始字義是「夾帶物品」。

戰國中葉（西元前四世紀）的《莊子・盜跖》出現：「俠人之勇力而以爲威強，秉人之知謀以爲明察。」〔註6〕意即挾持他人的力量當成自己的威武強壯，洞悉人家的智謀自以爲明察秋毫。「俠」的字義依然是「挾帶」，仍將「俠」作「夾」用，只是對象從「器物」延伸到「人」。直到戰國後期（西元前三世紀），《列子》、《呂氏春秋》、《韓非子》運用「俠」字的情形來看，「挾帶」的意思逐漸消褪，取而代之的是，「俠」變成「人物典型」之一。較爲確切的轉化過程，應以韓非在其著作的〈八說〉、〈顯學〉、〈五蠹〉等篇中，〔註7〕分別從不同角度，更明確地詮釋「俠」這種人物類型的各種特點，像在《韓非子・八說》中云：

> 爲故人行私謂之不棄，以公財分施謂之仁人，輕祿重身謂之君子，枉法曲親謂之有行，棄官寵交謂之「有俠」，離世遁上謂之高傲，交爭逆令謂之剛材，行惠取眾謂之得民。……「有俠」者官職曠也……此八者匹夫之私譽，人主之大敗也。反此八者，匹夫之私毀，人主之公利也。人主不察社稷之利害，而用匹夫之私譽，索國之無危亂，不可得矣。……人臣肆意陳欲曰「俠」……。〔註8〕

將不棄、仁人、君子、有行、有俠、高傲、剛材、得民等八類視爲危害國家的行爲。於是「俠」遂專指不跟隨君王所認定的王法價值，寧可爲了個人私交而放棄官職者。同時，《韓非子・顯學》篇中說道：

> ……儒俠毋軍勞、顯而榮者則民不使，與象人同事也。夫禍知磐石象

〔註5〕不詳，《十三經注疏7穀梁傳・隱公九年》，卷2（臺北：藝文印書館，1997年），頁25。

〔註6〕莊子，郭象注，成玄英疏，郭慶藩集釋《莊子集釋　第四冊・盜跖》，卷29（北京：中華書局，1961年），頁1010。

〔註7〕《韓非子》並非一本同時間內完成的著作，其中的〈八說〉、〈顯學〉、〈五蠹〉三篇應是韓非擔任韓國使者之前，便已經完成的作品。時間上與《呂氏春秋》是同時的著作，或是略晚於《呂氏春秋》數年內的作品。

〔註8〕韓非，王先愼集解，《韓非子集解・八說》，卷18（北京：中華書局，新編諸子集成叢書，第一輯，1998年），頁423～430。

人，而不知禍商官儒俠爲不墾之地、不使之民，不知事類者也。〔註9〕

這裡解釋「俠」是一種沒有軍功，也不從事勞動，卻名譽彰揚於世的人；甚至韓非認爲「俠」這類人物顯然不遵照正常準則去判斷事物的價值，呼應了上引《韓非子・八說》的立場。

另一方面，《韓非子・五蠹》還有「國平則養儒俠。」〔註10〕一語，顯然是將「俠」當成一種與「儒」對等的人物，透過《韓非子・五蠹》文中強調俠的武鬥行徑，闡述「儒文俠武」的概念：

儒以文亂法，俠以武犯禁，而人主兼禮之，此所以亂也。夫離法者罪，而諸先生以文學取；犯禁者誅，而群俠以私劍養。……廢敬上畏法之民，而養遊俠私劍之屬。舉行如此，治強不可得也。國平養儒俠，難至用介士，所利非所用，所用非所利。〔註11〕

把「俠」視爲具有武鬥能力，且游離社會秩序外，而違反法禁的人物。因此，韓非已將「俠」的字義，從單純的「挾帶動作」，變成一種以劍武鬥、重視私交、違法犯禁的「人物性格」。

成書亦應在戰國晚期的《列子》，〔註12〕在今存本中的〈黃帝〉、〈說符〉兩篇各有一段描述俠的故事。其中，《列子・黃帝》敘述俠的場景乃是三家分晉前夕，子華本身沒有擔任官職，卻深受晉公的寵信，個人權勢足以影響君主的用人；而范氏子華所豢養的俠客們，爲了獲得子華的賞識，藉以獲取朝廷的職位而相互爭鬥：

范氏有子曰子華，善養私名，舉國服之，有寵於晉君，不仕而居三卿之右。目所偏視，晉國爵之；口所偏肥，晉國黜之。游其庭者，侔於朝。子華使其俠客以智鄙相攻，彊弱相凌；雖傷破於前，不用介意。〔註13〕

〔註9〕韓非，王先愼集解，《韓非子集解・顯學》，卷19，頁461。

〔註10〕韓非，王先愼集解，《韓非子集解・五蠹》，卷19，頁450。

〔註11〕韓非，王先愼集解，《韓非子集解・五蠹》，卷19，頁449～450。

〔註12〕現存《列子》一書並非《漢書・藝文志》所著錄的《列子》八篇，應爲魏晉時期的張湛根據當時殘存的《列子》三篇，參雜各家說法而成的著作，並藉此託名於列子。然而該書仍有部分保留先秦佚書的片段，也不完全屬於僞書，而且《列子・說符》紀錄俠的事蹟故事亦在《淮南子・人間訓》出現，仍可視爲西漢前期「俠」之字義轉爲人物類型的佐證。

〔註13〕列禦寇，嚴捷、嚴北溟譯注，《列子譯注・黃帝》（臺北：文津出版社，1987年），頁33。

當時子華的幕僚被稱爲「俠客」，雖然不是單獨以「俠」使用，仍然顯示「俠」字是用來人物類型。同樣地，《列子・說符》則是透過一段故事，描繪出「俠」日常生活中的部分行徑：

> 虞氏者，梁之富人也，家充殷盛，錢帛無量，財貨無訾。登高樓，臨大路，設樂陳酒，擊博樓上。俠客相隨而行。樓上博者射，明瓊張中，反兩榻魚而笑。飛鳶適墜其腐鼠而中之。俠客相與言曰：「虞氏富樂之日久矣，而常有輕易人之志。吾不侵犯之，而乃辱我以腐鼠。此而不報，無以立懂於天下。請與若等戮力一志，率徒屬必滅其家爲。」等倫皆許諾。至期日之夜，聚眾積兵以攻虞氏，大滅其家。〔註 14〕

在梁地有一虞氏富人在大路旁的高樓上玩樂，博奕遊樂之間，不小心將腐鼠擲出窗外，正好打中路過樓下的俠客，俠客怒而謀報此仇，遂與同伴約好某日的夜晚，聚集群眾執武器攻滅虞氏。儘管《列子》與韓非所賦予「俠」的人物類型差異頗大，卻還是把俠當成是一種「人物類型」的字義。

不過由呂不韋率門下賓客在西元前二三九年纂寫完成的《呂氏春秋・季夏紀・音律》卻有一句話：「蕤賓之月，陽氣在上，安壯養俠，本朝不靜，草木早槁。」，〔註 15〕該引文意思是說律中蕤賓的五月，陽氣在上，陰氣在下，要注意安養壯丁、少年。夏至日時，君臣如果不能靜候時節變化，草木就會提早枯槁；而其中的俠字被借爲「狹」用，字義是「少年」。顯示俠字除了韓非賦予的意義之外，在戰國晚期還有被借爲他字使用的例子。

值得注意的是，西漢中葉編纂完成的《淮南子・人間訓》，抄錄了上述《列子・說符》的故事情節，即便我們無法確認虞氏是否眞有其人，事情是否曾發生，至少佐證韓非在《韓非子》對俠的定義，並非偶然的特例，也能證實戰國末期到西漢中葉，俠被當成是一種「具有武力的人物類型」。此後，成書在兩漢時期的《史記》、《淮南子》、《漢書》與《漢紀》等著作裡，「俠」的主要字義不再是「挾帶」，而是指一種「具有武力、私交、爲人豢養等特色的人物類型」，並且隨著他們對「俠」的行爲見聞之不同，賦予其他不同的內涵。

〔註 14〕列禦寇，嚴捷、嚴北溟譯注，《列子譯注・說符》，頁 214。

〔註 15〕呂不韋，《新譯呂氏春秋（上）・季夏紀・音律》（臺北：三民書局，1995 年），頁 263。

二、俠的衍生辭彙

自戰國末年到兩漢之際，從「俠」一字衍生而來辭彙，大抵有《韓非子》所創造的「有俠」、「遊俠」，《列子》與《淮南子》則創造了「俠客」、「任俠」，《司馬遷》創造了「閭巷之俠」、「布衣之俠」和「匹夫之俠」等辭彙。韓非、司馬遷等人爲了形容或凸顯「俠」的某項特點，在俠字之前，附加了描繪其意義的形容詞或動詞；當我們觀察這些辭彙，不僅能夠了解他們賦予這些辭彙涵義的考量，更能清楚確知這些辭彙被使用的時間斷限。

（一）有　俠

《韓非子・八說》將「棄官寵交者」稱之爲「有俠」，認爲此等人物以私交害公職，導致國家的官吏出現空缺。若從東漢許慎《說文解字》對該字的解釋：「有，不宜有也。」〔註16〕來看，韓非用「有」來形容俠，可能想藉此表明他對俠的立場是不應該存在於當時；値得注意的是，「有俠」一詞的使用，只在《韓非子・八說》中有此二例，此後並未曾再被人運用、充實。

（二）遊俠、游俠

遊俠該辭彙最早出現在《韓非子・五蠹》中：「廢敬上畏法之民，而養遊俠私劍之屬」，〔註17〕其中「遊」的字義，依據韓非該篇所陳述的宗旨推論，「遊」應是描述「俠游離於君威、法律之外」的形容詞。「遊」此字直到東漢許慎《說文解字》時候，說：「[illegible]，旌旗之流也，从方人汓聲，[illegible]，古文游。」，〔註18〕認爲古文「游」的字形，跟辵部的「遊」相通用，原始字義則是象徵「旌旗的尾端」；但是戰國晚期顯然已經與原始字義不一樣，而是「游離」的意思。那麼，司馬遷受到韓非的影響而作《史記・游俠列傳》，卻將「遊」作「游」字書寫，並非司馬遷有其特殊用意，極可能是因爲當時的「游」與「遊」同音同義，兩者可以通用所導致。

西漢以降的游俠一辭，並不侷限於游離的本義，還延伸形容俠在日常生活中的「出遊、遊嬉型態」。從《淮南子・人間訓》紀錄流傳的故事中，有：「游俠相隨而行樓下」的行爲；到西漢景帝時，以游俠聞名的劇孟，平日偏好六博戲，喜愛像是鬥雞走狗之類的少年玩樂，更在《史記・袁盎列傳》中：

〔註16〕許愼，段玉裁注，《說文解字注》，第7篇上（臺北：藝文印書館，1997年，據經韵樓藏版影印），頁317。

〔註17〕韓非，王先愼集解，《韓非子集解・五蠹》，卷19，頁450。

〔註18〕許愼，段玉裁注，《說文解字注》，第7篇上，頁314。

> 袁盎病免，居家與閭里浮沉，相隨行鬬雞走狗。雒陽劇孟嘗過袁盎，盎善待之，安陵富人有謂盎曰：「吾聞劇孟博徒，將軍何自通之？」〔註 19〕

被安陵富人稱之爲「博徒」。印證了西漢時期的「游俠」一辭，儘管描述游離於君威、法律的色彩雖重，但對俠的出遊、遊戲的行爲，也有相當程度的指涉。應注意的是，韓非用「遊俠」，而《史記》、《淮南子》乃至《漢書》都已經寫作「游俠」，顯然西漢時期以降，「游俠」已經完全取代「遊俠」，成爲指稱「俠的游離型態、日常出遊」的辭彙。

（三）任 俠

「任俠」合用的最早紀錄應是西漢文帝時，淮南王劉安編著的《淮南子・氾論訓》一篇中，出現的「北楚有任俠者」〔註 20〕一語，將「任」視爲動詞，也就是「擔任」、「作爲」的意思。「任俠」二字連用在《淮南子》、《史記》總共出現二十八處，顯示西漢中前期，大多數把「任」作動詞使用，如：任俠爲姦、爲氣任俠、好任俠或以任俠之類。

然而《史記》偶有如〈留侯世家〉、〈游俠列傳〉等作「爲任俠」，無法用「擔任」、「作爲」解釋「任」的字義，似乎透露出「任」應該有別種意義的詮釋，藉著《說文解字》：「任，保也。从人壬聲。」〔註 21〕來考察《史記》、《漢書》等出現的「爲任俠」一辭，除了《史記・季布欒布列傳》中「爲氣任俠，有名於楚」，〔註 22〕因爲班固刪削成「爲任俠有名」，才出現「爲任俠」的狀況之外。東漢時人荀悅在《漢紀・孝武皇帝紀》說道：「相與信爲任，同是非爲俠。」〔註 23〕的概念，正如同增淵龍夫在〈漢代民間秩序的構成和任俠習俗〉一文提及：「任引申爲保證他人、責任他人的所謂對人關係的保證含義。」〔註 24〕所言，顯示「任俠」在西漢晚期以降，逐漸變成一種特殊辭彙，

〔註 19〕司馬遷，《史記・袁盎列傳》，卷 101，頁 2744。

〔註 20〕劉安，高誘注，何寧集釋，《淮南子集釋（中）・氾論訓》，卷 13（北京：中華書局，新編諸子集成叢書，第一輯，1998 年），頁 987。

〔註 21〕許慎，段玉裁注，《說文解字注》，第 8 篇上，頁 379。

〔註 22〕司馬遷，《史記・季布欒布列傳》，卷 100，頁 298。

〔註 23〕荀悅，《漢紀・孝武皇帝紀》，卷 10（北京：中華書局，係《兩漢紀》上冊，2002 年），頁 158。

〔註 24〕增淵龍夫，〈漢代民間秩序的構成和任俠習俗〉，《日本學者研究中國史論著選譯》第 3 卷，頁 533。

說明「任」還能當作「相信」、「擔保」的解釋，而這正是形容俠重視朋友賓客的作爲。

倘若將《史記》、《漢書》中「任俠」一詞的敘述對象進行分析，季心、張良、田叔、鄭當時、灌夫及寧成等人，大多數都有豢養賓客或藏匿逃犯的行爲，則又符合《說文解字》所謂「𠈁，養也。」〔註25〕與「養，供養也。」〔註26〕的「供養」之意。不過，郭解父子和班孺「爲任俠」，卻無豢養、藏匿賓客的明證，只能說是有慕名者追隨。顯然「任」只作「豢養」、「藏匿」解釋還是不周延的。概括而言，「任」作動詞可以解釋爲「擔任」、「作爲」，作形容詞含有對人際關係的「相信」、「擔保」之描繪，至於「任俠」帶有「豢養」、「藏匿」的意思則仍是少數。

（四）閭巷之俠、鄉曲之俠、布衣之俠、匹夫之俠

閭巷之俠、鄉曲之俠、布衣之俠和匹夫之俠僅在《史記・游俠列傳》中各出現一處，其後班固在《漢書・游俠傳》中並未襲用，顯然這類辭彙只是司馬遷透過閭巷、鄉曲來描述俠的「活動場域」，以及藉由布衣與匹夫來表述俠的社會地位；値得注意的是，類似辭彙如閭里輕俠、布衣游俠之類卻經常出現。

（五）俠　客

成書在先秦時期的《列子》，書中曾多次使用「俠客」，可是今本《列子》頗受人質疑，普遍認定爲魏晉南北朝流傳下來的僞作。仔細考察今本《列子》，在〈黃帝〉及〈說符〉兩篇故事採用的辭彙皆是「俠客」；而《淮南子・人間訓》與《列子・說符》相同情節的故事中，卻稱呼爲「游俠」。顯示這個故事也在西漢前期就出現了，只是「俠客」這個詞彙，在西漢時期尙未普遍。因此「俠客」一詞被明確運用，應在《史記・游俠列傳》：「俠客之義又曷可少哉！」〔註 27〕一語。後來一直到《後漢書》方才有三處使用俠客的紀錄，更證實了俠客在兩漢之際並未成爲一種通稱，「俠」與「客」的內涵是無法等同的。顯示「俠客」是司馬遷在抒發個人爲游俠立傳時，不經意創造出來的辭彙，當時的俠與客是兩種不同型態的人物，及至魏晉南北朝以後，方才逐漸合流爲一。

〔註25〕許愼，段玉裁注，《說文解字注》，第 8 篇上，頁 369。
〔註26〕許愼，段玉裁注，《說文解字注》，第 5 篇下，頁 222。
〔註27〕司馬遷，《史記・游俠列傳》，卷 124，頁 3183。

（六）豪　俠

「豪」多半指稱豪彊、豪桀、豪猾之類，他們因血緣而結合，在社會多半以宗族、士族的型態呈現；相對的，「俠」卻是以交遊、友誼結合而形成，多屬非血緣關係且具個人的特質的色彩。由於司馬遷未曾使用「豪俠」此一辭彙，顯示西漢中葉以前，「豪」與「俠」兩種社會角色尚未混爲一談，也鮮少兼具這兩種角色的人物。隨著《漢書》出現四處「豪俠」，班固用來描述豪俠的對象，如杜建、萬章、張回、趙君都、賈子光與漕中叔等人，在鄉里中皆具有決斷眾人事務的權力，其威勢還足與官吏抗衡。由此可推論「豪俠」是西漢中期以後才逐漸產生的，如劉增貴在《漢代豪族研究——豪族的士族化與官僚化》一書中說道：

> 「豪」與「俠」原是個人的行動，雖然景帝時被稱爲「豪猾」的濟南瞷氏，宗人有三百餘家，但一般的俠是社會上的游離分子，本不具宗族基礎。前漢中葉以後，宗族的勢力興起，豪彊逐漸以「大姓」的姿態出現，「豪」與宗族的結合，出現「豪彊大姓」、「豪大家」等稱呼。……與「豪」相關的諸詞語，原具有強烈的民間色彩代表民間的私人力量，其基礎在下層。西漢中葉以後，社會勢力逐漸進入政治軌道，他們的基礎遂轉至上層，西漢末年的大俠陳遵、原涉、樓護之流已是身爲高官，或爲二千石子孫，或爲貴族賓客，不同於漢初「閭巷之俠」。〔註28〕

因此，「豪俠」意指俠結合了宗族及士族，在鄉里有強大影響力或支配力的人物類型。這種類型從西漢中葉以降緩緩增加，且「俠」形成宗族化、官僚化的趨勢。

（七）輕　俠

《漢書》首見「輕俠」一詞，若將《漢書》以「輕」來描繪俠的六段史料加以考察，「輕」應當是形容俠之「輕生重死」和「輕法重義」的態度。以《漢書・游俠傳》中，原涉友人對他的一席話：

> 子本吏二千石之世，結髮自修，以行喪推財禮讓爲名，正復讐取仇，猶不失仁義，何故遂自放縱，爲輕俠之徒乎？〔註29〕

〔註28〕劉增貴，《漢代豪族研究——豪族的士族化與官僚化》第1章，第3節，頁21。

〔註29〕班固，《漢書・游俠傳》，卷92（北京：中華書局，1962年），頁3715。

原涉在友人說這席話之前，曾爲報季父被茂陵（今陝西興平）秦氏殺害之仇，寧願辭去縣令一職，前後合起來看，「輕」顯然有放浪形骸的行爲，表現出輕視生命的態度。輕法重義的態度，如在《漢書・蓋諸葛劉鄭孫毋將何傳》所云：

> 陽翟輕俠趙季、李款多畜賓客，以氣力漁食閭里，至姦人婦女，持吏長短，從橫郡中……。〔註30〕

班固敘述趙季、李款魚肉鄉里、姦淫婦女等藐視法律的行徑，正是輕法；至於豢養賓客，則是重義。不論如何，班固以「輕」來形容俠不依常則判斷事情的緩急輕重者，以突顯「俠」與世俗不同的價值觀。

綜括而言，「俠」從早期的挾帶動作，到戰國晚期變成一種以劍武鬥、重視私交、違法犯禁的人物類型，司馬遷和班固因襲類似的概念，但在人物取捨和定位上，彼此有細微的不同。至於「俠」衍生出來的辭彙，如「有俠」僅存於戰國晚期《韓非子》，形容棄官寵交者。「遊俠」或「游俠」從戰國晚期沿用到東漢初年，其意義是從描繪俠的游離君威與法律，到西漢中葉帶有出遊、游嬉的意味。「任俠」亦從戰國晚期沿用至東漢初年，作動詞可解釋爲「擔任」，作形容詞則解釋爲「相信」、「擔保」，且隱含「豢養」的意義。閭巷之俠、鄉曲之俠、布衣之俠和匹夫之俠僅見於《史記》，用以描述活動場域和社會地位。「俠客」一辭雖屬司馬遷所創造，但直到東漢初年，尚未有結合這兩種人物類型的例證，它到魏晉南北朝方才成爲普遍辭彙。「豪俠」是東漢初年使用的辭彙，是班固因應西漢中葉以降，俠與宗族、士族合流的趨勢，爲說明這種類型的社會地位所採用的辭彙。「輕俠」亦是東漢初年由班固創造的辭彙，它著重俠的輕生重死、輕法重義所展現放浪形骸的行爲。每個字、辭彙的創造，有其不同的時空背景，意義也隨著時空變化而流轉；而這些特定辭彙，描繪了俠的特性及其行爲模式，解釋俠所處的特殊社會型態；因此，先秦至兩漢的「俠」與其衍生的相關辭彙，隱藏著西漢游俠的變遷。

第二節　司馬遷、班固與荀悅的游俠觀

綜覽西漢時期的《淮南子》、《史記》，東漢時期的《漢書》、《漢紀》、《說文解字》等，紀錄、詮釋了「俠」這個概念的各部著作中，以《史記》與《漢書》二書的影響最大，這兩部書爲「游俠」立傳，紀錄了西漢前、後期，社

〔註30〕班固，《漢書・蓋諸葛劉鄭孫毋將何傳》，卷77，頁3268。

會眞實存在的人物，可謂是二十四史中是兩個絕響。至於編年體史書則有《漢紀》一書，荀悅在郭解被誅殺一事之後，藉書中議論發個人對游俠源流、範疇的看法。此外，儘管《淮南子》透過故事、寓言的方式，間接紀錄了游俠的日常行誼；《說文解字》也解釋了游、俠的字義，但這二部冊總不及前三者重要。

司馬遷首創〈游俠列傳〉的用意，及其人物的選擇標準，都展現了他獨到的游俠觀，這一觀點從班固以降便被史家們廣泛討論，正負評價皆有。儘管班固批評司馬遷撰寫〈游俠列傳〉的用意，並根據自己的游俠觀改寫了卷首語，但《漢書》仍然沿襲司馬遷的〈游俠列傳〉，增加西漢武帝以後的人物，可說是肯定了司馬遷紀錄游俠的做法。荀悅根據《漢書》改編而成的《漢紀》，則又呈現出荀悅的游俠觀。本節即以司馬遷《史記》、班固《漢書》和荀悅《漢紀》爲中心，針對三人的游俠觀進行分析，從創作動機、學術根源、生活體驗到撰寫立場、人物選擇標準等方面，歸納出三者的異同。

一、司馬遷的游俠觀

司馬遷的創作動機與他的經驗息息相關。首先是在學術方面，《史記・游俠列傳》在卷首徵引《韓非子・五蠹》的「儒以文亂法，俠以武犯禁」〔註 31〕一語，反應出司馬遷受到韓非學說的影響，甚至《韓非子》是啓迪司馬遷創作的根源。其次是親身的見聞，促使他別立游俠傳，一如《史記・游俠列傳》末自言道：

> 吾視郭解，狀貌不及中人，言語不足採者。然天下無賢與不肖，知與不知，皆慕其聲，言俠者皆引以爲名。諺曰：「人貌榮名，豈有既乎！」於戲，惜哉！〔註 32〕

司馬遷年少時，曾經親睹游俠郭解的行誼，他覺得郭解的樣貌並不突出，言語也沒有多大意義，但是天下不論賢者還是不肖者，知道或者不知道，都聽聞過郭解的名聲，只要提到俠都引援郭解當例證。値得注意的是，司馬遷在〈游俠列傳〉紀錄每個游俠的份量不同，但是郭解的身世與生平經歷，紀錄格外詳細，固然有時代越近越詳細的因素，也含有司馬遷創作〈游俠列傳〉的用心，是希望幫郭解留下見證。

〔註 31〕韓非，王先愼集解，《韓非子集解・五蠹》，卷 19，頁 449。
〔註 32〕司馬遷，《史記・游俠列傳》，卷 124，頁 3189。

司馬遷立傳的最初本意，是爲紀錄有賢名嘉行的平民百姓，正如他在《史記‧游俠列傳》中的感嘆道：

古布衣之俠，靡得而聞已。……至如閭巷之俠，脩行砥名，聲施於天下，莫不稱賢，是爲難耳，然儒、墨皆排擯不載。自秦以前，匹夫之俠，湮滅不見，余甚恨之。〔註33〕

先秦的傑出平民百姓不被紀錄，使得他們的名聲、行爲隨著死亡而消失。司馬遷在遺憾之餘，便成爲創作本傳的動機。至於《史記‧太史公自序》所言：

救人於戹，振人不贍，仁者有乎；不既信，不倍言，義者有取焉。作游俠列傳第六十四。〔註34〕

推崇游俠在別人困厄、不濟之時，及時伸出援手，並能夠言行如一而不失信，是具有仁義精神的作爲。這是司馬遷在完成該傳後，提出的創作感觸。

人物的選取入傳，司馬遷自有一套標準。首先是身爲貴族卿相的人們，即使擁有游俠的性格和行誼，如季布、季心、鄭當時、汲黯、竇嬰和灌夫等人，也因爲依附在權勢而昂揚，所以司馬遷說：

近世延陵、孟嘗、春申、平原、信陵之徒，皆因王者親屬，藉於有土卿相之富厚，招天下賢者，顯名諸侯，不可謂不賢者矣。比如順風而呼，聲非加疾，其埶激也。〔註35〕

像戰國時期的養士四公子，由於他們是國家的貴族，在《史記》有其本傳詳細敘述，便無須在〈游俠列傳〉重複，因此〈游俠列傳〉的對象便限定在平民百姓。平民百姓之之中，有豪、俠兩類型人物，司馬遷已經說明世俗普遍將兩者看成一種類型，但是司馬遷不認爲如此，因此他選擇入傳的標準，是游俠踐行私義，暴豪之徒則無此品行，一如《史記‧游俠列傳》自述：

以余所聞，漢興有朱家、田仲、王公、劇孟、郭解之徒，雖時扞當世之文罔，然其私義廉絜退讓，有足稱者。名不虛立，士不虛附。至如朋黨宗彊比周，設財役貧，豪暴侵淩孤弱，恣欲自快，游俠亦醜之。〔註36〕

游俠的行爲儘管違反法律規範，卻抱持著廉潔而退讓的心態，所以游俠不是

〔註33〕司馬遷，《史記‧游俠列傳》，卷124，頁3183。
〔註34〕司馬遷，《史記‧太史公自序》，卷130，頁3318。
〔註35〕司馬遷，《史記‧游俠列傳》，卷124，頁3183。
〔註36〕司馬遷，《史記‧游俠列傳》，卷124，頁3183。

浪得虛名；相對地，豪強、暴戾者則倚靠著朋黨、宗族勢力循私護短，追逐私自利益並役使貧窮人家，不惜侵犯孤單和弱小者，他們只是在滿足私人的慾望，不配作俠。

司馬遷對游俠的觀感，固如上所述，他在纂寫游俠事蹟時，則是側重於描繪下列的幾項特質：

（一）急公好義，救厄濟困

從漢高祖時的朱家，冒身死家破的風險，協助開脫季布將軍被通緝的困厄；又如文、景之世的鄭當時解救張羽於危難。司馬遷處處強調這些游俠以身作則，在朋友或者素不相識者在最困難無助時，出力扶他一把，以展現其道義，雖有違反法紀之嫌，卻是符合人情的作法。

（二）獨立於世的精神

〈游俠列傳〉卷首便申明游俠獨立特行的精神，他所敘述的人物行爲，也與先秦隱士的出世風格神似。不過，司馬遷並未將游俠列傳併入隱逸列傳，可見兩者有所差別，即認爲游俠傾向入世，以大隱隱朝市的心態，追求精神上的超逸使得這些人物在言行上鶴立雞群，只求遂行個人心目的理念，而不苟合於當世的道德規範、社會倫理。

（三）輕死重義、重然諾的行誼

游俠所謂的修身，乃是爲了求取俠名。在他們追求自我理想的實踐過程中，往往強調個人的誠信、道義，甚至不惜殺身成名，如同〈游俠列傳〉所言的：「然其言必信，其行必果，已諾必誠」。〔註 37〕正因爲如此，司馬遷對朱家、季布甚至郭解的行誼，都特別重視名譽、承諾，爲此挑戰道德與法律，也在所不惜。楊聯陞在〈報——中國社會關係的一個基礎〉中說道：

> 司馬遷在史記中描寫他們：「其言必信，其行必果，已諾必誠，不愛其軀，赴士之阨困。」這就是還報那些眞正賞識者的方式。他們的永遠打抱不平的態度，使得他們成爲那些復仇心切的人最得力的助手。〔註 38〕

游俠的各種行徑，出自於對賞識他們的一種報償，而這種心態卻往往被利用

〔註 37〕司馬遷，《史記・游俠列傳》，卷 124，頁 3181。

〔註 38〕楊聯陞著，段昌國譯，〈報——中國社會關係的一個基礎〉，《中國思想與制度論集》（臺北：聯經出版公司，1976 年），頁 354。

在替他人復仇。

（四）羞伐能德的退讓君子之風

從司馬遷對朱家陰脫季布之後，便避不見面，郭解不乘車入縣廷等行爲，特意加以紀錄來看，司馬遷還著重游俠雖追求名譽，卻不據以傲視世人，姑且不論他們謙沖自牧的動機爲何，至少在待人處世的表現，游俠們的面貌是謙讓隱退，心態是功成而不居。

二、班固的游俠觀

由於班固撰寫〈游俠傳〉之前，已有司馬遷《史記・游俠列傳》的範例；因此，班固的創作動機，自然受司馬遷的影響，這在《漢書・游俠傳》前半部的內文，便可獲得印證。另一方面，班固在《漢書・敘傳上》論及家族淵源的時候說道：

> 始皇之末，班壹避墜於樓煩……年百餘歲，以壽終，故北方多以「壹」爲字者。壹生孺。孺爲任俠，州郡歌之。孺生長，官至上谷守。長生回，以茂材爲長子令。回生況……況生三子：伯、斿、穉。……穉生彪，彪字叔皮。〔註 39〕

茲將上述內容畫成世系族譜，如下圖所示：

圖 2-1　班氏族譜圖

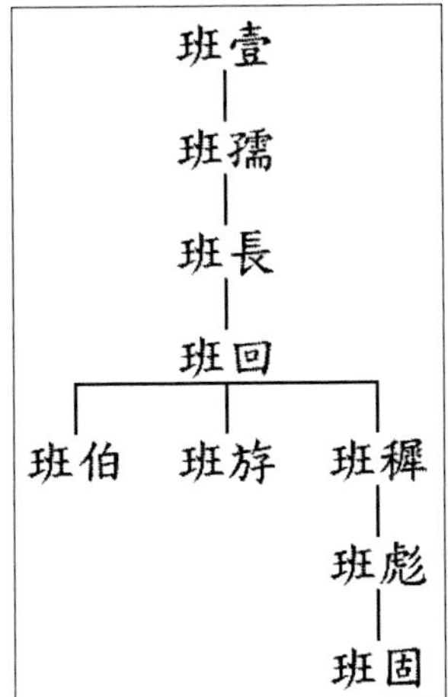

意即班固的五世祖班孺，曾經在西漢初年任俠於樓煩一帶。然而，班孺

〔註 39〕班固，《漢書・敘傳上》，卷 100 上，頁 4197～4205。

跟班固的生存時代，差距了兩百多年，班孺為俠的家風已不復存，班孺的行誼是否構成班固寫作〈游俠傳〉的推力，雖不得而知，至少班固推崇了祖先馳名鄉里的事蹟。

畢竟班固的《漢書・游俠傳》並非創舉，前半部甚至是抄寫或稍加更改《史記・游俠列傳》而成。再者《漢書・敘傳下》所言的立傳本意：

> 開國承家，有法有制，家不臧甲，國不專殺。矧乃齊民，作威作惠，如台不匡，禮法是謂！述游俠傳第六十二。〔註 40〕

意思是說國家遵循著法律、制度，則家家戶戶不用儲備武器、防具，國家的刑罰也可以免除，政府因而對平民百姓建立了威信，給予恩惠的仁政；反之，在位者秉政不正，禮儀、法令又能夠拿來作什麼？這似乎不像是寫作該傳的初始動機，反倒像是在模仿《史記・太史公自序》體例而作，僅能視為抒發班固個人感觸的結語。

班固創作〈游俠傳〉的立場，依循著西漢中葉以來的儒學價值傳統，闡揚禮法制度的重要，投射到政府公權的伸張，以凸顯社會道德與倫理價值的公義，描述游俠攻剽椎理、劫人作姦、睚眥殺人等負面行為，希望產生引為鑑戒的效果。其次說明周室衰微以降，游俠從出現到昂揚的歷史脈絡，突顯國家並未走向正道，所以才造就西漢末年游俠熾盛的局面。

同樣在紀錄游俠事蹟，從《漢書・司馬遷傳》中，班固評論司馬遷寫〈游俠列傳〉抱持著「序遊俠則退處士而進姦雄」〔註 41〕的負面言辭來看，班固的立場顯然異於司馬遷。不僅如此，班固在游俠的人物選取標準也與司馬遷不同，司馬遷在以平民百姓為主體，而班固卻依據社會地位，將游俠區分為二，一如他在《漢書・游俠傳》所言：

> 自魏其、武安、淮南之後，天子切齒，衛、霍改節。然郡國豪桀處處各有，京師親戚冠蓋相望，亦古今常道，莫足言者。唯成帝時，外家王氏賓客為盛，而樓護為帥。及王莽時，諸公之間陳遵為雄，閭里之俠原涉為魁。〔註 42〕

原先司馬遷所謂的平民百姓，轉變成班固的郡國豪傑與閭里之俠，增列了顯

〔註 40〕班固，《漢書・敘傳下》，卷 100 下，頁 4267。該引文的「矧」，顏師古註腳為「況」；如淳作「台」為「我」，指射為「國家」之意；「匡」則有顏師古解釋為「正」。

〔註 41〕班固，《漢書・司馬遷傳》，卷 62，頁 3738。

〔註 42〕班固，《漢書・游俠傳》，卷 92，頁 3699。

赫於達官顯要和貴族豪門者，像是萬章、樓護、陳遵等人。除了因西漢社會的宗族化、士族化，游俠跟著產生質變外；班固出身士族豪門的背景，致使他認爲平民百姓較無關大局，所以多紀錄豪門賓客任俠的人，即使被班固認定爲「閭里之俠」的原涉，他不僅是官宦子弟，也擔任過縣令一職。而林蔚松在〈《史記》、《漢書》〈游俠列傳〉之比較研究〉一文中，已經說明了班固的敘述對象，側重在與政權有關的游俠：

> 至於班固，則著重所敘游俠之與政權集團相接觸而進而成爲政權集團之一員。……班固之所以詳述官職之變動，乃是著重政治活動的描寫，雖可推其爲大一統政治下，游俠之不得不與政權集團相交涉。但是細察班固之文……可知其民間活動亦多有，但班固著墨之不重此。〔註 43〕

認爲班固強調重點在於政權，對游俠的民間活動著墨並不多。加上班固選取的對象，皆有擔任官職的紀錄，相較於司馬遷筆下的郭解，似乎他選擇游俠的對象，平民百姓的色彩顯然淡薄。

倘若把班固抄錄自《史記・游俠列傳》的內容擱置一旁，針對《漢書・游俠傳》進行分析，還是能將班固偏重紀錄游俠的面向，歸納出以下幾項特點：

（一）背公死黨，行私義以顯名於世

基於維護國家公權的立場，班固於〈游俠傳〉以戰國時期的養士四公子爲先例，說明他們仗著王公的權勢，豢養食客來成就個人名聲，行徑與樹黨無異；而虞卿、信陵君等將朋友道義凌駕於國家大局之上，筆樹黨營私更爲嚴重，幾近於目中無國，且對政府官職缺乏應有的責任心。同樣地，班固形容西漢後期的萬章、樓護、陳遵等人的交遊，無不突顯游俠的私交甚廣、賓客甚多，說明游俠遂行私義，產生了背公死黨的現象。

（二）馳騖於閭閻，權行州域，力折公卿

王公貴卿任俠者在政府內部任職，透過樹黨以擴展私權；黎民百姓任俠者，則藉著個人影響力或手段，在鄉里瓜分甚至取代官府的統制權。班固說道：

〔註 43〕林蔚松，〈《史記》、《漢書》〈游俠列傳〉之比較研究——兼論漢代游俠興廢的歷史意義〉，《輔大中研所學刊》第 6 期，頁 23～24。

> 布衣游俠劇孟、郭解之徒馳騖於閭閻，權行州域，力折公侯。眾庶榮其名迹，覬而慕之。〔註 44〕

他認爲劇孟、郭解這類游俠活躍於鄉里，影響力遍及州郡，又有魅力讓貴族、官吏拜服，讓群眾聞其名聲、事蹟，起而仰慕他們。由此可知，班固雖然認爲居於閭巷市井的游俠，不像王公貴卿具有政治地位，能在政壇上樹黨營私，但在地方鄉里，他們卻能藉著人際交誼、仲裁糾紛，達到成就自我威望，樹立個人信義的聲譽，挾有財富的游俠，還可豢養賓客來培植一己勢力。

（三）振窮周急而謙退不伐

《漢書·游俠傳》論及游俠可取之處，則與司馬遷讚揚的「救人於厄，賑人不贍」一樣，如班固敘述樓護奉養摯友呂公的事情：

> 初，護有故人呂公，無子，歸護。護身與呂公、妻與呂嫗同食。及護家居，妻子頗厭呂公。護聞之，流涕責其妻子曰：「呂公以故舊窮老託身於我，義所當奉。」遂養呂公終身。〔註 45〕

來彰顯游俠振窮濟弱的行誼，已經做到「無伐善，無施勞」的境地，顯然班固還是正面肯定游俠的部分作爲，而這與司馬遷推崇郭解的謙退不伐，在旨趣上是相似的。

（四）以武犯禁

自戰國末年的《韓非子》最早呈現游俠仗恃著武力而違法犯紀的概念，連司馬遷也記述郭解少時攻剽椎埋的事蹟。班固於《漢書·蓋諸葛劉鄭孫毋將何傳》中則舉陽翟輕俠趙季、李款「以氣力漁食鄉里，至姦人婦女」〔註 46〕的事例，說明游俠當中的輕俠，仍存在著以武犯禁的特質。

三、荀悅的游俠觀

荀悅（148～209A.D.）根據班固《漢書》的內容，參考其他典籍，以編年體纂寫成《漢紀》。由於《漢紀·孝武皇帝紀一》記載建元二年（139B.C.）郭解被誅殺一事，對游俠有感而發，提出個人的觀點。荀悅寫作動機應是受《漢書》的影響，而與其個人的生活經歷較無關連。因此，他的游俠觀近似班固，在游俠的界定、產生因素和歷史變遷等方面，也多有類同之處。

〔註 44〕班固，《漢書·游俠傳》，卷 92，頁 3698。

〔註 45〕班固，《漢書·游俠傳》，卷 92，頁 3708～3709。

〔註 46〕班固，《漢書·蓋諸葛劉鄭孫毋將何傳》，卷 77，頁 963～964。

首先，荀悅對游俠的定義，恃武鬥力的色彩較淡，它不是成爲游俠的唯一標準。從荀悅在《漢紀・孝武皇帝紀一》自言：

世有三遊，德之賊也。一曰遊俠，二曰遊說，三曰遊行。立氣勢，作威福，結私交，以立彊於世者，謂之游俠。……〔註47〕

說明游俠是靠著個人風範來樹立威望，進而作威作福，並藉此營造自我的人際網絡，在社會上成爲強勢。荀悅顯然認爲以武犯禁不再是游俠建立威信的唯一手段。其次，他解釋擁有武力者是游俠的來源，但還須配上其他的品質，方能視爲游俠，如《漢紀・孝武皇帝紀一》提及：

遊俠之本，生於武毅不撓，久要不忘平生之言，見危授命，以救時難，而濟同類。以正行之者，謂之武毅，其失之甚者，至於爲盜賊也。〔註48〕

於是游俠變成具有勇武，而且行爲還要符合正義，意即爲「武毅」、「行正」兩項品性相結合的人，方可稱爲游俠。

最後，荀悅仿效班固的《漢書・游俠傳》，在《漢紀・孝武皇帝紀一》陳述從戰國到兩漢之間，游俠的出現與變遷如下：

凡此三遊之作，生於季世，周秦之末尤甚焉。上不明，下不正，制度不立，綱紀廢弛。以毀譽爲榮辱，不核其眞；以愛憎爲利害，不論其實；以喜怒爲賞罰，不察其理。上下相冒，萬事乖錯。……是以君子犯禮，小人犯法，奔走馳騁，越職僭度，飾華廢實，競趨時利。簡父兄之尊，而崇賓客之禮；薄骨肉之恩，而篤朋友之愛；忘修身之道，而求眾人之譽……於是流俗成矣，而正道壞矣！〔註49〕

推論游俠的產生，乃是周朝的制度崩壞、綱紀衰微，社會風氣變得奢華，價值觀也漸漸混淆，人們悖離了正道，游俠遂能在正義與不義之間的模糊地帶游走，展現不顧倫常和重名輕實的面貌。敘述游俠的歷史脈絡之餘，荀悅根據儒生的立場，提出序倫常、正制度、明善惡、循名責實等方式，來導正游俠倡行的價值觀，而這些主張與班固無異。

綜上可知，韓非的說法影響了司馬遷創寫《史記・游俠列傳》，班固傳承司馬遷而作《漢書・游俠列傳》，荀悅則又承繼班固寫成《漢紀・孝武皇帝紀

〔註47〕荀悅，《漢紀・孝武皇帝紀一》，卷10，頁158。
〔註48〕荀悅，《漢紀・孝武皇帝紀一》，卷10，頁158。
〔註49〕荀悅，《漢紀・孝武皇帝紀一》，卷10，頁158。

一》中的「三遊說」，形成了承先啓後的游俠觀。生活體驗方面，司馬遷親睹郭解風采，班固祖先曾有任俠的事蹟，荀悅對游俠則毫無接觸，因而郭解成爲司馬遷創作的動機之一，班儒卻只現身在班固推崇祖先的家族史事蹟而已。三人爲游俠立傳的用意，也不盡相同：司馬遷希望紀錄平民百姓的事蹟，肯定游俠的信、義與救濟行誼，還有他們謙讓不居功的態度；班固則取《史記》體例，從戰國以降游俠的產生和發展脈絡，來強調禮法、道德的重要；荀悅近似於班固，鋪陳游俠史，並藉此重申序倫常、正制度、明善惡和循名責實的要旨。司馬遷心目中的游俠是以平民爲主體，至於王侯卿相們，倚靠國家賦予的權勢所留下的歷史事蹟，各具本傳，毋庸再敘述，因此他選取對象皆是布衣平民；班固顯然與平民有段距離，所選取的人物皆曾經擔任官吏或具豪族身分。儘管西漢後期的社會有士族、宗族化的趨向，但是班固竟無一純粹百姓身分的例證，似乎不甚妥切。總括而言，三人的游俠觀有各自形成的時代背景，也有生活體驗的影子，司馬遷紀錄平民，班固接近豪族，荀悅則取士人的想法，寄望以經世之學的觀點解決游俠問題。

第三節　判定游俠的具體行爲

自司馬遷說游俠的行爲不盡符合國法正義，後世人們遂別創「俠義」一詞，用以稱呼游俠的「義」，但是「俠義」的概念模糊，只見人人引用、稱頌，卻未有深入的討論。因此，分析游俠的「義」需要從游俠的具體行爲下手。另一方面，由於《史記》與《漢書》雖然提及六十位游俠，但每人敘述的篇幅長短、事蹟詳略落差頗大，記述其人其事稍具完整者，僅僅郭解、萬章、陳遵、樓護等十餘人而已。分析這些人的一生事蹟，以了解需具備哪些行爲，方能被世人稱爲游俠，應可歸納出若干具體準則。儘管這個方法或許有取樣上的偏差，卻是目前較爲明確有據的評論標準。

一、交友或養客

觀察記述事蹟較爲詳細的游俠，都以似朋友極多或賓客甚盛的文句，來形容他們交遊廣闊。司馬遷或班固對於游俠的人脈豐沛，不僅紀錄他們所接觸的朋友群，更透過親屬的喪葬人群，顯現游俠的廣闊人脈，諸如漢景帝時期的劇孟，遭逢喪母之時，袁盎說其葬禮爲：「劇孟雖博徒，然母死，客送葬車千餘乘，此亦有過人者。」〔註 50〕藉送葬馬車千餘輛來形容劇母葬禮的壯盛，來顯示劇孟個人的人脈極廣。漢成帝以降，樓護由於獲得王譚、王商、王根等王氏五兄弟的推崇，京師一帶極具人望，如同《漢書・游俠傳》所形容的賓客盛況一般：「母死，送葬者致車二三千兩，閭里歌之曰：『五侯治喪樓君卿。』」〔註 51〕若從前往弔唁致意者，就有兩、三千輛馬車來推斷，顯見樓護的交友已達數千人。

宴請賓客與往來應酬，同樣也反映著游俠的交友廣闊。漢景帝、武帝之時的鄭莊，在居住長安時，「請謝賓客，夜以繼日，至其明旦，常恐不徧。」；〔註 52〕而漢元帝、成帝之時，陳遵在宴飲時候的盛況，誠如《漢書・游俠傳》中描繪道：

> 遵耆酒，每大飲，賓客滿堂，輒關門，取客車轄投井中，雖有急，終不得去。嘗有部刺史奏事，過遵，值其方飲，刺史大窮，候遵霑醉時，突入見遵母，叩頭自白當對尚書有期會狀，母乃令從後閤出去。遵大率常醉，然事亦不廢。〔註 53〕

賓客滿堂，且對象還包括了監察地方州郡的刺史。另外，兼具貴族官宦身分者，以及地方有權勢、錢財的豪族，往往藉由豢養賓客來增高游俠的人望。無論是漢初的季心豢養灌夫、籍福，還是漢景帝時，灌夫的宗族賓客橫行潁川，或是漢哀帝時，陽翟趙季、李款的多畜賓客等，都藉此增加聲望。

二、干犯法禁

司馬遷徵引《韓非子・五蠹》時，說到俠憑藉著武力以犯法，但這是戰國末年韓非的觀察。時至西漢，《淮南子・說山訓》云「喜武非俠也。」〔註 54〕卻也提示游俠的行為已經多少質變，再檢查游俠違法的方式來看，他們不再侷限以武鬥殺人攻剽，還包括藏匿逃犯、姦人婦女、持吏長短、詐刻傳符、掘冢鑄幣、侵奪百姓等各類型的犯禁行為。更有甚者，游俠借朋友死黨來幫忙報仇，雖然他們不親自殺人，卻是教唆殺人的主謀。今將游俠的犯禁事蹟，排比表列如下：

〔註 50〕司馬遷，《史記・袁盎列傳》，卷 101，頁 2744。
〔註 51〕班固，《漢書・游俠傳》，卷 92，頁 3707。
〔註 52〕司馬遷，《史記・汲鄭列傳》，卷 120，頁 3112。
〔註 53〕班固，《漢書・游俠傳》，卷 92，頁 3710
〔註 54〕劉安，何寧集釋，《淮南子集釋（下）・說山訓》，卷 16，頁 1122。

表 2-1　游俠犯禁事蹟表

犯禁行為	姓　　名
殺人剽攻	郭解、原涉、萬章、張禁、趙放、賈萬
借交報仇	郭解、原涉、朱雲
姦人婦女或逾禮	趙季、李款、陳遵
不敬（含行刺君主）	張良、田叔、灌夫
擅自矯詔	竇嬰
藏匿逃犯	張良、朱家
持吏長短	濟南瞷氏、寧成、趙季、李款
詐刻傳符	寧成
掘冢鑄幣	郭解
侵奪百姓	濟南瞷氏、灌夫、寧成、趙季、李款、辛通、周庸
其　他	季布、田叔
不　詳	王孟、朱安世

上表可證明西漢游俠違反法律的行徑極多。他們所觸犯法條的內容，將在第六章敘述。儘管仍有不少游俠訴諸武力，但也有非武鬥的違法行為，充分反應出「俠以武犯禁」此一定義，已不足以涵蓋西漢游俠的全貌。另一方面，像劉邦通緝季布的原因，乃是季布在項羽帳下時，數次為難劉邦，與違反法律無關，純粹是統治者個人恩怨造成；又或漢初趙王敖被指控謀反時，游俠田叔隨趙王赴長安收監，他亦無犯罪的事實。此種不見容於統治者的情形，可謂是政治事件，與游俠違不違反法律無關。

三、助人於危難

司馬遷認為游俠「救人於厄，振人不贍」是可取之處，班固亦嘉許游俠「溫良泛愛，振窮周急」的義行。從漢初朱家解救季布於危難，漢景帝時劇孟為周亞夫穩住七國之亂的民心，鄭莊脫張羽之厄，郭解排解地方糾紛，到漢成帝以後，樓護奉養呂公夫婦終生，原涉替人承擔喪葬後事，皆屬游俠從事社會救濟的明證。值得注意的是，固然不少游俠會從事社會救濟，卻也有不少游俠毫無此類事蹟，像是寧成、趙季與李款，侵奪並役使貧窮百姓；或是灌夫在潁川、辛通在隴西的宗族賓客，仗著親戚在地方上享受特權。因此，助人於危難的行爲，是司馬遷在《史記・游俠列傳》，和班固在《漢書・游俠傳》中，特意藉此褒揚游俠嘉言義行的光明面，實際上，觀看兩傳之外的其他游俠事蹟，仍然存在著許多惡行惡狀，顯示西漢游俠的行爲表現中，助人於危難是入傳的好條件，卻不見得活躍在西漢時期的游俠們，都有助人的行誼。

總結第二章的內容，「俠」的文字源自「夾」，原始意義是挾帶，直到戰國末年，在《韓非子》逐漸轉化成專指以武力違反法紀的人物。進入秦漢時代，先後經過《淮南子》、《史記》、《漢書》和《漢紀》等書的詮釋，「遊俠」或「游俠」取代了「俠」，成爲專稱講義氣且交友廣闊、干犯法禁和助人於危難者。另一方面，爲了突顯「俠」的特別氣質或是更細緻的分類，而衍生出強調信任、義氣的「任俠」，已寄身他人門下賓客卻仍任游俠的「俠客」，地方鄉里的望族者具有游俠性格者的「豪俠」，以及魚肉鄉里、侵陵百姓的「輕俠」，亦或是形容游俠社會身分的「閭巷之俠」、「布衣之俠」等詞彙，而這些都透露出西漢社會朝向豪族化、士族化的軌跡。

第三章　游俠性格的型塑與人際網絡

司馬遷、班固筆下的游俠性格，乃是當時社會各種人物性格中的一種，此種人物性格自然不是憑空形成，而是受到整個社會環境的影響和塑造。游俠先是受到父祖等朝夕相處者的家教陶冶，因此帶有濃厚的家風，隨著年齡的增長，他逐漸走入宗族、鄉里群眾的社會群體，因此個人、家庭、宗族到鄉里群眾，是型塑游俠性格的四層外在因素，如同四個由裏向外逐漸放大的同心圓。

游俠接觸社會群體的範圍，由最初共同生活的血親關係，朝向血親關係之外的鄉里、郡縣，乃至於州域，拓展個人的人際關係網絡。與前述四個同心圓的擴大方式不謀而合，顯示型塑游俠性格的過程，正好和他的人際關係的拓展交互影響，即與他的交遊對象彼此涵化，毋怪司馬遷時代已有「不知其人，視其友」〔註1〕的諺語，道盡朋友間的同氣相求的特質。

第一節　游俠性格的型塑

一、家　庭

一個人自蒙昧無知，到結交鄉里同儕，乃至禮制上的成年，約莫十四、五年光景，此時期形塑游俠性格的影響因素，首先是家庭，其次是宗族。西漢社會的家庭結構，以夫妻、未婚子女們組成同居共財的五口核心家庭爲常態，同時又存在著三代同堂、十口之家、夫妻與已婚子女共居的情況。產生

〔註 1〕司馬遷，《史記・張釋之馮唐列傳》，卷 102，頁 2761。

這些家庭結構歧異的原因，正如趙沛《兩漢宗族研究》說道：

> 事實上，社會家庭結構是極爲複雜的社會現象，受社會風俗、經濟狀況乃至個人的品德、操行之影響，即使是同一階層的人群，也不可能那麼整齊劃一地安排他們的家庭生活。〔註 2〕

不同的外在環境，可能造就不同的家庭。儘管《史記》、《漢書》沒有描繪出家庭養成游俠性格的情景，綜觀近六十位的西漢游俠，在可知的血緣親屬關係中，父子先後以俠聞名者，即有郭解與其父、杜穉季與杜蒼、漕中叔與漕少游等三對父子，總共六人，佔已知游俠總數的十分之一。

這透露出年幼在家的生活環境中，父母的日夜鑄陶，甚至是祖父母輩的言教與身教，灌輸、教育著幼童，使成爲具備游俠的行事風格。讓小孩踏入社會之前，便帶有游俠的種種特質，遊走於鄉里大眾。游俠的世代相傳，茲舉漢武帝初年以俠名遠播的郭解爲例：

> 郭解，軹人也，字翁伯，善相人者許負外孫也。解父以任俠，孝文時誅死。〔註 3〕

由此可知郭解是河內郡軹縣（今河南修武）人，他是替人看相者許負的外孫，其父因「任俠」的緣故，在漢文帝時就已經被誅殺。參照《漢紀．孝武皇帝紀一》〔註 4〕將誅殺郭解一事，繫年在漢武帝建元二年（139B.C.）夏四月之後，推估郭解任俠約當活躍於漢景帝朝。郭解父子分別於漢文帝、漢景帝任俠聞名於軹，不僅說明兩位游俠之間的父子關係，還隱含郭解之父誅死以前，亦即郭解尚在童年，受乃父行誼所影響，才養成郭解往後任俠舉止的習性。雖然司馬遷不曾說明其父有何言教、身教遺留給郭解，相信在郭解父親被誅殺前，他受到家庭環境相當程度地影響，才造成郭解往游俠發展的性向。

再如《漢書．蓋諸葛劉鄭孫毋將何傳》記載著漢元帝元延四年至綏和二年間（9～7B.C.）期間，孫寶擔任京兆尹時，在他的轄境內之霸陵（今陝西省）的名俠杜穉季與其子杜蒼，亦屬父子相承的典範：

> 文卬曰：「無其人不敢空受職。」寶曰：「誰也？」文曰：「霸陵杜穉季。」寶曰：「其次。」文曰：「豺狼橫道，不宜復問狐狸。」寶默然。穉季者大俠，與衛尉淳于長、大鴻臚蕭育等皆厚善。……明年，穉季

〔註 2〕趙沛，《兩漢宗族研究》（濟南：山東大學出版社，2002 年），頁 75。

〔註 3〕司馬遷，《史記．游俠列傳》，卷 124，頁 3185。

〔註 4〕荀悅，《漢紀．孝武皇帝紀一》，卷 10，頁 157～159。

病死。……稱季子杜蒼，字君敖，名出稱季右，在游俠中。〔註5〕

顯然早在孫寶就任京兆尹之前，杜稱季透過人脈關係長期掌握地方權勢。所以當孫寶徵詢前任京兆尹王建的門下吏掾文印時，文印向孫寶暗示杜稱季是京兆一帶的強勢者，使得孫寶更加謹慎面對。漢元帝綏和元年（8B.C.）杜稱季病逝，其子杜蒼在哀帝、平帝之世，同樣以游俠聞名於京師附近。這段引文裡，固然未見直接史料可作二代之間的連結，但杜蒼與其父同樣以游俠揚名霸陵一地，以此父子傳承的事實推論，杜蒼的言行舉止、思維模式及價值觀念，應有乃父之風，故而能繼承父親生前的人脈和權勢，繼續在霸陵地方以任俠聞名。

此外，哀、平乃至新莽之世，西河郡漕中叔、漕少游父子，也先後以俠聞名於郡縣：

> 其名聞州郡者……西河漕中叔，皆有謙退之風。王莽居攝，誅鉏豪俠，名捕漕中叔，不能得。(中叔)素善強弩將軍孫建，莽疑建藏匿，泛以問建。建曰：「臣名善之，誅臣足以塞責。」莽性果賊，無所容忍，然重建，不竟問，遂不得也。中叔子少游，復以俠聞於世云。〔註6〕

漕中叔活躍於漢哀帝、平帝之世，王莽一意剷除具有地方勢力的游俠，致使漕中叔銷聲匿跡，官府雖加以緝捕卻無所獲，而至王莽篡漢前後，其子漕少游亦稱俠於世。儘管如同前述郭解、杜稱季兩父子檔的例證一般，雖無家庭影響的直接資料，然而西漢游俠見於《史記》、《漢書》者，約略六十位的案例裡，自漢文帝以降，即先後出現了三對以游俠聞名的父子檔，足見出生的家庭確實對造就一個游俠的個性，有舉足輕重的影響力；游俠的家風不絕如縷，有其父必有其子，承傳之間應有相當的因果關連。

在父子上下的相承或教育之外，平行的兄弟關係，基於共同成長的經驗，也是不可忽視的因素。秦漢之交的季布與季心兩兄弟即屬一例，《史記・季布欒布列傳》提到：

> 季布者，楚人也。爲氣任俠，有名於楚。……季布弟季心，氣蓋關中，遇人恭謹，爲任俠，方數千里，士皆爭爲之死。〔註7〕

〔註 5〕班固，《漢書・蓋諸葛劉鄭孫毋將何傳》，卷 77，頁 3259～3260。

〔註 6〕班固，《漢書・游俠傳》，卷 92，頁 3719。

〔註 7〕司馬遷，《史記・季布欒布列傳》，卷 100，頁 2729～2732。

季布以游俠聞名，最遲不晚於楚漢相爭之際，一直持續到西漢呂后之世，其弟季心最早則從西漢高祖以後，方才在關中地區出名。從時間上來看，有重疊也有前後接續的部分，因而兄弟相繼爲俠的事實，應有兄弟關係所造成的影響，存在其間。

二、宗　族

在有些聚族的里居，或同宗聚居的地方社會裡，具有游俠性格者的出現，他不僅是個人性格的展示，還含有宗族部份共識行爲與價值判斷在內。固然宗族的影響力不及家庭，但仍不可輕忽，尤其在聚族里居的地方，血親即鄰居，親上加親，益使宗族親屬成員易有相近似的立場或思維，且常彼此奧援。其中，宗族與游俠個人之間的互動，一種是宗族群體塑造內部成員具有游俠的性格，另一種則屬游俠推動宗族的質變。以前者來說，濟南瞯氏便是顯例，《史記・酷吏列傳》描繪道：

> 濟南瞯氏宗人三百餘家，豪猾，二千石莫能制，於是景帝乃拜都爲濟南太守。至則族滅瞯氏首惡，餘皆股栗。〔註 8〕

又《史記・游俠列傳》：

> 是時濟南瞯氏、陳周庸亦以豪聞，景帝聞之，使使盡誅此屬。其後代諸白、梁韓無辟、陽翟薛兄、陝韓孺紛紛復出焉。〔註 9〕

上文提及漢景帝時期，濟南郡的瞯氏一族，在該地有三百多家，他們以豪俠的行爲聞名，其勢力在鄉里幾乎與郡守分庭抗禮。反映出瞯氏舉族具有游俠性格，形成宗族的內部同化。附帶一提的是，景帝時期的「代郡諸白」並非一人，他們可能是宗族內游俠特質的共同展現者。

由此可知，宗族親人的彼此仿效和學習的效應，因而養成游俠性格。相反的，也有游俠改變了宗族的群體意識，如郭解的聲勢對外甥所造成的影響，在《史記・游俠列傳》所述：

> 解姊子負解之勢，與人飲，使之嚼。非其任，彊必灌之。人怒，拔刀刺殺解姊子，亡去。〔註 10〕

郭解的外甥仗著郭解的名號，在宴飲中要求朋友乾杯，倘若朋友不順從，郭

〔註 8〕司馬遷，《史記・酷吏列傳》，卷 122，頁 3133。

〔註 9〕司馬遷，《史記・游俠列傳》，卷 124，頁 3184～3185。

〔註 10〕司馬遷，《史記・游俠列傳》，卷 124，頁 3185。

解的外甥即予強迫灌酒，此舉逼使對方憤而殺人。這證明了郭解的游俠行徑對宗親的影響。無獨有偶，西漢平帝元始年間（1～5A.D.）辛通爲游俠，宗親亦似乎恃勢在鄉里作威福，《漢書・趙充國辛慶忌傳》：

> 元始中，安漢公王莽秉政，見慶忌本大將軍鳳所成，三子皆能，欲親厚之。……而護羌校尉通長子次兄素與帝從舅衛子伯相善，兩人俱游俠，賓客甚盛。……於是司直陳崇舉奏其宗親隴西辛興等侵陵百姓，威行州郡。莽遂按通父子、遵茂兄弟及南郡太守辛伯等，皆誅殺之。辛氏繇是廢。慶忌本狄道人，爲將軍，徙昌陵。昌陵罷，留長安。〔註 11〕

可見辛通爲俠有名於京師附近，又具有官員身分，讓遠在隴西狄道的宗親如辛興等人，倚仗其威勢，干擾地方鄉里。且不深究辛興是如何騷擾地方秩序，但已顯見辛通對遠地的宗親所帶來的影響，這一案例雖類似地方豪俠的型態，至少說明宗族跟游俠之間，存在著一定程度的關聯。

三、社　會

口耳相傳的游俠故事，或是親眼目睹、追隨前輩行誼等活動作爲，都是社會造就游俠的因素。像是前引《淮南子・人間訓》書中，梁地游俠們掠殺富人的故事，直到魏晉南北朝仍被傳述著，游俠故事一直流傳在民間，也可能帶動了任俠的風氣。譬如戰國時期的聶政在殺人避仇後，攜家人避居於齊國，爾後又爲了幫嚴仲子剷除政敵，回韓國刺殺韓相俠累。聶政正是軹縣深井里人，恰好與西漢文、景帝時的郭解父子同一地籍。雖然無法肯定聶政對郭解行事風格影響的深淺，仍意味著鄉里間流傳著前人的事蹟，或是游俠故事，也可能是型塑游俠性格的遠因之一。少年人在親眼目睹游俠們的行爲後，興起崇拜、仿效的動機：

> 及（郭）解年長，更折節爲儉，以德報怨，厚施而薄望。然其自喜爲俠益甚。既已振人之命，不矜其功，其陰賊著於心，卒發於睚眦如故云。而少年慕其行，亦輒爲報仇，不使知也。〔註 12〕

少年們仰慕郭解以德報怨、多方救濟而不圖回報，和救人性命卻不誇功勞的行爲，他們在私底下還替郭解報仇。

〔註 11〕班固，《漢書・趙充國辛慶忌傳》，卷 69，頁 2998。
〔註 12〕司馬遷，《史記・游俠列傳》，卷 124，3185。

類似的情形，還有平帝之世的原涉，他自力承擔父親葬禮的所有費用，而將南陽郡民贈予的奠儀全數退還，並守喪三年的孝行，名揚於關中一帶，《漢書・游俠傳》便有原涉引起社會仿效作用的描繪：

> （原涉）爲谷口令，時年二十餘。谷口聞其名，不言而治。先是涉季父爲茂陵秦氏所殺，涉居谷口半歲所，自劾去官，欲報仇。谷口豪桀爲殺秦氏，亡命歲餘，逢赦出。郡國諸豪及長安、五陵諸爲氣節者皆歸慕之。〔註13〕

原涉擔任谷口縣令時，由於季父被秦氏所殺，遂而辭官，想替季父報仇，而谷口的豪傑卻先幫原涉殺了秦氏，此種行徑與仰慕郭解者無異。代替報仇之事發生後產生效應，使得更多人仰慕原涉。雖然不知道這些仰慕者是否在也名顯於當地，但可確定鄉里間對游俠的仰慕心態，也是群眾任俠的動力之一。

第二節　游俠人際網絡的構築

由於游俠們的社會角色形形色色，與人相處的方式也就隨之不同。因此，游俠不僅修名於身家，更在活動所及的鄉里，藉著協調各種紛爭、解救他人困難、接待四方賓客等作爲，積極博取別人的肯定與敬仰。進而延伸到官宦場域，則以招待各方朋友、豢養並引薦賓客、勤用書信聯繫等方式，擴大交往圈。無論如何，游俠對人際網路的構築，顯現出強烈的企圖，同氣相求，如同荀悅所言：「相與信爲任，同是非爲俠」一般，以游俠的主觀認定來選擇並結交朋友，在待人處事上展現同聲相應的義氣。

一、地方鄉里

游俠看重個人信譽、名聲的心態，含藏著他們的處世原則。如郭解出入門戶時，曾遭人用傲慢的眼神對待，但是郭解不歸咎他人，反而說：「居邑屋至不見敬，是吾德不脩也，彼何罪！」，〔註14〕意即居家不被尊敬，是自己沒修好德性，別人有何罪過！從上面這段話可以清楚了解，「修德」是郭解生活的原則。更進一步細究游俠修身的內涵時，可從原涉與他人的對談內容去體會：

〔註13〕班固，《漢書・游俠傳》，卷92，頁3714～3715。
〔註14〕司馬遷，《史記・游俠列傳》，卷124，頁3186。

> 或譏涉曰：「子本吏二千石之世，結髮自修，以行喪推財禮讓爲名，正復讎取仇，猶不失仁義，何故遂自放縱，爲輕俠之徒乎？」涉應曰：「子獨不見家人寡婦邪？始自約敕之時，意乃慕宋伯姬及陳孝婦，不幸壹爲盜賊所汙，遂行淫失，知其非禮，然不能自還。吾猶此矣！」〔註15〕

有人惋惜原涉本是郡守之材，說倘若他能潔身自愛，憑著原涉先前在父親葬禮後，退還奠儀所博取的名聲，和他替季父報仇的行爲來看，尚且不脫離仁義之行，卻要放縱自己去做輕俠。原涉回答：「您難道沒看見嫁人後的寡婦嗎？一開始接受婚約時，想要效仿宋伯姬不顧失去禮節，寧爲火燒死，以及陳孝婦謹守丈夫的教誨，在丈夫死後更加謹愼地奉養婆婆，寧願自殺也不同意家人的改嫁要求的先例。從我教唆他人殺秦氏來報季父之仇後，生命中便開始有了汙點，明明知道這些荒唐行爲不合乎禮，卻已經越陷越深而無法回到初始的樣態，我就是這種情景！」這席話道盡原涉想要修身，卻有人在江湖，身不由己的無奈；另外還說明了「俠」並非毫無道德觀念，只是與儒學的「禮」不盡相同。

正因游俠的言行舉止吸引了不少人的仰慕，而其人脈網絡也從此展開構築，他們之所以獲得眾人的讚揚、結交，是透過下列五大類的行爲舉止：

（一）協調各種紛爭

郭解曾秉持公平態度，處理了外甥與外人的糾紛，他不偏袒外甥的作法，讓群眾更加信服。此外《史記‧游俠列傳》還有一段郭解調停糾紛的事蹟：

> 雒陽人有相仇者，邑中賢豪居閒者以十數，終不聽。客乃見郭解。解夜見仇家，仇家曲聽解。解乃謂仇家曰：「吾聞雒陽諸公在此閒，多不聽者。今子幸而聽解，解柰何乃從他縣奪人邑中賢大夫權乎！」乃夜去，不使人知，曰：「且無用，待我去，令雒陽豪居其閒，乃聽之。」〔註16〕

雒陽有互相仇視的兩造，十幾位賢豪居中調停仍化解不了，有來拜託軹縣郭解者，郭解於是半夜前去見敵對兩方，竟一夕化解了仇恨。但郭解爲了不奪雒陽十多位賢豪的美名，乃要求兩方仇家等到他離去之後，才歸功給雒陽十幾位賢豪的調停。郭解協調紛爭的事蹟，又如：

〔註15〕班固，《漢書‧游俠傳》，卷92，頁3715。
〔註16〕司馬遷，《史記‧游俠列傳》，卷124，頁3187。

> 解執恭敬，不敢乘車入其縣廷。之旁郡國，爲人請求事，事可出，出之；不可者，各厭其意，然後乃敢嘗酒食。〔註 17〕

由此推斷郭解應是經常出面調和鼎鼐、仲裁鄉里糾紛。游俠們的這類舉止，不但替代了父老、三老或豪傑等郡縣賢者的協調機能，同時也分享了地方政府的仲裁機能，在政府之外扮演地方秩序維護者的角色。

（二）解救他人困難

游俠對困厄之人伸出援手，不僅在社會上獲得美名，也與他們所幫助的對象，建立起緊密的人際關係。秦始皇晚年，項伯因爲殺人，逃至下邳，藏匿在張良處，這應是張良與項伯建立人際關係的開端。如鴻門宴前夕，項伯的行跡頗耐人尋味：

> 項羽至鴻門下，欲擊沛公，項伯乃夜馳入沛公軍，私見張良，欲與俱去。〔註 18〕

當項伯獲知項羽打算率軍攻擊劉邦軍營的消息，爲了搭救身在劉營中的張良，他在夜間私下面見張良，要求張良隨他離去。由此推知張良因爲搭救項伯而結識，並因此讓兩人的關係更爲親密。

同樣情形是，原涉探訪他人母親時，當他得知人母病故的消息，遂起而夥同友人、賓客替人母辦喪的事例，而《漢書・游俠傳》紀錄該事始末：

> 人嘗置酒請涉，涉入里門，客有道涉所知母病避疾在里宅者。涉即往候，叩門。家哭，涉因入弔，問以喪事。家無所有，涉曰：「但絜埽除沐浴，待涉。」還至主人，對賓客歎息曰：「人親臥地不收，涉何心鄉此！願徹去酒食。」賓客爭問所當得，涉乃側席而坐，削牘爲疏，具記衣被棺木，下至飯含之物，分付諸客。諸客奔走市買，至日昳皆會。涉親閱視已，謂主人：「願受賜矣。」既共飲食，涉獨不飽，乃載棺物，從賓客往至喪家，爲棺斂勞倈畢葬。其周急待人如此。後人有毀涉者曰「姦人之雄也」，喪家子即時刺殺言者。〔註 19〕

原涉沒有錢財可爲人親入殮，但是憑藉著個人的魅力，讓酒席中的賓客們，自願代他四處張羅喪葬用品，並一同前往了辦葬禮事宜。喪家之子感恩不已，一遇有評擊原涉的人，喪家之子不顧一切，立即刺殺毀譽者。由此可知，

〔註 17〕司馬遷，《史記・游俠列傳》，卷 124，頁 3187。

〔註 18〕司馬遷，《史記・留侯世家》，卷 55，頁 2038。

〔註 19〕班固，《漢書・游俠傳》，卷 92，頁 3716。

游俠「救人於厄，振人不贍」的行爲，還比平常宴飲、遊玩所結交的賓客，取得更緊密的人際關係。除此之外，鄭莊脫張羽於厄，樓護奉養呂公夫妻終生等事蹟，同樣贏得廣大的仰慕，擴展了他們的人際網絡。但也有游俠都不靠此手腕獲得友誼，像朱家在解脫季布的困厄後，即終身不再與他見面。因此，游俠在解人之厄後，通常多與受恩惠者，建立了鞏固的情誼，但也有例外者。

（三）接待四方賓客

游俠重視朋友的性情，常使他們表現出好客的行爲，上至擔任官吏的游俠，如鄭莊、竇嬰、樓護與陳遵等官員，下至百姓任俠的郭解、原涉等人，莫不殷勤款待來訪的人們。官吏任俠者在接待賓客時，挾有政治資源的優勢，便能夠像鄭莊那般熱烈：

> 常置驛馬安諸郊，存諸故人，請謝賓客，夜以繼日，至其明旦，常恐不徧。……莊爲太史，誡門下：「客至，無貴賤無留門者。」執賓主之禮，以其貴下人。〔註 20〕

他把傳遞書信、送往迎來的驛馬，安置在長安城郊，並請好友代爲照顧。接待賓客更是不分身分貴賤，從早到晚，甚至到隔天早上，唯恐沒招呼所有客人。長期下來，替鄭莊累積相當可觀的人脈，贏得「鄭莊行，千里不齎糧」〔註 21〕的美名。另外與鄭莊齊名的汲黯，本傳雖無具體紀錄，然從太史公曰：「夫以汲、鄭之賢，有勢則賓客十倍，無勢則否」〔註 22〕這幾句話來推斷，汲黯應該也有廣待賓客的事蹟才是。

平民任俠者不僅能以一己財力來接待賓友，像郭解居住軹縣時，「邑中少年及旁近縣賢豪，夜半過門常十餘車，請得解客舍養之。」〔註 23〕無論是遠道而來的客人，還是附近的鄉親，也不論熟識與否，郭解款待這些賓客，擴大了他的交友範圍。更有甚者，平帝時的原涉即便家無餘財，仍舊「所在閭里盡滿客。」〔註 24〕總而言之，善待四方而來的賓客，是游俠拓展人際網絡的重要手腕之一。

〔註 20〕司馬遷，《史記・汲鄭列傳》，卷 120，頁 3112。
〔註 21〕司馬遷，《史記・汲鄭列傳》，卷 120，頁 3113。
〔註 22〕司馬遷，《史記・汲鄭列傳》，卷 120，頁 3113。
〔註 23〕司馬遷，《史記・游俠列傳》，卷 124，頁 3187。
〔註 24〕班固，《漢書・游俠傳》，卷 92，頁 3715。

（四）從事公益事務

游俠從事社會公益的內容，以救濟貧窮、危難者爲主，如朱家「振人不贍，先從貧賤始。」〔註 25〕又有原涉買地開道，出資修建鄉里的公共設施：

> 武帝時，京兆尹曹氏葬茂陵，民謂其道爲京兆仟。涉慕之，乃買地開道，立表署曰南陽仟，人不肯從，謂之原氏仟。費用皆卬富人長者，然身衣服車馬纔具，妻子內困。〔註 26〕

武帝時，擔任京兆尹的曹氏，死後葬在茂陵，這段通往茂陵的道路，被人們尊稱作「京兆仟」，原涉羡慕這份榮譽，遂傾全家之財，並且尋求富人、長者的資助，買地開道後，欲署名爲「南陽仟」以償夙願，而人們寧願稱「原氏仟」。雖然原涉買地開路的動機仍爲求名，但是他努力尋找資助者，開路成功之後贏取的聲望，都有助於拓展他的人際關係。因此，從事社會公益事務，不僅爲游俠博取名聲，還可廣泛獲得鄉里居民間的擁護。

（五）宴飲游樂

游俠又透過宴飲、博戲和各種娛樂來結交朋友，其中以宴飲活動爲大宗。藉著宴席間的應酬和娛樂，能促進游俠與他人的關係趨於熱絡，如陳遵經常舉辦酒席，邀集滿堂賓客：

> 遵耆酒，每大飲，賓客滿堂，輒關門，取客車轄投井中，雖有急，終不得去。……而遵晝夜呼號，車騎滿門，酒肉相屬。〔註 27〕

說明了陳遵愛好喝酒，因而認識了不少朋友，每當他舉辦大型的酒席時，總是賓客滿堂，而這些賓客成爲他要好的酒肉朋友。這顯示宴飲活動對游俠人際網絡的構築，大有助益，即使不善飲酒的郭解，同樣能藉宴會活動來網羅人際關係。

另一方面，各種娛樂亦屬游俠的重要活動，像宣帝年少時，曾在民間生活，所以《漢書・宣帝紀》說他「然亦喜游俠，鬬雞走馬」，班固雖未明言宣帝任俠，從他與游俠同行的情形來看，他們都從事鬥雞走馬的活動，因此結交了各類朋友。袁盎與劇孟的交往，也有類似的訊息：

> 袁盎病免居家，與閭里浮沈，相隨行，鬬雞走狗．雒陽劇孟嘗過袁

〔註 25〕司馬遷，《史記・游俠列傳》，卷 124，頁 3184。
〔註 26〕班固，《漢書・游俠傳》，卷 92，頁 3716。
〔註 27〕班固，《漢書・游俠傳》，卷 92，頁 3710～3712。

盎，盎善待之。〔註28〕

再從劇孟「好博，多少年之戲」〔註29〕的素行作聯想，袁盎款待劇孟的方式，不限宴飲而已，甚至可能有鬥雞、走狗之類的玩樂。其他如眭弘在武帝時任俠，〔註30〕亦是喜好鬥雞走馬的娛樂活動。從上述三例可以知道鬥雞、走狗、博戲與走馬等娛樂活動，往往是游俠促進人際關係的場合。

只是鬥雞走狗也會產生負面的影響，如汪湧豪〈古代游俠日常生活之考究〉說到：

> 鬥雞（包括鬥鴨、鬥鵝），是古代常見的一種娛樂活動，春秋、戰國時已有，兩漢沿襲不衰……鬥雞意在較力；狗馬主要用以出獵打圍，或用其賽跑決勝負。……行義任俠之餘，便會轉而呼朋引侶，相邀於此途，用以娛情遣興，銷漫長之永日。又由於他們天性剛烈，大多輕驃悍勇，偏尚強力，鬥雞養鷹可以給他們一種強烈的刺激；而鬥雞縱犬，正如近人張亮采《中國風俗史》所言：「本足以厲尚武精神」，對他們更有吸引力。〔註31〕

這些娛樂消遣的背後，含有尚武、鬥力的精神，一但過程中發生衝突的話，就往往出現「攻剽」的行徑。

二、貴族官宦場域

貴族官宦與游俠之間，統治與被統治者的區分不明顯。《史記》、《漢書》所記的游俠，多和貴族官宦相交，甚至貴族官宦本身即是游俠，顯示游俠在貴族官宦的社交圈中，已構築出他們自己的人際關係。不過，官宦場域與地方鄉里的人際關係相異之處，在於少數擔任官職的游俠，可以藉職位之便營私自利，鄭莊與其賓客便是例證：

> 莊任人賓客爲大農僦人，多逋負。司馬安爲淮陽太守，發其事，莊以此陷罪，贖爲庶人。〔註32〕

鄭莊在武帝時擔任大司農，任用自己門下的賓客來獨占收稅的權利，卻因爲

〔註28〕司馬遷，《史記・袁盎鼂錯列傳》，卷101，頁2744。

〔註29〕司馬遷，《史記・游俠列傳》，卷124，頁3184。

〔註30〕眭弘任官於昭帝，由此可知其少年時期在武帝主政期間。

〔註31〕汪湧豪，〈古代游俠日常生活之考究〉，《殷都學刊》1993年第4期（安陽：安陽師範學院學報編輯部，1993年），頁48～54、70。

〔註32〕司馬遷，《史記・汲鄭列傳》，卷120，頁3113。

賓客藉機抽庸、逃漏稅款，遭到司馬安舉發，讓鄭莊因而罷官入罪，直到後來才贖爲庶人。

至於仰仗著與官宦相識的關係，得以進入官宦社交圈的游俠，在京師則有萬章的例子：

> 萬章字子夏，長安人也。長安熾盛，街閭各有豪俠，章在城西柳市，號曰「城西萬子夏」。爲京兆尹門下督，從至殿中，侍中諸侯貴人爭欲揖章，莫與京兆尹言者，章逡循甚懼。其後京兆不復從也。〔註 33〕

又：

> 長安宿豪大猾東市賈萬、城西萬章、翦張禁、酒趙放、杜陵楊章等皆通邪結黨，挾養姦軌，上干王法，下亂吏治，并兼役使，侵漁小民，爲百姓豺狼。更數二千石，二十年莫能禽討，尊以正法案誅，皆伏其辜。〔註 34〕

結合兩段內容，可知元帝至成帝初年，居住在長安城西側的萬章，不僅結合了東市的賈萬、〔註 35〕做箭的張禁〔註 36〕和酒市的趙放〔註 37〕等人，各養賓客、死士，且互相聲援，甚至隨同京兆尹進出官府，結識朝廷大臣。如萬章後來結交中書令石顯，攀附其權力，藉此悠遊官宦社交圈，直到成帝建始、河平年間（32～25B.C.），才被京兆尹王遵所誅殺。

西漢末年的樓護如何融入貴族、官宦的社交圈，並且構築出綿密的人際網絡，也留有清晰的紀錄：

> 樓護字君卿，齊人。父世醫也，護少隨父爲醫長安，出入貴戚家。護誦醫經、本草、方術數十萬言，長者咸愛重之，共謂曰：「以君卿之材，何不宦學乎？」繇是辭其父，學經傳，爲京兆吏數年，甚得名譽。是時王氏方盛，賓客滿門，五侯兄弟爭名，其客各有所厚，不得左右，唯護盡入其門，咸得其驩心。結士大夫，無所不傾，其

〔註 33〕班固，《漢書・游俠傳》，卷 92，頁 3705。

〔註 34〕班固，《漢書・趙尹韓張兩王傳》，卷 76，頁 3234。

〔註 35〕若從《漢書・游俠傳》：「萬章字子夏」，而《漢書・趙尹韓張兩王傳》作「萬章」推論；賈萬應是《漢書・游俠傳》的賈子光。可能是賈萬，字子光。

〔註 36〕若從職業是做箭推斷，張禁，字回。《漢書・游俠傳》與《漢書・趙尹韓張兩王傳》同屬一人。

〔註 37〕《漢書・游俠傳》作「酒市趙君都」，《漢書・趙尹韓張兩王傳》作「酒趙放」，可以推斷趙放，字君都。

交長者，尤見親而敬，眾以是服。〔註38〕

樓護在他年幼時，跟隨父親進出長安皇親國戚的宅第中，深獲得長者們的喜愛，還因此學經傳，出任官職。其後，他同時結交王鳳、王商等王太后的親屬，聲名洋溢在政壇的社交圈。透過萬章與樓護的例證，可知游俠結交貴族和士大夫，得以平民身分進入了貴族官宦的社交圈，甚或得到出任官職的機會。

另外，貴族官宦本身任俠者，常利用政府資源，擴張自己的人際網絡。像陳遵擔任河南郡太守時，以書信聯繫長安友人，爲自己鋪路，他往後返回關中時，因此尚能活躍在官宦名豪社交圈中。再如武帝對游俠官員存疑的一段話說：

鄭莊使視決河，自請治行五日。上曰：「吾聞『鄭莊行，千里不齎糧』，請治行者何也？」〔註39〕

鄭莊出使巡視黃河決堤，向武帝請求往返五日的費用，武帝遂云：「我素聞『鄭莊出門，就算是一千里之遠也不用自攜糧食』，到底爲何還需申請巡視費用？」。此語固是武帝對鄭莊人面廣闊的諷刺，或許也有任俠的官宦拿政府費用，營造個人的人脈。再者，有藉出公差至外地，乘機拓展私人關係，如陳遵擔任諫大夫，出巡郡國時的作爲；或利用調動職務的機會，將人脈觸角從原先的郡縣鄉里，推到跨州連郡，如灌夫從潁川發跡，先後擔任淮陽太守、燕國相，之後定居長安，他的人際關係隨之延伸到淮陽、燕國一帶。

最後一種方法，則是豢養賓客作爲私人後盾，無論是袁盎接待季心、劇孟，季心弟畜灌夫、籍福，甚至當田蚡還是沒沒無聞的士大夫時，拜投在竇嬰門下，他「往來侍酒魏其，跪起如子姓。」〔註40〕這些例證都說明了游俠的人際關係，因有貴族官宦身分而得到更大的發揮空間。

第三節　人際關係的發展模式

游俠們人脈網絡大致可歸納爲親屬、主從、交友等三種關係。親屬關係包含了血親與姻親兩種；主從關係展現了游俠的社會地位，造成自發性的「偶像——追隨者」的主從關係，以及強制性的「上司——下屬」的主從關係；

〔註38〕班固，《漢書・游俠傳》，卷92，頁3706～3707。
〔註39〕司馬遷，《史記・汲鄭列傳》，卷120，頁3113。
〔註40〕司馬遷，《史記・魏其武安侯列傳》，卷107，頁2841。

交友則純粹屬於個人間的對等交往，當游俠與人交朋友時，通常採取親善的態度，卻也有出現交惡的情況。游俠與某人往來並不侷限於單一關係，有時候既是主從，也是朋友，顯見人際關係的多元化。因此下文就親屬、主從、交友三種關係，依序討論：

一、親屬關係

西漢游俠有郭解父子、杜穉季與杜蒼、漕中叔和漕少游三對父子先後任俠的事蹟，又有季布、季心以兄弟關係任俠，由於親屬後輩的仿效、追隨，使得他們的俠名更為彰顯。游俠兼具貴族官吏身分者，他的親貴關係是其養成勢力、培植名聲的根源，就以叱吒景帝、武帝初年政壇的竇嬰為例，由於他是文帝竇皇后的外甥，故而能在景帝時，藉著平定七國之亂的功勞，權傾朝廷，更以任俠養客來顯赫個人名聲。觀察竇嬰人際網絡中的親屬關係，可繪簡圖如下：

圖 3-1　文帝與竇皇后的親屬關係圖

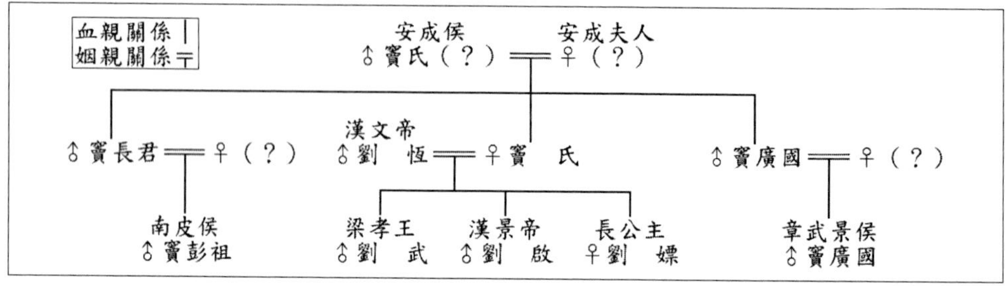

從圖中不難發現竇嬰因為二姑的姻親關係，成為皇親國戚，後來因為他在文帝面前說了立長不立幼的言論，違逆了竇皇后偏愛幼子的心情，遂而被竇皇后疏離。此處可見親屬關係對竇嬰構築人際網絡而言，具有舉足輕重的關係。

無論親屬關係的近疏，終究是自家人，即使像樓護幼年時，隨著父親從齊地遠赴長安，疏離了同宗族的親屬甚久，他還是不忘返歸故里探望，當他任職諫大夫時，藉著出差經過齊地，便順道探望親屬，以收攬人心：

> 平阿侯舉（樓）護方正，為諫大夫，使郡國。護假貸，多持幣帛，過齊，上書求上先人冢，因會宗族故人，各以親疏與束帛，一日散百金之費。〔註 41〕

〔註 41〕班固，《漢書・游俠傳》，卷 92，頁 3707。

他帶著金錢、布帛返回齊地，先到祖先墳墓祭拜，然後會見宗族親友，依親疏贈予布帛。這說明親屬關係是游俠牢固的一環人脈，親友與游俠間也相互依存，有的是游俠仰賴親屬關係而發達，竇嬰因爲姑姑的身分而顯貴，還有濟南瞯氏一族則彼此協助；反過來則是親屬倚賴游俠的威勢，像郭解外甥仗著郭解，潁川灌氏一族依附在灌夫之下，隴西辛興一家倚賴辛通的盛名等案例。

二、主從關係

游俠的主從關係大體有三種類型：一種是純粹仰慕或崇拜造成了「偶像——追隨者」的主從關係，另一種是政壇官階或政治勢力的「上司——下屬」之主從關係，還有一種則因生活供養產生「主人——賓客奴僕」的主從關係。劉修明、喬宗傳合寫的〈秦漢游俠的形成與演變〉一文提出：

> 西漢時代的游俠是以著名俠魁爲核心的社會集團的方式進行活動的。這與戰國時代游俠以分散、個體方式進行活動不同。……在封建統一新的歷史條件下，如再採取分散活動方式，就易爲封建統治者輕易擊破。只有以原始的互助方式團聚起來，變個體爲群體，化分散爲集合，才能有較強的凝聚力量，在抗衡中求得生存與發展。這是西漢游俠活動方式的一個特點。〔註 42〕

認爲西漢游俠是以著名俠魁爲核心，凝聚成爲一個群體、集合的概念。雖然這種概念無法完全涵蓋游俠的各種人際關係，卻說明了西漢時期的游俠們，與他人建立各種主從關係，是他們活動特性的突顯之處。而這三種主從關係的類型，造就不一樣的人際關係，展現在人際互動時，有的講義氣，也有的市儈氣重，自然在內涵上也就各有不同。因此，下文依序說明三種主從關係及其特徵：

（一）偶像——追隨者的主從關係

群眾仰慕並崇拜游俠的個人特質，或者是游俠欽佩某人行誼，於是發展出「偶像——追隨者」的主從關係。由於這種關係發自內心，行動也屬個人的志願，主從並無絕對的服從關聯，其間有極大的彈性，像是田仲「父事朱家」，自認在作爲上無法超越朱家，兩人之間在關係上，朱家並未豢養田仲，

〔註 42〕劉修明、喬宗傳，〈秦漢游俠的形成與演變〉，《中國史研究》1985 年第 1 期（北京：中國社會科學院歷史研究所，1985 年），頁 71～80。

田仲亦非朱家的隨從，純粹是田仲仰慕朱家，志願侍奉朱家。然而過度的傾慕，不僅促使追隨者瘋狂崇拜偶像的現象，甚至不惜暗中替偶像刺殺怨家，如閭巷少年仰慕郭解，風聞他厭惡某人，或與某人有仇怨，便私下前往刺殺而郭解本人並不知曉。

（二）上司——下屬的主從關係

由於游俠活躍在政壇上，故而存在著「上司——下屬」的主從關係，游俠扮演上司的角色，一如前文提及景帝前元三年（154B.C.），竇嬰與田蚡的關係，是大將軍對士大夫的關係。又如陳遵與河南郡吏的關係：

> 繇是起爲河南太守既至官，當遣從史西，召善書吏十人於前，治私書謝京師故人。遵馮几，口占書吏，且省官事，書數百封，親疏各有意，河南大驚。數月免。〔註 43〕

陳遵擔任河南郡太守時，他與書吏十人之間，便是「上司——下屬」的主從關係。相對的，游俠身爲下屬的狀況，如季心長事袁盎，景帝時袁盎在朝爲官，而季心在拜官之前，不只是「統治——被統治者」的關係，還因爲袁盎救過季心，而形成「主人——隨從」的關係；另外，平帝之世，王莽身爲安漢公，將樓護從廣漢郡太守拔擢爲前煇光，封爲息鄉侯，兩人之間始終是「上司對下屬」的關係。因爲所有在朝爲官、封侯的游俠，無一不是皇帝的臣子，故游俠在政壇間形成「上司——下屬」的主從關係，十分普遍。

（三）主人——賓客奴僕的主從關係

主人與賓客之間的主僕關係也不乏其例，從漢初朱家「所臧活豪士以百數，其餘庸人不可勝言。」〔註 44〕或景帝時的袁盎對季心，和季心「弟畜灌夫、籍福之屬」，〔註 45〕或鄭莊「請謝賓客，夜以繼日，至明旦，常恐不徧。」還是元帝以降的趙季、李款養賓客，辛遵、衛寶也「賓客甚盛」。〔註 46〕以及王太后的姪兒們王根、王商等五位侯爵結交樓護，由於當時樓護未曾任官，僅是一介平民，憑藉著舌燦蓮花的功力，同時成爲五人座下賓客，也就是五侯豢養的賓客。通貫西漢一朝，游俠是以豢養賓客來營造廣泛交友的形象，兼具拓展人際網絡的功能。正因如此，身兼官宦的游俠，以及平民百姓任俠

〔註 43〕班固，《漢書・游俠傳》，卷 92，頁 3711。
〔註 44〕司馬遷，《史記・游俠列傳》，卷 124，頁 3699。
〔註 45〕司馬遷，《史記・季布欒布列傳》，卷 37，頁 2732。
〔註 46〕班固，《漢書・趙充國辛慶忌傳》，卷 69，頁 2998。

者，多半都存在著「主人——賓客」的主從關係。

不過若是站在賓客的角度觀看，人性的貪婪與勢利，遠大於游俠所追求的朋友道義。因而經常出現賓客多寡隨與游俠個人權勢或錢財，呈正比的現象，毋怪司馬遷在《史記・汲鄭列傳》說道：

> 始翟公爲廷尉，賓客闐門；及廢，門外可設雀羅。翟公復爲廷尉，賓客欲往，翟公乃大署其門曰：「一死一生，乃知交情。一貧一富，乃知交態。一貴一賤，交情乃見。」〔註47〕

賓客常追隨主人的權勢、財富的高低，鮮少在乎自己與豢養主的眞交情。七國之亂平定以後，權傾一時的竇嬰，招徠可觀的賓客以壯聲望，連田蚡也拜倒其門下，直到漢武帝重用田蚡，竇嬰逐漸失勢時，賓客轉而依附田蚡，僅有灌夫與竇嬰交善。權勢的昨盛今衰，賓客的來來去去，在諸多游俠身上重複扮演。

奴僕比賓客受到主人較多的制約，儘管東漢王褒的〈僮約〉透露了兩漢的奴僕，具有某種程度的自主權，但是所有奴僕是否全如王褒該文所言，可與主人議定工作內容，仍亟待商榷。若以《史記・酷吏列傳》所言寧成「出從數十騎」加以推斷，他的隨扈與他之間，可能就是「主人——奴僕」的主從關係。另一例證是原涉差遣奴僕出門辦事：

> 涉單車敺上茂陵，投暮，入其里宅，因自匿不見人。遣奴至市買肉，奴乘涉氣與屠爭言，斫傷屠者，亡。〔註48〕

原涉乘車前往茂陵，直到傍晚返回住家，由於他想擺脫先前門下賓客的是非恩怨，避居家中而謝絕訪客，所以使喚家奴到市場買肉，而家奴仗著原涉的聲勢跟屠夫起了爭執，並且砍傷了屠夫，逼得原涉出亡。相較於寧成的隨扈們，原涉與奴僕更具「主人——奴僕」的主從關係。

三、朋友關係

游俠與人建立起朋友關係的動機，有無預設目的，因各種結交心態而異，或考量交往對象的社會身分、宗族背景、家庭環境等因素，或出於有利可圖，如灌夫與竇嬰之間的相互利用：

> 灌夫家居雖富，然失勢，卿相侍中賓客益衰。及魏其侯失勢，亦欲

〔註47〕司馬遷，《史記・汲鄭列傳》，卷120，頁3114。
〔註48〕班固，《漢書・游俠傳》，卷92，頁3717。

倚灌夫引繩批根生平慕之後弃之者。灌夫亦倚魏其而通列侯宗室爲名高。兩人相爲引重，其游如父子然。相得驩甚，無厭，恨相知晚也。〔註 49〕

表述竇嬰想藉著結交灌夫，認識其週遭的賓客、仰慕者，打算吸收灌夫的人際網絡，以提高自身的聲勢和名譽；灌夫則想利用竇嬰過往的人脈，結交功侯顯要，以及劉氏與竇氏之皇室宗親，藉以提升名氣，兩人的朋友關係，難掩爾虞我詐的心機。相反的，也有不計身份背景，純粹只爲友誼的案例，如郭解與籍少公彼此素昧平生，籍少公竟不惜以性命搭救郭解，這在游俠的人際關係中，畢竟是非常稀有。

正因爲結交朋友的動機不同，以及始終維持親善關係不易，往往出現朋友情誼時而親密、時而疏遠的狀況。其中，官場上的社交圈，由於參雜著各種政治立場、利益，朋友之間經常出現意見相左的情形，使人際關係顯得更爲複雜。誠如前文所述，竇嬰是文帝的外戚子弟，但竇嬰晚年逐漸被田蚡取代，田蚡的親屬關係，與竇嬰相似，皆屬外戚宗親。考察田蚡與劉氏的親屬關係，可作成下列圖示：

圖 3-2　景帝與王皇后的親屬關係圖

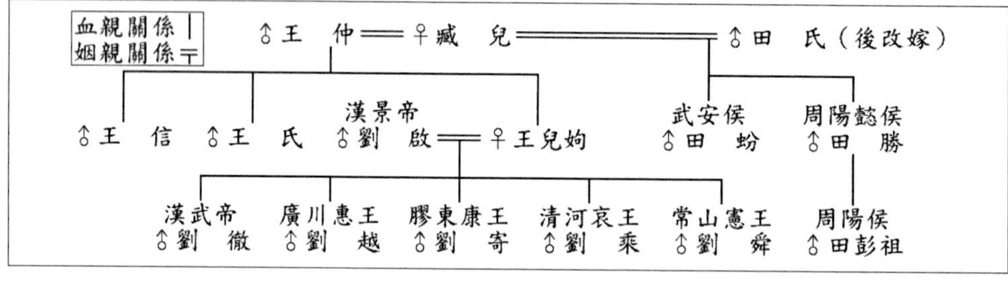

從中可了解竇嬰晚年，與田蚡的權力、賓客爭奪中，除了代表二人的政治起落外，背後還隱含著景帝與武帝二人之外戚勢力的消長。

進一步還可將司馬遷所述的景、武帝時官宦社交情況，依照人與人之間的「親善」、「仇怨」與「主人——賓客」的主從關係等朋友關係，作成下面的圖示：

〔註 49〕司馬遷，《史記・魏其武安侯列傳》，卷 107，頁 2847。

圖 3-3　景武之際官場社交關係圖

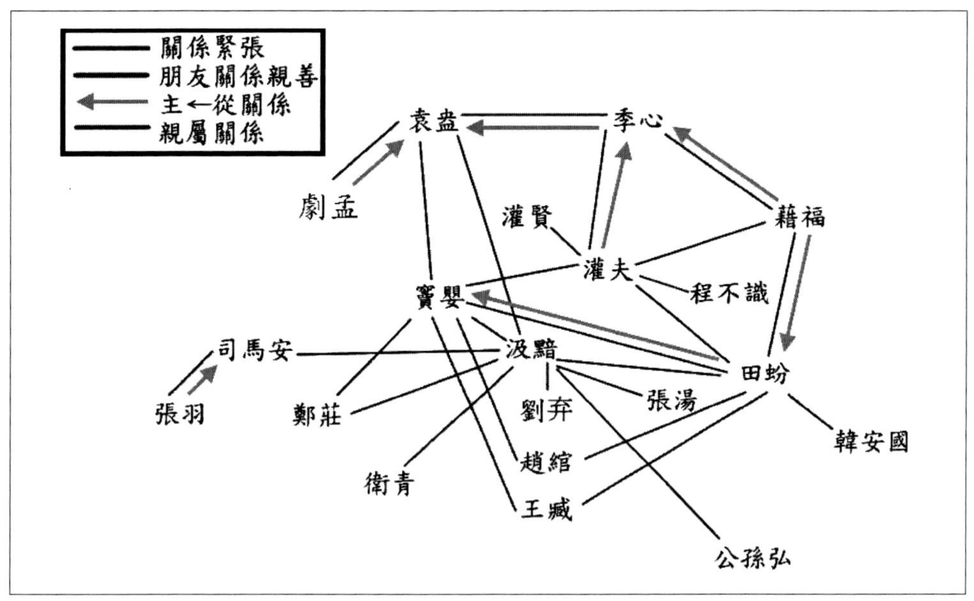

季心在文帝時畜養灌夫和籍福，並視爲己弟，表明灌夫、籍福早已熟識，但灌夫繼季心之後任俠，籍福則不曾有任俠的記載。後來灌夫因爲田蚡向竇嬰要求田地，而與籍福對罵成仇。從此可理解爲何竇嬰找灌夫爲奧援，田蚡則借助籍福來助勢，形成兩股對立的政治勢力。袁盎、竇嬰、季心、灌夫、汲黯和鄭莊等人皆以游俠聞名，他們彼此關係友善，立場相近，因此武帝治灌夫之罪時，都紛紛出面力挺：

> 魏其之東朝，盛推灌夫之善，言其醉飽得過，乃丞相以他事誣罪之。武安又盛毀灌夫所爲橫恣，罪逆不道。……於是上問朝臣：「兩人孰是？」御史大夫韓安國曰：「魏其言灌夫父死事，身荷戟馳入不測之吳軍，身被數十創，名冠三軍，此天下壯士，非有大惡，爭杯酒，不足引他過以誅也。魏其言是也。丞相亦言灌夫通姦猾，侵細民，家累巨萬，橫恣潁川，淩轢宗室，侵犯骨肉，此所謂『枝大於本，脛大於股，不折必披』，丞相言亦是。唯明主裁之。」主爵都尉汲黯是魏其。內史鄭當時是魏其，後不敢堅對。餘皆莫敢對。上怒內史曰：「公平生數言魏其、武安長短，今日廷論，局趣效轅下駒，吾并斬若屬矣。」即罷起入，上食太后。〔註 50〕

〔註 50〕司馬遷，《史記．魏其武安侯列傳》，卷 107，頁 2851～2852。

竇嬰、汲黯與鄭莊皆持灌夫無大罪的立場，田蚡則堅持灌夫應該誅殺，而韓安國與群臣以爲兩者皆有道理，選擇保持中立。朝廷爭論時所出現的三種立場，任俠的官員們卻都站在同一陣線，表示游俠同是非、共利害的交友態度。

總結本章，從家庭內的父子、兄弟關係，擴大到同血緣的宗族親戚，乃至於鄉里流傳的游俠故事、人物典範等，都是養成游俠性格的因素。而游俠性格的展現方式，不僅是修德於身家，擴及到鄉里間的人際網絡之構築，透過調解各種糾紛、解救他人困難、接待來訪的賓客、從事公益事務和宴飲遊樂等行爲，以樹立個人風範，藉此博取人們的信任和風評，名聲隨之遠揚，人際網絡因而更加擴大。在貴族官宦場域中，任官的游俠總會爲門下賓客著想，引用他們成爲轄下的吏員，猶如一人得道，雞犬升天，卻也造成徇私舞弊、貪贓枉法的問題。相對的，平民百姓任俠者，先從結交一、兩位官吏做起，等到熟悉貴族官宦的社交門路後，攀附貴族官宦的權勢，得以狐假虎威，甚至還因此出任官吏。除此之外，任官的游俠利用公帑來施行恩惠，構築自己的人脈；或藉職守調動、出使郡國的機會，擴大活動範圍，讓他們的名聲，可由鄉里延伸到跨州連郡。分析游俠經營人際關係的模式，大抵有：血緣和姻親的親屬關係；仰慕游俠氣質形成「偶像——追隨者」主從關係，政壇官階與政治勢力造就的「上司——下屬」主從關係，以及生活供養產生「主人——賓客」奴僕主從關係；另有衡量社會地位相當來結交者，反之，也有完全不論社會背景的摯友關係。姑且不論交友的動機與結果，景武之際朝廷的官宦社交圈裡，反映了游俠們同是非、共利害的交友態度。

第四章　游俠的分布與活動

依西漢時期的交通情況來看，一個人盡其一生的活動範圍，終究有限，因此游俠性格的產生，多少受地方風俗的影響，所以司馬遷在《史記・貨殖列傳》特別提到某些地方的風俗，容易產生游俠。不過，司馬遷卻沒有舉出足夠的事例和數據，來佐證他觀察的準確度。本章有意藉著歸納游俠們出生、成長的分布情形，來分析地方風俗對游俠的影響程度。另外，游俠拓展他的人際網絡時，活動範圍隨之擴大，但游俠的流動性是否因而頻繁，則仍有待商榷。

因受限於《史記》、《漢書》對游俠的生平紀錄詳略不同，例如秦漢之交的游俠有張良、季布、季心、朱家等，《史記》對前二人的活動範圍敘述詳盡，後二者則甚為簡略；《漢書・游俠傳》裡，郭解、萬章、樓護、陳遵、原涉的紀錄尚屬詳實，卻有更多人僅有其姓名、所在郡縣，而不載其生平事蹟者，如章回、張禁、趙放、賈萬、韓幼孺、繡君賓等人。在史料限制下，試圖把《史》、《漢》兩史中較為詳細的十一位游俠，將其生平做一活動地域的多項圖示，並考察他們的流動方式、移動媒介、俠名的傳播等課題。然因材料的限制，本章針對幾位西漢游俠，所考察出來的結果，或許還不能包含西漢游俠流動的全貌，但已可找出著名游俠的活動特徵。

第一節　游俠的出生、成長分布與社會文化

游俠的出生、成長資料，比他們生平活動更為殘缺，但就其已知部分，及成長後的活動範圍推斷，仍舊能夠整理出他們的出生、成長分布概況。尤有進者，參酌《史記・貨殖列傳》與《漢書・地理志》所陳述的區域文化特

點，可歸納出地方鄉里文化，利於游俠產生的因素。再將這兩項觀察作一綜合對照，以探究區域文化對游俠的影響，由此檢驗司馬遷和班固談到區域文化的任俠風尚，是否符合實情？其間若有出入，又是何種原因造成的？

一、分布概況的分析

西漢時期出生的游俠，包括秦代出生的張良、朱家、季布、季心等人，依照他們出生、成長的地區，參酌《漢書・地理志》所載漢平帝元始二年（2A.D.）的一○三個郡國，製作成〈西漢游俠生長分布圖〉如下：

圖 4-1　西漢游俠生長分布圖〔註 1〕

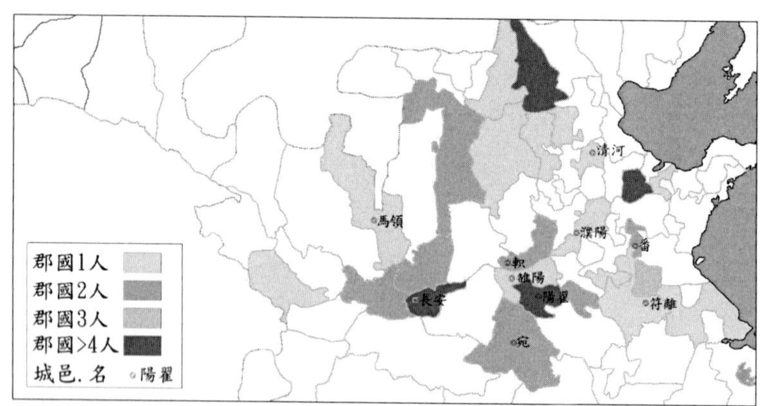

顯然所有在《史記》、《漢書》紀錄的游俠，出生、成長的地點，除了臨淮郡的兒長卿極有可能出生在江淮之間，其他游俠皆分布在淮河、漢水到西側武都郡這條線以北；尤其集中在京兆、左馮翊、右扶風的三輔地區，以及山東的河內、河南、潁川、南陽等郡份。游俠的生長環境分析，李慶善在〈試對史記游俠列傳中幾個主要人物進行階級分析〉提出：

> 許多史料表明，游俠的產生與西漢商業的發展和商業都市的形成有密切的關係。據《史記・貨殖列傳》記載，西漢的商業有了很大的發展，全國出現了比戰國時代更多更大的商業都市。京師長安是全國的商業中心，各大地區有各大地區的商業中心，各小地區有各小地區的商業中心。小中心聯繫大中心，大中心聯繫全國中心，形成一個周密的商業都市網。……因此，不是偶然的，司馬遷所列舉的

〔註 1〕本圖帝國與郡國疆界依照譚其驤，《中國歷史地圖集》第 2 冊（上海：地圖出版社，1982 年）繪製。

游俠，都住在商業都市。〔註2〕

認爲司馬遷列舉的游俠，產生在各地的商業都市，而在歸納《史記》、《漢書》的游俠生長分布後，以非邊郡爲前提之下，這個說法是合理的，即使延伸到班固列舉的游俠，也足以說明西漢後期的情形。

參照葛劍雄在《中國人口史》一書中，根據《漢書・地理志》紀錄元始二年（2A.D.）的戶數、口數，與當時各郡國的面積相比，推算各郡國的人口密度，說明了西漢的人口分布極不均衡。關東（今日河南、河北、山東）以伊洛平原、魯西南平原、膠萊平原，以及太行山到黃河北岸間的四個區塊，人口最爲稠密；關中則多聚居在長安，和漢代各位皇帝的陵邑，且人口密度居於全國之冠；其餘還有南陽盆地的白河流域，成都平原，臨汾、運城河谷盆地，河南西部山區的河川谷地。〔註3〕同樣估算各郡國人口密度，陳正祥繪製的〈西漢人口密度〉一圖，如下所示：

圖 4-2　西漢人口密度圖〔註4〕

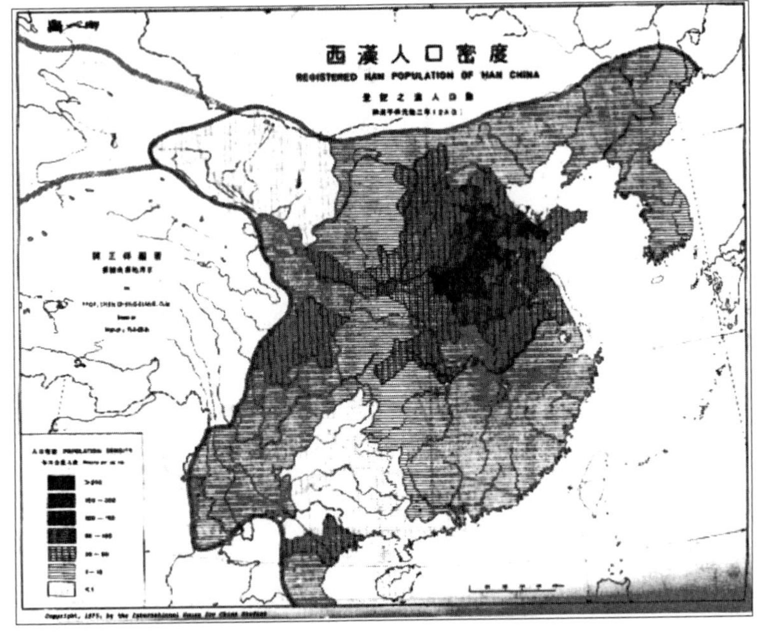

〔註2〕李慶善，〈試對史記游俠列傳中幾個主要人物進行階級分析〉，《史學月刊》1964年第11期（開封：河南大學史學月刊編輯部，1964年），頁33～35。

〔註3〕葛劍雄，《中國人口史 第一卷》，第9章（上海：復旦大學出版社，2002年），頁479～493。

〔註4〕陳正祥，《中國文化地理》（臺北：木鐸出版社，1982年），頁22～1。

呈現出來的西漢末年各郡國人口密度，與葛氏差異不大，皆集中在今日河南、河北、山東，以及安徽與江蘇北部地區的內地。若以郡國人口密度來觀察各郡國出生、成長的游俠人數，潁川、東郡、淮陽、河內等郡的人口密度高，游俠人數也多，兩者之間呈正比；反觀代郡、隴西、北地等邊郡的人口密度低，而游俠人數卻與內地各郡差異不大，顯示游俠在邊郡的出現，除了人口密度之外，還有其他因素。由此可見，內地的郡國人口密度影響了游俠人數多寡，而邊郡則非如此。

再將游俠出生、成長的人數，與陳正祥〈西漢人口分佈〉一圖的西漢人口分佈作比對，游俠密度與人口密度的關係，同樣是內地大多呈正比率，而代郡、隴西、北地和西河等接近外族的邊郡，則仍屬例外：

圖 4-3　西漢人口分佈圖〔註 5〕

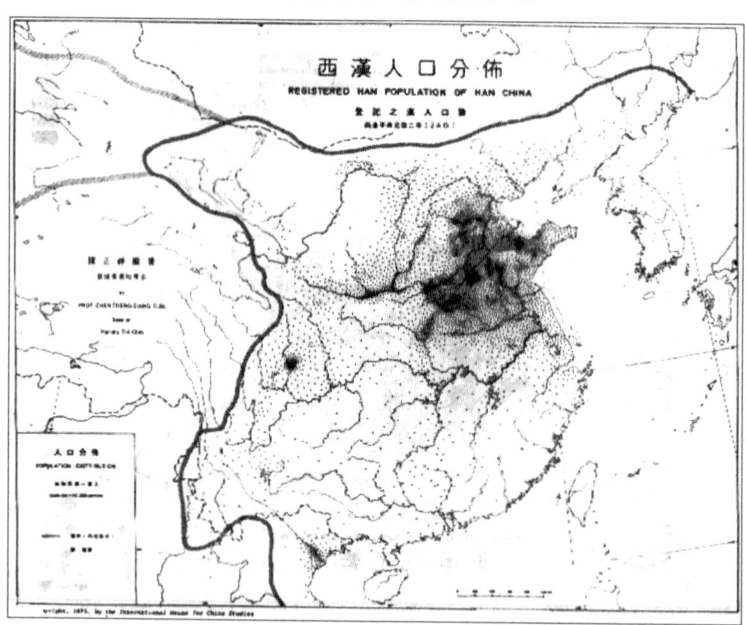

由於西漢人口集中在今日山東、河南、河北，江蘇與安徽北部、陝西中部，所以游俠也幾乎集中在這些地方，亦即人口與游俠數量兩者關係密切；但像成都平原人口稠密，卻無任何游俠的紀錄，而人口稀疏的邊郡，卻存有不少的游俠，因此人口分佈與游俠的分佈，還是不盡相符。

值得仔細觀察的是，在淮、漢以北，游俠的出生、成長活動範圍，可再分

〔註 5〕陳正祥，《中國文化地理》，頁 22～2。

成以「潁川——濟南——楚國」的三角地帶之「東南區」，和「長安——代郡」的「西北區」。「東南區」的人口稠密，經濟發展水準相當高，還遺留了先秦時期六國游士、游俠在此地活躍的風尚；相對而言，「西北區」的關中一帶，承蒙秦漢之世多次徙來六國遺族與山東豪族富賈，帶進山東〔註 6〕的任俠風尚，以及長安附近人口稠密、經濟發達的背景，方才形成類似於山東的社會環境。至於代郡、太原與西河等邊郡，應是地緣接近匈奴，存在外族的威脅的因素，促使人們平素熟習武藝，以防匈奴入侵，漸養成強悍的民風，自然容易產生游俠。

二、成年以後的活動範圍

游俠在成年之前，除了樓護在幼年便跟隨著父親離鄉背井，從濟南搬到長安定居，其餘游俠多待在出生地，直到成年。後來他們因爲遷徙、逃亡、辦理事務等種種事故，往返其他郡縣，不僅擴大了自己的活動範圍，也增廣了個人的見聞。若以秦漢之際的張良爲例，可將他的生平活動範圍繪製成下圖：

圖 4-4　張良生平活動範圍圖

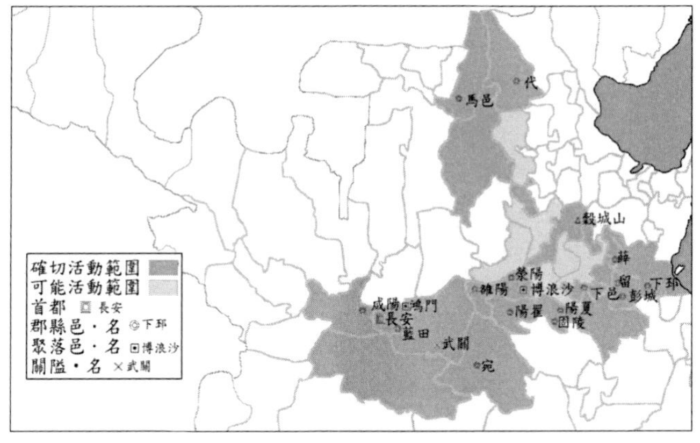

他原本是韓國貴族之後，〔註 7〕居住在秦代的潁川郡，後來招募勇士狙擊秦始皇於博浪沙（今河南開封），此役張良並未成功，卻反映出他的活動範圍，從潁川郡擴大到北邊的三川郡。〔註 8〕後來逃亡至下邳，一直到遭遇劉邦爲止，

〔註 6〕本處所指「山東」，係爲戰國到西漢時期，人們視崤山、太行山以東的地區爲山東，並非今日山東省，即今日的河南省中、東部，山東省全境，安徽省北部，與江蘇省北部。

〔註 7〕張良祖先定居的韓國，即秦代的潁川郡，漢初承襲秦代行政區劃，仍爲潁川郡，一度置爲韓國。

〔註 8〕秦代的三川郡，即漢代河南郡。

顯示張良的青壯時期，是在西漢的楚國、沛郡、東海郡一帶活動。再後，隨同劉邦西進咸陽、漢中，北征平城，儘管這些軍事活動十分緊湊，張良或許無法在經過的地方，建立個人的人脈，卻是他在壯年時期，擴大活動範圍的主因。

戰事征伐固然是游俠擴大活動的方式之一，卻非承平時期游俠的經歷。觀察漢景、武帝時的鄭莊，他一生則透過個人游歷、遷居、擔任使者出巡郡縣等事務，來增廣他的履歷，其生平活動範圍，有如下圖所示：

圖 4-5　鄭莊生平活動範圍圖

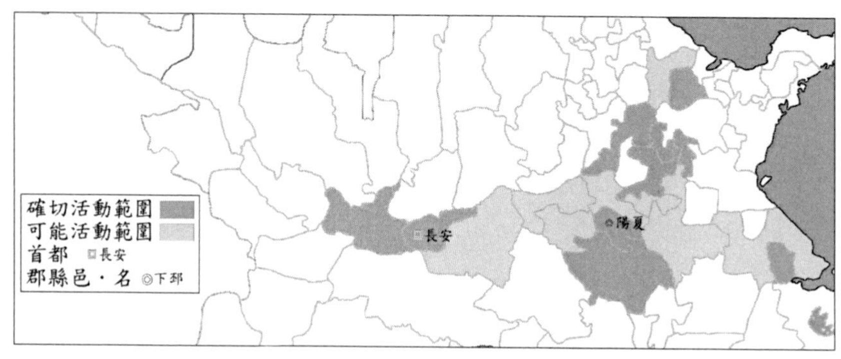

顯示鄭莊活躍在黃河南岸到江淮以北之間，最西可達長安一帶。他所以有如此廣大的活動範圍，是因兼具了官宦的身分。若僅是一介平民，活動範圍相對侷限一方，如郭解被迫遷徙茂陵以前的生活，就是河內軹縣的居所附近，除了爲擺平鄉里糾紛，曾往返一趟河南郡，倘非漢武帝的強制遷徙令，恐怕郭解的生平活動範圍不會超出河內、河南兩郡之外。下圖所示是他的活動地區：

圖 4-6　郭解生平活動範圍圖

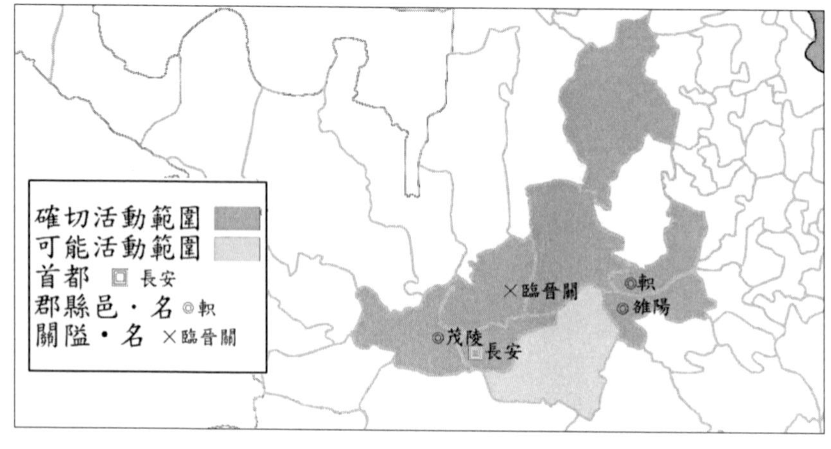

由於遷徙與逃亡，才擴大了郭解的活動範圍。諷刺的是，官府原先想用隔離法翦滅郭解的社會聲望，不意郭解遷徙到關中，反而促成關中人們的爭相結交，又因遷徙的糾紛，導致郭解逃亡，諸多經歷反讓他大增人際交往與活動範圍，政府抑制郭解的目的，可謂完全落空了。

個別游俠的活動範圍皆不盡相同，但是將朱家、季布、季心、竇嬰、汲黯、鄭莊、灌夫、郭解、寧成、樓護、陳遵與原涉等人，生平居住或造訪過的郡國，包括途經的地方，都注記、標示，所求的西漢游俠最大活動區域，可繪製成下圖所示：

圖 4-7　游俠活動範圍概況圖

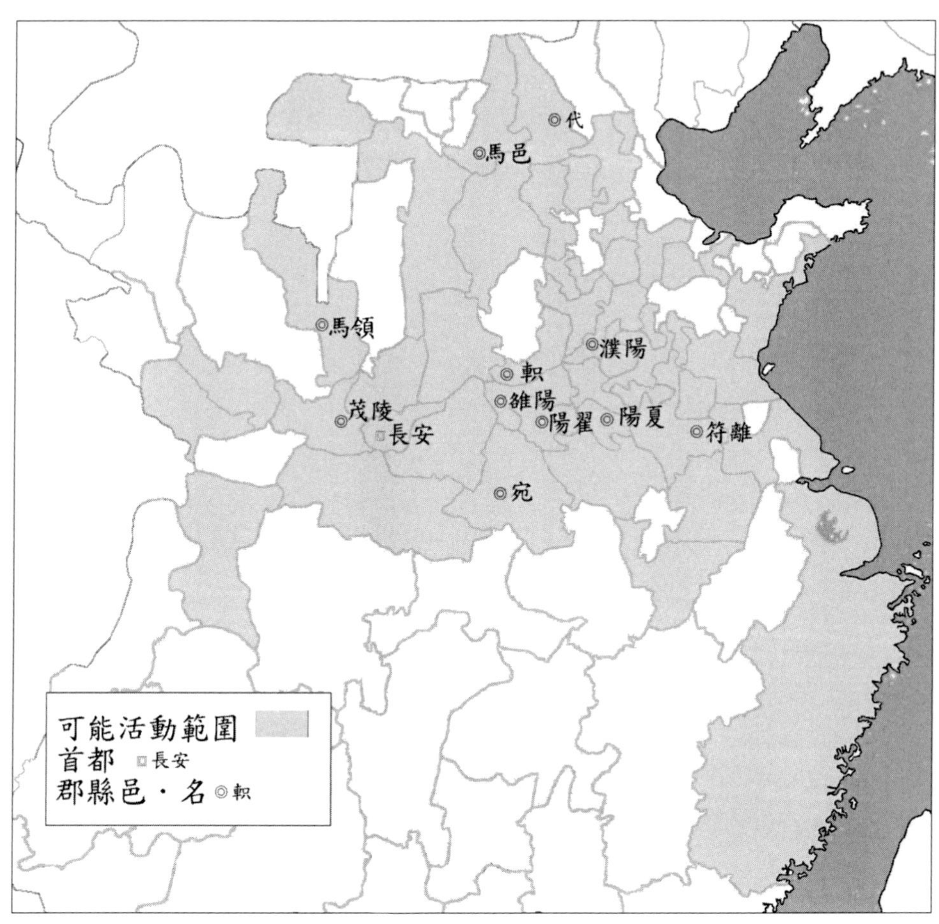

上圖所顯示的活動地區，西達隴西郡，東至琅邪郡，北抵雁門、代郡，南到淮河、漢水。倘若將游俠一生活動範圍，與生長時期所及加以比較，不

難發現出生、成長時期相對安定；成年之後，由於戰事征伐、遷徙他方、逃亡避居、官職調動或出使地方等原因，游俠逐步擴大他們的活動範圍。尤其是有官職者，藉著出任諸侯國丞相、郡太守，蹤跡才跨越了淮河、漢水以南，到達九江、廣漢、吳、廣陵等郡國。

三、社會風俗的催生因素

鄉里民風可能塑造出人們具有游俠性格，尤其以青少年時期的地緣關係最深。例如《史記・游俠列傳》裡敘述到郭解年少在軹縣一帶的生活情形：

> 解爲人短小精悍，不飲酒。少時陰賊，慨不快意，身所殺甚眾。以軀借交報仇，藏命作姦剽攻，休乃鑄錢掘冢，固不可勝數。適有天幸，窘急常得脫，若遇赦。〔註 9〕

他的個性有陰賊的特質，全憑情緒來待人接物，可以拿個人性命來結交朋友；行徑作爲則有報仇、殺人、亡命，甚至私鑄錢幣、盜掘死人墳墓等不法行爲。配合觀察《史記・貨殖列傳》裡，司馬遷所體認到河內到中山這一帶的民情風俗：

> 溫、軹西賈上黨，北賈趙、中山。中山地薄人眾，猶有沙丘紂淫地餘民，民俗懁急，仰機利而食。丈夫相聚游戲，悲歌忼慨，起則相隨椎剽，休則掘冢作巧姦冶……然邯鄲亦漳、河之閒一都會也。北通燕、涿，南有鄭、衛。鄭、衛俗與趙相類，然近梁、魯，微重而矜節。濮上之邑徙野王，野王好氣任俠，衛之風也。〔註 10〕

以溫、軹到趙國這一帶的民風，百姓的風俗比較急躁，靠著投機事業謀生，其中，男性相互吆呼，群聚遊戲，情緒激動的時候，往往出現破壞器物，或是劫掠、毆打他人，休閒時則有挖掘墳墓、私作冶鑄等行爲。尤其是溫、軹、野王這三個隸屬於河內郡的縣份，此種風尚更加盛行，對應出生軹縣的郭解，攻剽作姦、掘冢鑄幣的行爲，與風俗所尚可說是如出一轍。同樣生活在軹縣、以任俠被誅的郭解之父，相信也是受到地緣上的民風所薰陶。

司馬遷不僅在《史記・貨殖列傳》記載河東、河內一帶的民風，以證明民風對游俠性格養成，有佔有重要的份量，也對南陽、潁川一帶民間的任俠風尚，提出了文化淵源說：

〔註 9〕司馬遷，《史記・游俠列傳》，卷 124，頁 3185。
〔註 10〕司馬遷，《史記・貨殖列傳》，卷 129，頁 3262～3264。

潁川、南陽，夏人之居也。夏人政尚忠朴，猶有先王之遺風。潁川敦愿。秦末世，遷不軌之民於南陽。南陽西通武關、鄖關，東南受漢、江、淮。宛亦一都會也。俗雜好事，業多賈。其任俠，交通潁川，故至今謂之「夏人」。〔註11〕

他認爲潁川、南陽這一帶原先民風淳樸，秦朝末年因大徙不法百姓移居到南陽，加上南陽的交通便利、商業發達使其風俗雜陳。

不過，將司馬遷在《史記‧貨殖列傳》提到容易養成游俠這種人物性格的民風區域，與〈游俠出生、成長活動郡份概況圖〉相互對照，卻出現了幾處落差。

首先，河內郡確實有郭解父子二人先後任俠，但是河東郡在《史記》、《漢書》裡，則未見任何一位游俠出現，僅有季布於文帝時擔任河東太守；那麼，河東郡雖然在《史記‧貨殖列傳》裡，被司馬遷認定具有養成游俠的民風，卻不曾出現名滿郡縣乃至州域的游俠。這種情形或許因紀錄有限，有些地方的游俠資料，未被記錄下來，可能是較爲合理的解釋。

第二，司馬遷強調南陽郡有任俠的現象，且與北鄰的潁川郡聯繫密切。證諸《史記》、《漢書》，武帝時有南陽穰縣的寧成，同郡的趙調，甚至到新莽時，劉秀的兄長——劉寅皆在南陽郡出生、成長與活動，顯見南陽郡的民風的確可促成游俠性格的發展。但是，司馬遷敘述潁川郡的民風敦愿，這與〈西漢游俠生長分布圖〉的顯示，潁川郡是僅次於京兆尹，而爲第二大游俠養成的郡份，與《史記》本身的紀錄，有極大的出入。從秦末葉的張良算起，景帝時有薛況、韓孺，〔註12〕景、武帝時有灌夫，哀帝時有趙季、李款以降，潁川一帶的游俠之風不絕如縷，其民風必然受相鄰的南陽郡深刻影響，有以致之。

司馬遷寫武帝以前的潁川郡，風俗淳厚，或許是他的見聞偏失。班固則明確表述昭、宣帝時期，潁川郡民風的不同面向：

潁川多豪彊，難治，國家常爲選良二千石。先是，趙廣漢爲太守，患其俗多朋黨，故構會吏民，令相告訐，一切以爲聰明，潁川由是

〔註11〕司馬遷，《史記‧貨殖列傳》，卷129，頁3269。

〔註12〕司馬遷的《史記‧游俠列傳》作「薛兄」，司馬貞《史記索隱》註「音況」；班固的《漢書‧游俠傳》作「薛況」，應爲書寫上的出入，本文採用《漢書》作薛況。

> 以爲俗，民多怨讎。延壽欲更改之，教以禮讓，恐百姓不從，乃歷召郡中長老爲鄉里所信向者數十人，設酒具食，親與相對，接以禮意，人人問以謠俗，民所疾苦，爲陳和睦親愛銷除怨咎之路。長老皆以爲便，可施行，因與議定嫁娶喪祭儀品，略依古禮，不得過法。延壽於是令文學校官諸生皮弁執俎豆，爲吏民行喪嫁娶禮。百姓遵用其教，賣偶車馬下里僞物者，棄之市道。數年，徙爲東郡太守，黃霸代延壽居潁川，霸因其迹而大治。〔註13〕

也就是說，潁川郡從武帝以後，逐漸發展出以特定群眾的利益作結合，出現具有地方實權的豪強、朋黨等社會勢力，使得從宣帝不得不擇派政績出色的官員，擔任該郡太守，試圖扭轉豪強、朋黨的霸道，回歸長老、宗族的社會型態。由此可見，潁川郡在豪強、朋黨爲鄉里核心的社會環境下，自然造就了西漢後期潁川郡諸多游俠的出現，故而哀帝時有輕俠趙季、李款在境內「多畜賓客，以氣力漁食閭里，至姦人婦女，持吏長短，從横郡中」，〔註14〕這般横行霸道的行徑。

再者，河內郡內野王一帶的任俠風俗，乃是淵源自徙民以前的故鄉，即衛地的濮陽，亦即《漢書・地理志》的東郡一帶。這與活躍在景、武帝兩朝政壇的汲黯之出生地——濮陽，可謂不謀而合。另外，西漢前、中期多次徙關東百姓至關中，在這些移民聚居的陵邑縣份，如茂陵、霸陵等地，往往都是三輔地區游俠熾盛的地點，應可推斷關東的任俠風俗，隨著被遷徙到關中定居的人群，一同傳入關中。

除了任俠風尚，秦漢社會普遍存在報仇、復仇的風氣，早在商鞅變法時，明令「爲私鬥者，各以輕重被刑」，並保留部落社會的族誅之法，運用嚴刑峻法威懾復仇之風，這一來戰國末年的秦地，已鮮少游俠、游民、游士，可見復仇風氣與任俠之風有相輔相成的作用。秦統一後，更以重法遏抑了游俠、復仇風氣，蒯通勸說范陽令起兵時曾說：「足下爲范陽令十年矣，殺人之父，孤人之子，斷人之足，黥人之手，不可勝數。然而慈父孝子莫敢事刃公之腹中者，畏秦法耳。」〔註15〕可知秦朝嚴禁復私仇。然而，六國遺民卻懷有強烈的復仇之心，如張良狙擊秦始皇於博浪沙一事，展現了他的決心。楚地諺

〔註13〕班固，《漢書・趙尹韓張兩王傳》，卷76，頁3210。
〔註14〕班固，《漢書・蓋諸葛劉鄭孫毋將何傳》，卷77，頁3268。
〔註15〕司馬遷，《史記・張耳陳餘列傳》，卷89，頁2574。

謠：「楚雖三戶，亡秦必楚。」更將國仇情緒深植民間，秦帝國晏平的表相下，暗濤洶湧。隨著秦帝國的崩潰，復仇作為無處不現，大者如項羽坑殺秦卒數十萬、火燒阿房宮，小如閭巷平民的報復行為。

西漢游俠憑藉勇武，親自復仇，或請託朋友，代為報仇，例證頗多。倘若他們的復仇目的是為了血親，情猶可原，如原涉欲為季父報仇之類；但若游俠只因個人名聲，動輒快意殺人，睚眦必報，則為無法無天的暴行：

> 虞氏，梁之大富人也。……升高樓，臨大路，設樂陳酒，積博其上。游俠相隨而行樓下，博上者射朋張中，反兩而笑。飛鳶適墮其腐鼠而中游俠。游俠相與言曰：「虞氏……辱我以腐鼠，此如不報，無以立矜於天下。……」其夜乃夜攻虞氏，大滅其家。〔註16〕

即使是為維護俠名，仍是干犯法禁，擾亂社會秩序，為群體大眾所不容。

第二節　生平活動的總體觀察

將游俠生平活動的狀況逐一比較，大約可見貴族官吏、布衣平民兩種游俠，有不同的活動範圍。大抵貴族官吏的的活動地域較為廣闊，而平民百姓所到之處相對較狹小，就連他們移動的動機也不盡相同。下文就是依據貴族官吏、布衣平民兩種社會角色，考察幾位紀錄較多的西漢游俠，來分析西漢游俠的活動面貌。

一、貴族和官吏的移動

貴族、官宦任俠者，隨著政府的交通、訊息網絡，使得游俠的活動範圍較形廣袤，他們透過軍事征伐、官職調動、擔任使節等方式，得以在國內外到處游走。首先，軍事征伐只有在國家興起戎事，或官員任職邊境地區才會出現的移動方式，承平時期的貴族官員並不常見，像是楚漢相爭的張良與季布、七國之亂的竇嬰、灌夫，皆因遭遇戰爭而擴大活動範圍。茲以張良為例，投附劉邦以前，大抵在河南、潁川、淮陽三郡間活動，雖然後來募刺客狙擊秦始皇一事，迫使他往東逃亡，實際上只是生活空間，由潁川轉換到下邳而已。行軍作戰的範圍，比平時活動大為擴展，如照張良隨同劉邦、韓王信四處征戰的路線圖所示：

〔註16〕列禦寇，嚴捷、嚴北溟譯注，《列子譯注・說符》，頁214。

圖 4-8　張良軍事移動路線圖

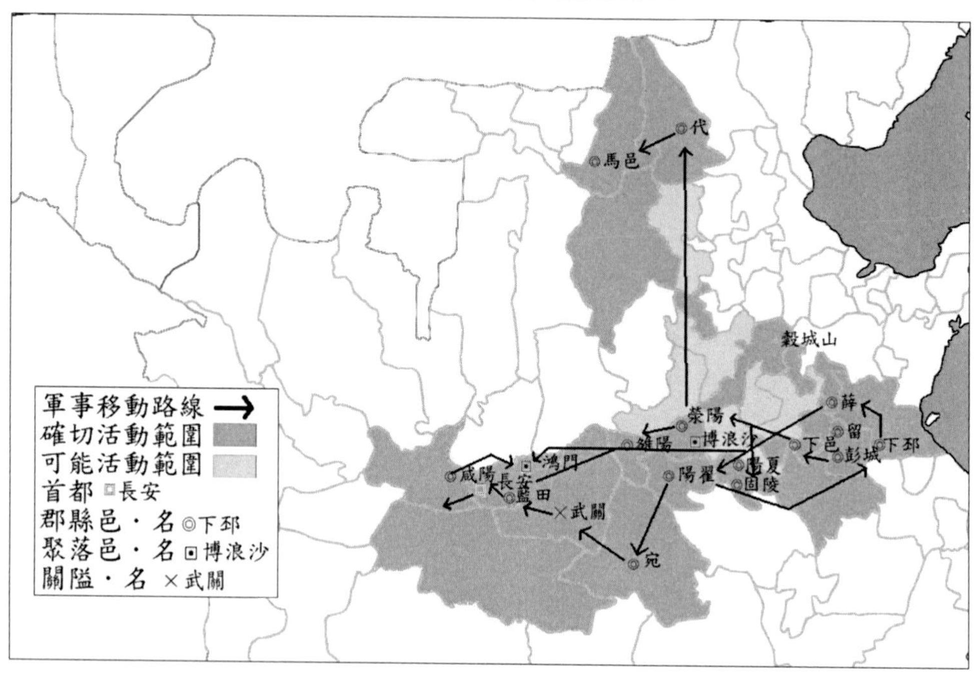

可知軍事征戰讓張良的活動範圍，往北推到代、馬邑，往西達到咸陽、褒中道。類似的情況如竇嬰，他家居長安，因爲監控七國之亂，到滎陽坐鎮。其次是官職調動的拓展作用，茲將汲黯、鄭莊、灌夫、樓護與陳遵的升遷調職概況，製成下表以便說明：

表 4-1　汲黯、鄭莊、灌夫、陳遵升遷調職概況表

姓　名	升　遷　變　化
汲　黯	太子洗馬（長安）→滎陽令→病免→中大夫（長安）→東海太守→主爵都尉（長安）→右內史（京兆尹、右扶風）→淮陽太守
鄭　莊	太子舍人（長安）→魯中尉→濟南太守→江都相→右內史（京兆尹、右扶風）→大農令（長安）→大司農（長安）→丞相長史（長安）→汝南太守
灌　夫	淮陽太守→太僕（長安）→燕相
樓　護	諫大夫（長安、出使郡國）→天水太守→廣漢太守→前煇光
陳　遵	京兆尹→郁夷令（右扶風）→河南太守→九江都尉→河內都尉

顯示游俠因爲職位的外派或內調，得以在各郡國遊走；再比較這幾位當官時，跨州連郡的移動，以及免官後，只能安居在長安附近，動靜之間有著天壤之別，更能說明游俠乘著職位之便，利用政府公器而四處遊歷，藉以擴張人際網絡。

第三種是擔任使節。它與官職調動不同之處，在於後者的任期時間比較長，尤其擔任郡守、國相、都尉等地方要員，少則二、三年，多至六、七年，游俠足以深耕鄉里，厚植人脈；而擔任使節者，由於負有特殊任務，又有一定時效，很難藉機發展人際關係，但仍是他們擴張活動範圍的途徑之一。如鄭莊出使東郡以視察黃河溢堤造成的災情，和汲黯奉命到河內郡爲火災善後，皆是出使郡國的代表；另外，更始二年（24A.D.）更始帝派陳遵前去匈奴，授予單于漢璽一事，是較特別的案例：

> 更始至長安，大臣薦遵爲大司馬護軍，與歸德侯劉颯俱使匈奴。單于欲脅詘遵，遵陳利害，爲言曲直，單于大奇之，遣還。會更始敗，遵留朔方，爲賊所敗，時醉見殺。〔註 17〕

顯示陳遵自長安往北走，直抵匈奴王庭，等到完成使命後，返回朔方卻被亂賊所殺，這是游俠出使國外的唯一例證。

彙整所有貴族官吏任俠者的移動紀錄，他們擴大活動範圍的方式，承平之世，以官職調動佔大多數，其次是擔任使節；社會動盪時，軍事征伐造成的移動，大過於職位調度和出使特殊任務。因爲外調的機會，如竇嬰任吳相、鄭莊爲廣陵相、陳遵爲九江太守，和樓護作廣漢太守，讓他們得以南適淮水，名聲遠揚到跨州連郡的程度。

二、郡縣鄉里的百姓任俠

平民百姓任俠者的活動範圍，雖然相對較小，但也有可能遠行、搬家等活動，不見得一直待在故鄉內，實踐《老子》所謂「安其居，樂其俗，鄰國相望，雞犬之聲相聞，民至老死，不相往來。」〔註 18〕他們成年後，從事遠行、遷徙、遊玩等活動，擴大了自己的生活範圍，並藉著與友人們的往來，把個人的任俠行跡、稱譽美名，口耳相傳地流傳到更廣大的地區，讓聲名不

〔註 17〕班固，《漢書‧游俠傳》，卷 92，頁 3714。

〔註 18〕高明，《帛書老子校注》，第 67 章（北京：中華書局，新編諸子集成叢書，第一輯，1996 年 5 月），頁 154～155。

只鄉里傳聞，更能揚譽州郡。

可惜平民任俠的活動範圍，只有郭解得知最詳。班固敘述其先祖班孺的行俠事蹟，亦僅存大略，只知他在惠帝至文帝年間，在雁門郡樓煩縣一帶以俠聞名而已：

> 始皇之末，班壹避墜於樓煩，致馬牛羊數千羣。值漢初定，與民無禁，當孝惠、高后時，以財雄邊，出入弋獵，旌旗鼓吹，年百餘歲，以壽終，故北方多以「壹」爲字者。壹生孺。孺爲任俠，州郡歌之。〔註19〕

班孺是否曾經到過樓煩以外的地方，沒有任何資料可供參考。

誠如上一節提及，郭解的活動範圍，以河內軹縣爲核心，延伸到河南的雒陽，由於政府強制遷徙而前往茂陵，造成他的逃亡，從而擴大其活動範圍。其餘像漢景帝後期有梁國的韓無辟、淮陽國陳縣的周庸、代郡諸位白氏，與漢武帝前期的濟南瞯氏一族等游俠，《史記》、《漢書》也僅簡略敘述他們活動的郡縣名稱、俠名傳播的區域、活躍的時間等三項訊息。

由於平民任俠的移動紀錄，不像貴族官吏一般詳細，只能從游俠的各種事蹟，找尋出他們在居住地以外，曾經到過哪些地方。如《史記・季布欒布列傳》便是朱家爲了解救季布，才附帶提到朱家的遠行：

> 季布者，楚人也。爲氣任俠，有名於楚。項籍使將兵，數窘漢王。及項羽滅，高祖購求布千金，敢有舍匿，罪及三族。季布匿濮陽周氏。周氏曰：「漢購將軍急，迹且至臣家，將軍能聽臣，臣敢獻計；即不能，願先自剄。」季布許之。迺髡鉗季布，衣褐衣，置廣柳車中，并與其家僮數十人，之魯朱家所賣之。朱家心知是季布，迺買而置之田。誡其子曰：「田事聽此奴，必與同食。」朱家迺乘軺車之洛陽，見汝陰侯滕公。滕公留朱家飲數日。〔註20〕

上文指出朱家在漢高祖五、六年（202～201B.C.）時，爲了解除季布被通緝的危機，特地從魯地乘著馬車，前往洛陽與夏侯嬰相見，並且留在夏侯嬰的住所數天，這說明了季布此次活動範圍，從魯國到河南郡。而楚人田仲父事朱家，顯見他居住在楚國，曾多次前往魯地拜會朱家，也可從此處推斷田仲的活動範圍，在楚國與魯國之間。

此外，劇孟曾拜訪袁盎，但是兩人並非同居一地，劇孟居住在雒陽（今

〔註19〕班固，《漢書・敘傳上》，卷100，頁4197～4198。
〔註20〕司馬遷，《史記・季布欒布列傳》，卷100，頁2729。

河南洛陽），袁盎家住安陵（今陝西咸陽），顯示劇孟的活動範圍，係從河南郡往西延伸到右扶風。

從上可知，平民任俠的活動範圍，一是受到資料的侷限，無法窺究全貌，從《史記》與《漢書》近六十位游俠，其中的平民任俠者僅有郭解一人描述完整，可知他們活動範圍的紀錄嚴重不足；二是平民任俠者本身的社會資源有限，基於個人財力、遠行機會、官方報備等多方考量，往往活躍鄉里間爲常態，不像貴族官吏們，藉著公家資源得以前往各地；三是平民任俠者帶有草根性，他們的名聲是在鄉里內建立，脫離鄉里無異如魚出水。故而平民百姓任俠的人，活動範圍以家鄉爲中心，涵蓋附近幾個郡國爲限度。

第三節　聯繫人際關係的型態與俠名的傳播

一、二天能往返的距離內，游俠爲了禮貌與維持人際關係，通常親自登門拜訪；如果超過此一範圍，則以書信、名謁，請人代爲傳達。游俠人際網絡的維持與擴大，不止侷限在他們的交友圈內，還可延伸到俠名的傳播，尤其經過親眼目睹、口耳相傳的具證和傳佈，游俠的事蹟和名聲不斷向外擴散。聯繫人際關係的方式較爲具體，俠名的傳播則相當抽象，其詳細情形分述如下：

一、距離遠近的聯繫方式

游俠的交際往來，倘若是一、兩日之內往返的距離，通常是親自登門拜訪，如王商拜訪樓護：

> 數歲免，家長安中。時成都侯商爲大司馬衛將軍，罷朝，欲候護，其主簿諫：「將軍至尊，不宜入閭巷。」商不聽，遂往至護家。家狹小，官屬立車下，久住移時，天欲雨，主簿謂西曹諸掾曰：「不肯彊諫，反雨立閭巷！」商還，或白主簿語，商恨，以他職事去主簿，終身廢錮。〔註21〕

王商本來想要拜樓護爲侯，藉以結交樓護，故不辭雨天中的狹小巷道，這個行徑說明了鄉里間建立人際關係，親自拜訪最爲上策。同樣有鄭莊、竇嬰、陳遵等人爲酬謝賓客，他們以驛馬、馬車送往迎來，故在三輔地區培植雄厚的人脈。秦漢時期人們無法隨意跨越郡縣、關津，凡有出境都得向郡縣主管

〔註21〕班固，《漢書・游俠傳》，卷92，頁3707。

申請、報備，由官吏發予「傳」或「符」，以備在通關時驗證。而擅自闖越關津，或私刻「傳」、「符」都是觸犯法律，除非游俠犯法亡命他鄉，否則他們就算爲了正事出界，地方官吏也能掌握其動向。

游俠任官者每到外郡上任，或出使他國，長時間停留在外，想要聯絡其他州郡、國家的親友時，因法令所限，多半透過書信名謁，來溝通遠方親友。例如尹灣六號墓的墓主師饒，他以郡幕僚身分，幫東海郡守打理官場交際，登錄在〈YM6D17 反〉上的名謁，就是師饒代主官聯繫別郡官吏的證據：

> 楚相延謹遣吏奉謁再拜
>
> 請
>
> 君見足下　　　鄭長伯〔註 22〕

由於該木牘是楚國相派遣官吏，送到東海太守交給師饒的名謁，印證了陳遵到任河南郡守後，曾密切聯絡長安友人：

> 王莽素奇遵材，在位多稱譽者，繇是起爲河南太守。既至官，當遣從史西，召善書吏十人於前，治私書謝京師故人。遵馮几，口占書吏，且省官事，書數百封，親疏各有意。〔註 23〕

由陳遵口述書信內容，吏員在一旁抄寫，回書數百封予京師諸多親友、故舊。由於地方首長不得無故擅離職守，〔註 24〕當游俠被外調到遠方時，書信變成了維繫他們親友的管道。他們將書信交給下屬，藉吏員出使的機會代爲轉達心意，可稱便利。

二、俠名的傳播

游俠的親友和鄰居，都是俠名直接傳播的媒介，如霸陵杜君敖、池陽韓幼孺、馬領繡君賓等人，皆以地緣關係而聞名。若向外擴大到不曾親見，卻聽聞過他們名號、事蹟的人，則可謂是俠名的間接傳播，例如擔任地方首長的游俠，眾多僅耳聞其人其事，卻成爲百姓們在茶餘飯後，言談的話題，茲將《史》、《漢》紀錄的游俠擔任地方官職編成下表：

〔註 22〕連雲港市博物館、東海縣博物館編，《尹灣漢墓簡牘》（北京：中華書局，1997 年），編號 YM6D17 反的名謁，圖版頁 28，釋文頁 134～135。

〔註 23〕班固，《漢書・游俠傳》，卷 92，頁 3711。

〔註 24〕誠如《尹灣漢墓簡牘》編號 YM6D16 反所云：「瑯邪太守賢，迫，秉職，不得離國。謹遣吏奉謁再拜……」說明首長必須謹守職位，不能擅自離境。

表 4-2　游俠擔任地方官職表

姓　名	任　　　職
季　布	河東守
灌　夫	淮陽太守、燕國相
汲　黯	滎陽令、中大夫、東海太守、淮陽太守、淮陽國相
鄭　莊	魯中尉、濟南太守、江都相、右內史、汝南太守
寧　成	濟南都尉、中尉、內史、關都尉
樓　護	京兆吏、諫大夫、天水太守、廣漢太守、前煇光
陳　遵	京兆史、郁夷令、河南太守、九江都尉、河內都尉
原　涉	谷口令

由於轄境內的百姓多聽聞過地方首長的事蹟或作爲，百姓日常言談中，俠名自然也隨之傳播。

其次，游俠做過光榮事蹟或慈善義行，其行爲讓人印象深刻，因此俠名聞於四方，如下表所列：

表 4-3　俠名來源、傳播範圍表

姓　名	具　體　行　為	聞名範圍
朱　家	解脫季布困難	關以東
季　布	爲氣任俠	梁、楚之間
季　心	氣蓋關中，以勇聞名	關中
竇　嬰	滎陽監督七國亂事	全國
灌　夫	不因父喪歸家，反而被甲持戟，率領數人馳入吳軍	名冠三軍
鄭　莊	脫張羽於厄	梁、楚之間
原　涉	讓還南陽賻儀，守喪三年	京師

大致可說，職官牧民是經年累月的努力，才博取眾人的肯定，逐漸建立名聲；而特行的義舉，則需看游俠是否抓準時機，博得一時的人氣。

俠名的傳播層級，不外乎「親眼所見」及「口耳相傳」兩種，而傳播的強度和效果，首先要看游俠本身名號、招牌的響亮程度，其次要靠敘述者的生花妙口，能否將游俠故事描繪得引人入勝。可惜《史》、《漢》未紀錄民間如何傳述游俠事蹟，不過保留了不少記敘游俠的名號、俗諺和歌謠，可供體會其一二：

表 4-4　游俠名號內容及其性質表

姓　名	內　　　容	性　質
季　布	楚人諺曰：「得黃金百斤，不如得季布一諾。」	俗諺
灌　夫	潁川兒乃歌之曰：「潁水清，灌氏寧；潁水濁，灌氏濁。」	歌謠
寧　成	號曰：「寧見乳虎，無値寧成之怒」	俗諺
萬　章	號曰：「城西萬子夏」	名號
樓　護	長安號曰：「谷子雲筆札，樓君卿唇舌」	俗諺
	閭里歌之曰：「五侯治喪樓君卿」	俗諺
陳　遵	號其人曰：「陳驚坐」	名號

游俠名號、俗諺、歌謠的推波助瀾，帶給庶民大眾更深刻的印象。然而，一位游俠的名聲究竟能傳播地域多遠，又有多少人聽說過，在史料不足的情形下，很難精確估量。

綜言本章，西漢游俠的生長分布，在黃淮平原、渭河流域等內郡，是與地狹人稠、經濟發達的社會環境呈現正比的關係；但在代郡、西河、北地、隴西等邊郡，受到匈奴等外族的侵擾，基於保衛身家財產，鄉里居民普遍尙武成風，這和游俠的勇武特質雷同，造成邊郡的游俠盛行，顯然與人口、經濟的繁盛程度關連較小。總括游俠們的生平活動地域，西達隴西郡，東至琅邪郡，北抵雁門、代郡，南到淮河、漢水，因爲戰爭、遷徙、逃亡、官職和出使等因素，擴大了他們的活動範圍，才會跨越到淮、漢以南，到達九江、廣漢、吳、廣陵等地。考究游俠產生的因素，主要是受到各地任俠風尙的影響，但是司馬遷紀錄潁川、河東的風俗時，跟游俠的實際分布有出入，顯示他的觀察或有偏失。此外，復仇風尙盛行，也是促成百姓任俠的動力之一。

觀察游俠的活動範圍，平民百姓任俠者多以家鄉爲中心，輻射到附近幾個郡國，郭解是在政治力介入後，才西遷茂陵、逃亡太原。貴族官吏任俠者，則是透過軍事征伐、官職調動，以及擔任使節等方式，達到跨州連郡的腳蹤，甚至享有全國性的聲譽。至於他們聯繫親友的方式，能在一日或數日往返的距離內，以登門拜訪最爲便捷有效；若因職責不便出境，官吏任俠者往往透過書信名謁，請託下屬前往轉交、致意。透過上述各種活動，從中累積他們的名聲，不妨稱之爲「俠名」。「俠名」的建立，起先是靠親友閭鄰作媒介，其次是擔任地方首長時，屬下或百姓的傳頌，或從事引人耳目的義舉善行，愈是英雄式事蹟，愈能震懾人心。傳播層次不外乎親眼目睹、口耳相傳，若加上名號、俗諺與歌謠的推波助瀾，可使游俠聲名散佈在百姓庶眾之間。

第五章　游俠在西漢政權下的立場與因應之道

西漢游俠在政權下的定位，並非其本身所能決定，端看皇帝以下朝廷統治者對游俠所抱持的觀感，來判定他們是良民，還是刁民？另一方面，當地方行政系統逐漸單一化，地方吏員匯報郡國事務時，他們對游俠的感受，也會影響上級的態度，因而游俠處在西漢政權底下，時而遭受打壓，時而獲得青睞，本章第一節即以統治階層對游俠的觀感，作討論的出發點，第二節論及西漢統治階層內部的變化，對游俠所產生的影響。

游俠的違法犯禁，始終與西漢政權相對立，實際上，單一手法對付游俠難以解決問題，當游俠挑戰法律的模糊地帶時，每造成「法令滋彰，盜賊多有」〔註 1〕的效果，因而第三節討論徙民政策究竟能否斬斷游俠的草根性，教育與選士是否轉化了游俠好勇鬥狠的性格，以及官吏與游俠妥協情形，將統治階層的各種手腕逐一檢討，並說明游俠的因應自存之道。

第一節　統治階層對游俠的觀感

觀察景、武、宣帝等諸帝，接觸游俠的消息或人物時，他們對游俠各有不同的反應態度，而皇帝的觀感也大體決定官府治理游俠的方式。其次，貴族、官員對游俠的觀感，多少影響皇帝的態度；儘管有些貴族、官員任俠，顯示游俠跟統治階層沒有絕對的區隔，但畢竟是屬於少數，其他大多數貴族

〔註 1〕老子，高明校注，《帛書老子校注》，第 57 章，頁 104～105。

與官員們。對游俠的觀感，是很值得討論的。最後，統治階層最下層的胥吏們，對游俠的感受，也會影響到貴族、官員處置游俠的做法。因此將皇帝、貴族、官員、胥吏等各階層對游俠的觀感，分別描繪如下：

一、皇帝與貴族

皇帝以最高統治者的身分，率領百官掌理全國的事務，西漢皇帝對游俠的不同印象，自然影響到他們的處理態度。其中，景帝、武帝透過大臣上奏，聽聞百姓任俠的事蹟，如《史記・游俠列傳》所記：「是時濟南瞯氏、陳周庸亦以豪聞，景帝聞之，使使盡誅此屬。」〔註2〕說道景帝聽說濟南郡瞯氏一族，與陳縣的周庸，以豪在當地聞名，遂派遣官吏誅殺這些人。又如武帝在郭解將徙之前，聽聞衛青替郭解說項，他大不以爲然：

> 衛將軍爲言：「郭解家貧不中徙。」上曰：「布衣權至使將軍爲言，此其家不貧。」〔註3〕

都顯示景帝與武帝對民間的游俠，觀感多屬相當負面；但景帝對袁盎、竇嬰、汲黯、鄭莊與灌夫等朝廷官員們的任俠行爲，似乎又無動於衷，不曾出面制止他們任俠。相對的，武帝卻很不喜歡具有游俠性格的官員，從他與竇嬰、灌夫、汲黯、鄭莊之間的應對進退，經常流露出不悅、不滿的情緒，便能理解武帝對官員任俠的厭惡。

相較於景帝、武帝，宣帝則因年少時，曾在民間生活直到成年，有機會與民間的游俠們一同遊嬉：

> 孝宣皇帝，武帝曾孫，戾太子孫也。太子納史良娣，生史皇孫。皇孫納王夫人，生宣帝，號曰皇曾孫。生數月，遭巫蠱事，太子、良娣、皇孫、王夫人皆遇害。語在太子傳。曾孫雖在襁緥，猶坐收繫郡邸獄。而邴吉爲廷尉監，治巫蠱於郡邸，憐曾孫之亡辜，使女徒復作淮陽趙徵卿、渭城胡組更乳養，私給衣食，視遇甚有恩。巫蠱事連歲不決。……大赦，吉乃載曾孫送祖母史良娣家。……詔掖庭養視，上屬籍宗正。時掖庭令張賀嘗事戾太子，思顧舊恩，哀曾孫，奉養甚謹，以私錢供給教書。既壯，爲取暴室嗇夫許廣漢女，曾孫因依倚廣漢兄弟及祖母家史氏。受詩於東海澓中翁，高材好學，然

〔註2〕司馬遷，《史記・游俠列傳》，卷124，頁3184。
〔註3〕司馬遷，《史記・游俠列傳》，卷124，頁3187。

> 亦喜游俠，鬭雞走馬，具知閭里奸邪，吏治得失。數上下諸陵，周徧三輔，常困於蓮勺鹵中。尤樂杜、鄠之間，率常在下杜。。〔註4〕

由於宣帝剛出生時，便遭逢武帝晚年的巫蠱之禍，父母雙亡，幸虧丙吉等人的營救出宮、供養於家，並且送到外家親戚處扶養至成年，因此宣帝不同於其他出生、成長在宮中的皇帝，沒有養尊處優的習性，充分體驗了平民百姓的生活。

當宣帝年少時，經常留連在長安城南的杜陵到鄠縣間，尤其是在下杜，他喜好與游俠共同玩樂，無論是鬥雞、走馬還是博奕，甚至因此結交了陳遂：

> 陳遵字孟公，杜陵人也。祖父遂，字長子，宣帝微時與有故，相隨博弈，數負進。及宣帝即位，用遂，稍遷至太原太守，乃賜遂璽書曰:「制詔太原太守：官尊祿厚，可以償博進矣。妻君寧時在旁，知狀。」遂於是辭謝，因曰:「事在元平元年赦令前。」其見厚如此。元帝時，徵遂爲京兆尹，至廷尉。〔註5〕

宣帝年少時跟陳遂兩人一同博奕，陳遂在博奕中多次輸錢，後來宣帝即位，有意提拔陳遂，於是賜給陳遂太原太守的任官印璽、制書。有趣的是，宣帝的動機，竟如制書所言，乃是藉著官位、俸祿，補償陳遂以前博奕所輸的金錢。雖然陳遂婉拒了宣帝的美意，卻在制書中，留下宣帝與陳遂夫妻交情深厚的言辭。雖然陳遂未有直接任俠紀錄，若從陳遂之子——陳遵，以游俠聞名於西漢晚期，加上陳遂喜好博奕，而宣帝喜好鬥雞、走馬等娛樂活動來推斷，宣帝、陳遂極可能具有游俠性格或任俠事蹟。正因爲宣帝與陳遂的私交甚篤，喜好鬥雞走馬、博奕等游俠的休閒娛樂，宣帝與游俠未有對立情結，自然就不像景帝、武帝，在聽聞民間游俠的消息後，立刻派遣官吏前往審訊、定罪，當成刁民予以誅殺。

諸侯、外戚等貴族對游俠的觀感，則視他們爲門下的賓客一般，如吳王濞招致天下亡命者，雖然對象未言明「游俠」，若從活躍於景帝時期的劇孟，以任俠聞名諸侯的事實來看，七國亂前的諸侯，招待並豢養游俠是有可能的事情；同時活躍於朝廷的竇嬰，甚至武帝初年的田蚡，皆是皇帝的外家親戚，他們皆以豢養賓客來壯大聲勢。此種方式就連成帝以後的王氏一族，都不例外，他們座下賓客中，名聞遐邇的游俠便是樓護：

〔註 4〕 班固，《漢書・宣帝紀》，卷 8，頁 236～237。
〔註 5〕 班固，《漢書・游俠傳》，卷 92，頁 3709。

是時王氏方盛，賓客滿門，五侯兄弟爭名，其客各有所厚，不得左右，唯護盡入其門，咸得其驩心。爲人短小精辯，論議常依名節，聽之者皆竦。與谷永俱爲五侯上客，長安號曰「谷子雲筆札，樓君卿脣舌」，言其見信用也。〔註6〕

成帝時王譚、王商、王立、王根、王逢封侯，五人爭相豢養賓客，來壯盛自己的名聲，而且要求賓客各擁其主，只有樓護跟谷永兩人，能夠同時博取五人的欣賞，皆奉爲上客。樓護曾替後來的王莽捕獲呂寬，王莽因而厚待樓護。王莽與樓護之間的關係，還是屬利益與酬庸的性質，與五侯豢養賓客的心態類似。由此可知，貴族對游俠的觀感，係以貴族自身利益爲出發點，將之視爲座下賓客。

二、官員及胥吏

官員與胥吏對游俠的看法，似乎隨著游俠的社會地位，而有待遇上的差別。除了少數官員對游俠抱持親密態度，如袁盎不僅與同朝爲官的竇嬰親善，還跟平民百姓的游俠，如劇孟等人作朋友；其餘大多數官員，則將游俠當成社會秩序破壞者，像公孫弘評斷郭解的一番話說：

解布衣爲任俠行權，以睚眦殺人，解雖弗知，此罪甚於解殺之。當大逆無道。〔註7〕

公孫弘認爲郭解只是平民百姓，卻運用游俠的群眾魅力，獲得比擬公權力的威勢，只用眼色、表情、舉手投足間流露出的好惡，就能決定他人的生死，即便郭解本人不知情，卻比他親自殺人還嚴重，故應當將郭解的行爲，視爲大逆不道。

再從趙廣漢治理京兆地區的游俠，體察地方首長對游俠的觀感：

會昭帝崩，而新豐杜建爲京兆掾，護作平陵方上。建素豪俠，賓客爲姦利，(趙) 廣漢聞之，先風告。建不改，於是收案致法。〔註8〕

元平元年至本始元年間（74～73B.C.），趙廣漢初任京兆尹，其僚屬杜建是一名豪俠，負責看護、監造平陵；當趙廣漢聽聞杜建夥同賓客，從中謀取不當利益，起先給予警告，但是杜建仍不知悔改，趙廣漢遂將他收捕、治罪。又

〔註 6〕班固，《漢書・游俠傳》，卷 92，頁 3707。
〔註 7〕司馬遷，《史記・游俠列傳》，卷 124，頁 3188。
〔註 8〕班固，《漢書・趙尹韓張兩王傳》，卷 76，頁 3199。

如趙廣漢第二次回任京兆尹時：

> （趙廣漢）郡中盜賊，閭里輕俠，其根株窟穴所在，及吏受取請求銖兩之姦，皆知之。〔註 9〕

完全掌握境內盜賊、「輕俠」的活動情形，以及胥吏收受賄賂等事情。反應出郡守身爲地方秩序維護者，對游俠的態度是秉法執行，倘若游俠不違法，官民之間自然相安無事；一但違反律法，便會像王尊的做法：

> 河平中，王尊爲京兆尹，捕擊豪俠，殺章及箭張回、酒市趙君都、賈子光，皆長安名豪，報仇怨養刺客者也。〔註 10〕

他積極地撲殺這些破壞秩序的游俠。

由於史料紀錄西漢地方官的臣僚、胥吏並不多，他們對游俠的觀感，尚無法全面了解。若就已知的情況而言，胥吏說話的份量極低，僅能執行命令，至於像上文所言趙廣漢底下的胥吏，收受請求的賄賂，卻不在乎請託者是否爲游俠。不過，身爲郡守的僚屬，在奉行命令之餘，當上司詢問當地民情時，他們還是能作若干建言，如成帝元延四年至綏和二年間（9～7B.C.），擔任京兆尹的孫寶，與其僚屬 —— 東部督郵文印的交談內容：

> （文印）入見，敕曰：「今日鷹隼始擊，當順天氣取姦惡，以成嚴霜之誅，掾部渠有其人乎？」文印曰：「無其人不敢空受職。」（孫）寶曰：「誰也？」文曰：「霸陵杜稺季。」（孫）寶曰：「其次。」文（印）曰：「豺狼橫道，不宜復問狐狸。」（孫）寶默然。〔註 11〕

孫寶想從立秋這天開始，緝捕管轄範圍內的奸惡之首，達到殺雞儆猴的效果，而文印回答：「居住在霸陵的杜稺季」，孫寶再問：「杜稺季之下又有何人？」，文印回覆：「豺狼當道，不需要問下面的狐狸。」意指孫寶如果要殺一儆百，除了杜稺季別無二人。說明了文印衡量的標準，在於誰危害地方秩序最鉅，而不在乎他游俠性格多寡。

通常，大多數的胥吏並不能像文印這般備受禮遇，而只能執行上級命令。如軹縣的胥吏執行遷徙郭解到茂陵的任務：

> 及徙豪富茂陵也，解家貧，不中訾，吏恐，不敢不徙。衛將軍爲言：「郭解家貧不中徙。」上曰：「布衣權至使將軍爲言，此其家不貧。」

〔註 9〕班固，《漢書・趙尹韓張兩王傳》，卷 76，頁 3202。

〔註 10〕班固，《漢書・游俠傳》，卷 92，頁 3706。

〔註 11〕班固，《漢書・蓋諸葛劉鄭孫毋將何傳》，卷 77，頁 3259～3260。

> 解家遂徙。諸公送者出千餘萬。軹人楊季主子爲縣掾，舉徙解。解兄子斷楊掾頭。由此楊氏與郭氏爲仇。……已又殺楊季主。楊季主家上書，人又殺之闕下。上聞，乃下吏捕解。解亡。〔註 12〕

武帝在建元元年（140B.C.）下令遷徙各郡國豪傑、吏民財產超過三百萬錢者前往茂陵，雖然郭解不符合規定，卻因爲楊縣令堅持遷徙郭解，胥吏只好遵從縣令的指示去辦理；在遷徙之前，衛青曾向武帝說項，武帝卻認爲郭解能勞動衛青出面關說，其家貲必非貧弱者，郭解一家因而不得不遷徙。這一來造成郭解的外甥殺死楊縣令，仰慕者殺了楊縣令之父——楊季主，甚至楊季主家人上書於宮門前也被當場殺害的連續三場悲劇，因而驚動武帝，派遣吏員追捕郭解。從這事又可看出負責遷徙郭解到茂陵的胥吏，儘管同情郭解的遭遇，但面對縣令的命令，也無置喙的餘地，只能乖乖地遵照上級的命令去執行。

總結上述，部分皇帝、貴族「任俠」，故而他們對民間的游俠友善，其他則否；所以統治階層給予游俠們的活動空間大小，端看誰主政。此一現象造成不少學者在切分游俠的階級屬性的課題上，產生迥異的立場，像冉昭德〈關於《史記・游俠列傳》人物的評價問題〉文中所下的標題：

> 一、游俠不是窮困的、受壓迫的下層人物，而是屬於統治階級的上層人物。〔註 13〕

抱持游俠是上層人物的觀點；而吳汝煜在〈關於游俠的評價問題〉一文，說法則與之相反：

> 我認爲游俠屬於下層人物，但並不是說，游俠都是出身於下層勞動人民。他們有的出身於小工商業者，有的出身於小地主，跟眞正的勞動人民之間，還是有一些距離的……游俠因爲跟統治集團處於對立的地位，他們在民間流亡避難，跟人民有著比較接近的命運。因此他們的操守和行爲基本上能符合人民的道德標準。〔註 14〕

認爲游俠從操守、命運上而論，仍舊歸屬在下層人物。

〔註 12〕司馬遷，《史記・游俠列傳》，卷 124，頁 3187～3188。

〔註 13〕冉昭德，〈關於《史記・游俠列傳》人物的評價問題〉，《光明日報》1964 年 6 月 3 日（北京：光明日報社，1964 年）。

〔註 14〕吳汝煜，〈關於游俠的評價問題〉，《光明日報》1964 年 9 月 9 日（北京：光明日報社，1964 年）。

第二節　郡國變化與游俠的消長

西漢兩百餘年的地方行政區變遷相當劇烈，連帶影響西漢的編戶效能。編戶齊民是觀察中央對地方控制力強弱的指標，儘管自秦代延續至西漢的社會型態，仍舊以宗族爲主，可是秦末漢初的紊亂局勢，編戶的效能大爲降低，劉邦、項羽等群雄只能控制勢力所及的戶口，喪失了全面性的戶口掌握。因此，西漢初年流民、游民和未報戶口者，不僅是政府輯撫流亡、社會安定的首要對象，也牽動著漢初游俠的活動空間。游俠在鄉里的生存因素之一，是漢初中央對地方控制力薄弱，使游俠能夠脫離官府的管制，成爲游離在政權統治之外的「游」俠。然而，隨著中央與地方的權力的消長，以及諸侯權限逐步減縮，越接近西漢後期，游俠越受到公權力的羈束，甚至馴服在政府權威底下。本節即以西漢政權的統治力，結合游俠的盛衰轉變，觀察游俠跟政權之間的消長關聯。

一、七國亂前的郡國並行

西漢初年的游俠，如張良、季布、朱家等人是跨越秦末而至漢初，換言之，游俠的興盛不僅是西漢編戶制度的問題，更可推溯到秦代。雖說秦帝國重法嚴刑，看似政局相當穩定，統治力深入民間，尤其是保甲、連坐的落實，天下百姓皆被政府掌握。然而秦代的編戶若眞完善無缺，不可能出現像張良更改姓名，從潁川逃亡到下邳，成功躲過官府緝捕的例證。無獨有偶，《史記・張耳陳餘列傳》也記載他們兩人更改姓名、逃亡他地的情形：

> 秦之滅大梁也，張耳家外黃。高祖爲布衣時，嘗數從張耳游，客數月。秦滅魏數歲，已聞此兩人魏之名士也，購求有得張耳千金，陳餘五百金。張耳、陳餘乃變名姓，俱之陳，爲里監門以自食，兩人相對。里吏嘗有過笞陳餘，陳餘欲起，張耳躡之，使受笞。吏去，張耳乃引陳餘之桑下而數之曰：「始吾與公言何如？今見小辱而欲死一吏乎？」陳餘然之。秦詔書購求兩人，兩人亦反用門者以令里中。〔註15〕

從張耳、陳餘更改姓名，自外黃（今河南開封）逃到陳縣（今河南周口），藉以避開秦政府的追緝；兩人並擔任了看守里門的小吏，不但能靠著薪俸過活，還能利用追緝他們的詔書，讓里內的人們相信他們，得以安然無憂。雖然張

〔註15〕司馬遷，《史記・張耳陳餘列傳》，卷89，頁2572。

耳、陳餘此舉近似作賊喊抓賊，卻反映秦政府的社會控制力，還有頗多盲點和死角。即便漢武帝時，仍有郭解逃亡到臨晉時，在當地的籍少公也不知道郭解的姓名和來歷，可證明秦漢時期的百姓動向，官府只能掌握定居部分。

西漢自建國之始，輯撫戰爭時的流民、發掘隱匿未報的戶口，是戶政的一大課題。雖然蕭何在入咸陽時，曾優先收取秦代戶口、圖籍資料：

> 沛公（劉邦）至咸陽，諸將皆爭走金帛財物之府分之，（蕭）何獨先入收秦丞相御史律令圖書藏之。沛公爲漢王，以何爲丞相。項王（項羽）與諸侯屠燒咸陽而去。漢王所以具知天下阨塞，戶口多少，彊弱之處，民所疾苦者，以何具得秦圖書也。〔註16〕

這也僅能使劉邦對各地民情粗具認識，據以搜索出不少戰亂產生的逃戶、隱戶，卻不表示漢初數年便能解決戶口的管理，從漢初重新編戶的情形來看，即可了解：

> 漢興，功臣受封者百有餘人。天下初定，故大城名都散亡，戶口可得而數者十二三，是以大侯不過萬家，小者五六百戶。〔註17〕

漢初戶口相對於秦末，只得到十分之二、三，大的侯國戶數不到一萬，小者僅有五、六百戶，說明政府掌控百姓民戶的能力，顯然不足。政府撫恤流民的過程相當漫長，做法也相當禮遇：

> 夏五月，兵皆罷歸家。詔曰：「……民前或相聚保山澤，不書名數，今天下已定，令各歸其縣，復故爵田宅，吏以文法教訓辨告，勿笞辱。民以飢餓自賣爲人奴婢者，皆免爲庶人。軍吏卒會赦，其亡罪而亡爵及不滿大夫者，皆賜爵爲大夫。故大夫以上賜爵各一級，其七大夫以上，皆令食邑，非七大夫以下，皆復其身及戶，勿事。」〔註18〕

詔書期望流戶回歸故里，以恢復民爵、田地、房屋等優惠措施，加上官吏溫和的手腕，以及寬鬆的戶口認定方式，順利推展戶政的工作。經歷數十年之久，流民才逐漸安定，造冊上報也大致底定，不過從漢初到文帝秉政以前，政府掌控百姓能力有限的情況下，爲游俠提供了極佳的活躍環境。

除了時局無法馬上回復嚴密的法制社會，另一影響游俠活躍的重要因素，在於漢初的地方治權是郡國雙軌制，編戶齊民與維護秩序的事權，並非

〔註16〕司馬遷，《史記‧蕭相國世家》，卷53，頁2014。
〔註17〕司馬遷，《史記‧高祖功臣侯年表》，卷18，頁877。
〔註18〕班固，《漢書‧高帝紀》，卷1下，頁54。

統一由中央直轄，誠如嚴耕望研究西漢郡國的變化趨勢：

> 景武以後，諸國既或削或分，大者僅十餘縣，是其平均疆域已視漢郡爲小，故至元帝初元三年（138B.C.），終「令諸侯相位在郡守下。」則武帝以降，王國不再統郡，而直接領縣，殆可斷言。……由此言之，西漢初葉，郡國領轄系統亦與景武以後直至東漢末年之郡國制度有異，可作系統簡圖如次：

圖 5-1　地方行政制度變遷圖

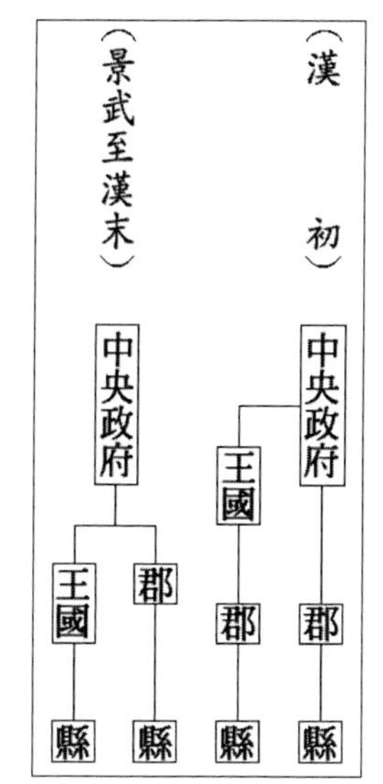

（改繪自《中國地方行政制度史　甲部——秦漢地方行政制度》）〔註 19〕

西漢初年的郡國地位不同，諸侯王的封國各自管轄數郡，「郡」的地位居於「王國」之下。高祖十一年時（196B.C.），劉邦僅直轄內史與十五郡，封國的轄境極爲廣闊，國家雖已一統，其制度卻有二套，儘管皇帝有派遣國相的人事權，但不能涉入王國內政，形成國中有國的情形。如吳王濞可自理王國財政、撫恤百姓，並拒絕交出逃亡者：

> 會孝惠、高后時，天下初定，郡國諸侯各務自拊循其民。吳有豫章郡銅山，濞則招致天下亡命者盜鑄錢，煮海水爲鹽，以故無賦，國用富饒。……然其居國以銅鹽故，百姓無賦。卒踐更，輒與平賈。

〔註 19〕嚴耕望，《中國地方行政制度史　甲部——秦漢地方行政制度》第 1 章，頁 35～37。

> 歲時存問茂材，賞賜閭里。佗郡國吏欲來捕亡人者，訟共禁弗予。如此者四十餘年，以故能使其眾。〔註20〕

顯示漢初朝廷與王國各自輯撫流亡，各自管理庶政與軍務，甚至當中央或其他王國派遣官吏，來追捕逃亡到吳國境內的罪犯，吳王濞拒將逃人交出，視爲死士而留爲己用。既然體制有死角，游俠便能游走在朝廷和王國兩邊，造就劇孟顯名於諸侯間的盛況。諸侯王盛行養士風氣，可與中央分廷抗禮，他們豢養的賓客、死士流品複雜，如袁盎擔任吳國相時，季心因爲殺人的緣故，被迫逃亡到吳地投靠袁盎，印證了亡命者當中，有游俠存在其間。

二、七國亂後公權力的單軌化

七國之亂是西漢地方行政制度朝向單軌化發展的轉捩點，景帝將吳、楚、齊、趙四大王國，切割成十三諸侯國，封國轄境大幅縮小，面積與郡相去不遠；另一方面，景帝中五年（145B.C.）下詔剝奪諸侯與封國的多項權力：

> 令諸侯王不得復治國，天子爲置吏，改丞相曰相，省御史大夫、廷尉、少府、宗正、博士官，大夫、謁者、郎諸官長丞皆損其員。〔註21〕

明文規定諸侯不得過問國政，官吏任命權收歸中央，且封國官吏的品級，全部調降一等，這些措施使得諸侯國與郡的層級、組織趨於一致。由於中央逐漸掌控地方，游俠游走在中央、封國的空間隨之壓縮，像建元二年（139B.C.）郭解往太原方向逃亡，恐怕與當時太原郡爲代王劉登的封地，〔註22〕尚屬諸侯王國管理有關，郭解後來難逃逮捕、誅殺的命運，還是證明了朝廷控制力，確實已經深入各諸侯國內。

爾後淮南王劉安豢養賓客，作爲他的智囊幕僚，並且積極疏通朝廷要員，密謀造反：

> ……淮南王大喜，厚遺武安侯金財物。陰結賓客，拊循百姓，爲畔逆事。〔註23〕

淮南王不信任朝廷派任的官吏，凡有徵詢以自己的賓客爲對象。不僅如此，

〔註20〕司馬遷，《史記・吳王濞列傳》，卷106，頁2822～2823。
〔註21〕班固，《漢書・百官公卿表上》，卷19上，頁741。
〔註22〕班固，《漢書・諸侯王表》云：「孝文後三年，恭王登嗣，二十九年薨。」，可知劉登去世在元光二年（B.C.133），較郭解受誅的時間，約略晚了六年。
〔註23〕司馬遷，《史記・淮南衡山列傳》，卷118，頁3082。

淮南王舉事之前，伍被獻策的內容頗耐人尋味：

> （伍）被曰：「當今諸侯無異心，百姓無怨氣。朔方之郡田地廣，水草美，民徙者不足以實其地。臣之愚計，可僞爲丞相御史請書，徙郡國豪桀任俠及有耐罪以上，赦令除其罪，產五十萬以上者，皆徙其家屬朔方之郡，益發甲卒，急其會日。……」〔註24〕

伍被希望淮南王主動向朝廷提出遷徙郡國豪傑、任俠與罪犯到朔方，伺機激起民怨。這段話的意義十分深遠，乃因文、景時，吳王濞擁有充沛的資源，來廣招天下亡命之徒，連結各國諸侯舉兵；淮南王的權勢相對小多了，內無官吏支持，每年收取的錢糧，多充平日生活、豢養賓客之開銷，資源十分有限，在外也只有衡山王奧援，形勢單薄，甚至要假借朝廷徙民的機會，方能營造出造反的有利環境。

尤有進者，伍被要淮南王提出徙民於邊郡的方案，卻不敢像吳王濞斷然拒絕其他郡國官吏要求，代表中央與封國的步調漸漸趨於一致。其後又因推恩、酎金、左官等法令，削減或免除了許多諸侯國，游俠們大失悠游的空間，終致馴化在朝廷的威權底下。故當郭解再度被掔獲時，仍證明朝廷因爲郡國管理單軌化，編戶管理、捕盜效能大幅提高，政府有效掌握游俠的動向，緝捕他們自然不成問題，如此一來，游俠從事不法行爲的風險增高，除非有誘人的利益驅使，或者罪行已重大至極，否則任俠爲姦的環境嚴峻，猶如一條死巷子。另外，武帝期間，流民數量減少，降低民間任俠者的空間，但是游俠同時出現豪族化、士族化，甚至是儒化的現象，逐漸與平民遠離，顯見郡國行政單軌化的過程，對游俠只有暫時的壓縮作用。

第三節　政府治理游俠的政策

游俠的影響力大者可威行州域，力折公卿，連周亞夫都親自前往洛陽拜訪劇孟，並親口說道：「得之若得一敵國云」，影響力小者，也橫行於郡縣鄉里內。既然政府無法忽視這股力量，又該如何面對游俠，並將他們馴化在法制之下呢？西漢初年，中央獨大的局面尚未形成，加上長期戰禍與天災，公權力不彰，不足以深入到鄉里，故而政府對待游俠傾向鬆散、放任政策。隨著文、景帝之世強化中央集權，統治力遍及全國，游俠於是成爲政府積極處

〔註24〕司馬遷，《史記·淮南衡山列傳》，卷118，頁3090。

理的對象，如景帝派遣酷吏至各地誅殺游俠。然而官吏以律令強硬地鎮壓、撲殺游俠，終究是下策；能否減少他們違法犯禁的活動，進而促其放棄任俠的念頭，馴服在政府統治之下，方爲良策。綜觀諸多案例，可歸納出西漢治理游俠的幾種政策：一是強硬地繩之以法，二是釜底抽薪的徙民辦法，三是透過教育與選士來轉化游俠性格，四是施以溫和勸導或威脅利誘。下文即將上述四種方法，逐一說明政策的內容、成效與長短。

一、繩之以法

下一章將分析游俠的各種犯行，及其違反法條，而執法官吏旨在維持社會秩序，推行政令教化，只要游俠遵守法律，自無制裁問題。但是游俠一方面自認伸張公理正義，做爲民間秩序的維護者，仲裁、調解各種糾紛，另一方面卻又從事殺人奪命、借交報仇、匿奸藏私、掘冢鑄幣等破壞社會秩序的惡行，兼具善惡雙面角色。游俠一旦塑造成社會價值的維護者，不僅樹立了個人的威信，也無形瓜分了官吏的行政職權，削減了政府公信權威，這時官府對於游俠的不法，即有難以管制的窘態。

正因爲如此，游俠若明確違法，自可直接處罰，但卻有很多間接的行爲，難從法律上明白認定，像郭解年長後，從未有過殺人的事實，可是他的仰慕者卻常替他出氣而殺人；郭解既沒有「殺人」行爲，也算不上「賊殺人」，處在法律的模糊地帶，迫使政府不得不把法律訂得周密些，並將執法的尺度，弄得更爲嚴峻，遂出現羅織入罪的行爲：

> 御史大夫公孫弘議曰：「解布衣爲任俠行權，以睚眦殺人，解雖弗知，此罪甚於解殺之。當大逆無道。」遂族郭解翁伯。〔註25〕

公孫弘認爲郭解的行爲，比起親自手刃他人更爲惡劣，直接判爲「大逆無道」定讞。面對勢力單薄的游俠，郡守、縣令尚能處理，但勢力龐大者，往往有鄉里百姓們撐腰，或有貴族顯要的庇蔭，當地官吏不敢直接下手，必須等朝廷派遣新官上任，或另遣專使前往處置。因此當朝廷出面維護地方秩序時，任用官員多屬作風強硬的酷吏，〔註 26〕如景帝派郅都剷除濟南瞯氏、義縱破滅寧成及其宗族等例子。

〔註25〕班固，《史記・游俠列傳》，卷124，頁3188。

〔註26〕官吏只在用法的程度上有所差別罷了，嚴密者稱爲酷吏，適切或寬鬆者稱爲循吏，歷代皆有之。

繩之以法的優點在於速效，能夠立刻穩定地方秩序。不過，這個方法並非毫無缺陷。首先，西漢法律在實際運作時，人治色彩十分濃厚，汲黯、竇嬰同屬擅自矯詔，汲黯未受追究，竇嬰卻一議再議，時而論死，時而輕罰，後來因爲武帝聽信謠言，乃裁決以死罪論；由此可知，違犯法令的情節輕重，常隨裁判者自由心證來判決，很難有一持平的執法標準。

其次，游俠犯法服刑前，逃亡他鄉中途被捕的處置情形，根據高敏〈見於《秦律》中的訴訟、審訊和量刑制度〉一文中，將睡虎地出土的《秦律十八種》、《法律答問》等秦代法律，歸納出懲處逃亡犯的罪行表：

表 5-1　秦代懲處逃犯罪行表〔註 27〕

各種不同的逃亡犯	罪行輕重情況	量　刑　情　況
人臣謀遣人妾盜牛者逃亡	逃亡出國境，不成	城旦黥之
隸臣妾繫城旦舂者逃亡	逃亡，未論而自出	笞五十，備繫日
攜帶借用公物逃亡者	逃亡，被捕獲，逃亡不成	坐臧爲盜
隸臣妾城旦逃亡者	逃亡	完爲城旦
隸臣逃亡者	帶領城旦逃亡	完爲城旦，收其外妻子
羣盜赦爲庶人而逃亡者	帶領囚犯逃亡	以故罪論，斬左止爲城旦
鬼薪、白粲逃亡者	因受大夫甲的鞭打而逃亡	大夫事於官府，須亡者得；鬼薪、白粲則在追捕之列

上表顯示秦代對逃亡者的加重刑責，漢代自無減輕逃亡刑責之理，這是針對逃亡者重罰以產生嚇阻作用，可有效制裁游俠的不軌；不過，罪行重大的游俠，加不加重都屬死刑，反易逼使他們鋌而走險，帶給社會更大的困擾。

第三，西漢頒行赦令太過頻繁，經常出現游俠犯罪在前，赦令免罪於後的現象。舉凡皇帝即位、駕崩，新立太子，改元昭示天下等時機，或具有重大、特殊意義的事件，往往舉行大赦、別赦，茲將《西漢會要》中，大赦、別赦和他赦的情形，統計如下表：

〔註 27〕高敏，〈見於《秦律》中的訴訟、審訊和量刑制度〉，收錄於《睡虎地秦簡初探》（臺北：萬卷樓圖書有限公司，2000 年），頁 257。

表 5-2 《兩漢會要》大赦、別赦、他赦統計表〔註 28〕

皇　帝	在位時間	大赦數	別赦、他赦數	總赦數	施赦間隔平均
高　祖	12	9	4	13	336 天
惠　帝	7	1	1	2	1278 天
呂　后	8	3	0	3	973 天
文　帝	23	4	3	7	1199 天
景　帝	16	5	2	7	834 天
武　帝	55	18	6	24	836 天
昭　帝	13	7	1	8	593 天
宣　帝	25	10	4	14	652 天
元　帝	15	10	2	12	456 天
成　帝	26	9	5	14	678 天
哀　帝	6	4	1	5	438 天
平　帝	5	4	2	6	304 天
孺子嬰	3	--	--	--	--天
總　計	214	84	31	115	679 天

平均不到兩年的時間，便有一次赦令。加上如《法律答問》所云：「或以赦前盜千錢，赦後盡用之而得，論可（何）也？毋論。」〔註 29〕意即秦法面臨皇帝頒行大赦時，具有不溯既往的原則，類此情形在西漢也有例證，像郭解年少時，因為殺人、挖墳和鑄錢等事情，遭到通緝而亡命，總能「適有天幸，窘急常得脫，如遇赦」。〔註 30〕顯示赦令頒行後，游俠過去的罪行就此一筆勾銷，對被害者並不公平，且游俠遇赦後，或者痛改前非，或繼續為非作歹，難以預料。

赦令過於頻繁，的確不利於官吏緝捕違法者。除非敕書另載明哪些人不在赦免之列，才有利於制裁惡行者，像鍾威、趙季與李款的捕殺文告所言：

〔註 28〕本表據徐天麟，《西漢會要》（臺北：世界書局，1981 年，四版），頁 623～631 製成。

〔註 29〕睡虎地秦墓竹簡整理小組，《睡虎地秦墓竹簡》（北京：文物出版社，1978 年），頁 180～181。

〔註 30〕司馬遷，《史記・游俠列傳》，卷 124，頁 3185。

敕曰：「三人非負太守，乃負王法，不得不治。鍾威所犯多在赦前，驅使入函谷關，勿令汙民間；不入關，乃收之。趙、李桀惡，雖遠去，當得其頭，以謝百姓。」〔註31〕

上文提及鍾威犯罪事實在大赦前，他卻仍舊被斬於雒陽，而趙季、李款罪行重大，同樣以危害潁川郡百姓爲由，捕殺於他郡。顯示若游俠犯情嚴重時，郡守得迴避朝廷頒布的赦令，自行派遣吏員予以正法。不論如何，繩之以法一直是西漢遏止游俠不法行徑，最快速、有效的方法，儘管存在人治法律的不公，逃亡加重刑責導致刁民不畏死、赦免頻繁使得游俠倖免刑罰等缺陷，它仍是西漢之世無法捨棄的辦法。

二、徙民政策

秦至西漢中葉，徙民政策的原意有二：一是增加長安附近人口，加速開發京師與西北邊郡，二是就近監控受徙的六國遺民、地方豪族、游俠和不法份子，如劉敬向劉邦建議徙民的動機：

「……秦中新破，少民，地肥饒，可益實。夫諸侯初起時，非齊諸田，楚昭、屈、景莫能興。今陛下雖都關中，實少人。北近胡寇，東有六國之族，宗彊，一日有變，陛下亦未得高枕而臥也。臣願陛下徙齊諸田，楚昭、屈、景，燕、趙、韓、魏後，及豪桀名家居關中。無事，可以備胡；諸侯有變，亦足率以東伐。此彊本弱末之術也」。上曰：「善。」迺使劉敬徙所言關中十餘萬口。〔註32〕

將東方豪強遷移到關中，斬斷他們的土根性，以穩定關東。其作用不僅能將他郡的任俠百姓遷到長安附近，就近監控，還能羈束任俠的高官於一地，以便集中管理。

西漢時期的徙民，有兩種類型，一種是從高祖到宣帝時，爲了看守皇帝陵寢，而設置的陵邑縣，將貴族高官和關東居民聚居該地，是較有規律的徙民；另一種是爲了維持地方秩序，因時制宜地下詔徙民。大抵漢高祖和武帝時，爲徙民的兩大高峰期，其中又以武帝朝最爲頻繁，茲將其主政期間的徙民情形，表列於下：

〔註31〕班固，《漢書・蓋諸葛劉鄭孫毋將何傳》，卷77，頁3268。
〔註32〕班固，《漢書・酈陸朱劉叔孫傳》，卷99，頁2719～2720。

表 5-3　漢武帝朝徙民情況表〔註 33〕

時　　間	遷　徙　對　象	徙　至　地　區
建元二年（139B.C.）	官吏、郡國豪傑	茂陵
建元二年（139B.C.）	有罪廢遷	房陵
建元二年（139B.C.）	東越族	江淮間
元光五年（127B.C.）	豪民	南夷
元朔二年（127B.C.）	平民	朔方
元朔二年（121B.C.）	豪傑、富訾	茂陵
元狩二年（121B.C.）	降服匈奴族	武威、酒泉
元狩三年（120B.C.）	貧民	朔方及新秦中
元狩四年（119B.C.）	貧民	隴西、北地、西河、上郡、會稽
元狩五年（118B.C.）	奸猾吏民	邊地
元鼎元年（116B.C.）	有罪廢徙	上庸
元鼎二年（115B.C.）	飢民	江淮間
元鼎三年（114B.C.）	有罪廢徙	房陵
元鼎六年（111B.C.）	平民	張掖、敦煌
元鼎六年（111B.C.）	平民	上郡、朔方、西河、河西
元封元年（110B.C.）	東越族	江淮間
元封三年（108B.C.）	氐人	酒泉
太始元年（104B.C.）	吏民豪傑	茂陵

顯示遷徙到關中或西北邊郡，多半是官吏、豪傑和平民。將上表與從關東遷居到關中，和游俠人物情節相關者，對照來看：

表 5-4　郭解、原涉家族遷徙情形表〔註 34〕

姓 名	受徙對象	可能遷徙時間	祖 籍 地	遷 徙 地	遷徙資格
郭 解	郭　解	武帝建元二年（139B.C.）	河內軹縣	右扶風茂陵	富　豪
原 涉	原涉祖父	武　帝	潁川陽翟	右扶風茂陵	豪　傑

〔註 33〕表據張誠，〈秦始皇和漢武帝時遷民探析〉，《鄭州大學學報》哲學社會科學版 1990 年第 4 期（鄭州：鄭州大學，1990 年），頁 46～53；增補建元二年徙民一條。

〔註 34〕據《史記》、《漢書》，與劉慶柱、李毓芳，《西漢十一陵》（陝西：陝西人民出版社，1987 年）等書製作此表。

茂陵邑建置後，郭解及其家人，還有原涉的祖父，都被遷到該地去。因爲首都在長安，許多貴族官吏也遷居到附近縣邑，以便利奉朝請、奏事，如竇嬰、汲黯和鄭莊等人的事例：

表 5-5　竇嬰、汲黯、鄭莊家族遷徙情形表

姓 名	受徙對象	可能遷徙時間	祖籍地	遷　徙　地	遷徙原因
竇 嬰	竇廣國〔註 35〕	文帝前元元年（179B.C.）	清河觀津	長安城南、藍田	貴　族
汲 黯	汲　黯	景　帝	東郡濮陽	左馮翊陽陵	官　吏
鄭 莊	鄭　莊	景　帝	淮陽陳縣	左馮翊陽陵	官　吏

顯示竇嬰之父隨同竇太后，赴長安定居，汲黯、鄭莊則是任職東宮時，從關東徙居到長安附近。換言之，徙民政策的確影響了游俠活動範圍，但朝廷是否達到翦除草根性的目的，亦或反將任俠之風帶入關中，其間得失有待進一步商榷。

事實上，徙民政策的缺失頗多，一來會擾亂既有的民間穩定秩序，像伍被向淮南王建議計謀的內容之一，便是想利用朝廷徙民的措施，激起廣大民怨：

> 被曰：「當今諸侯無異心，百姓無怨氣。朔方之郡田地廣，水草美，民徙者不足以實其地。臣之愚計，可僞爲丞相御史請書，徙郡國豪桀任俠及有耐罪以上，赦令除其罪，產五十萬以上者，皆徙其家屬朔方之郡，益發甲卒，急其會日。又僞爲左右都司空上林中都官詔獄書，逮諸侯太子幸臣。如此則民怨，諸侯懼，即使辯武隨而說之，儻可徼幸什得一乎？」〔註 36〕

固然伍被此謀未發，但已顯示徙民對地方產生的困擾甚多，尤其像郭氏與楊氏的糾紛源自於此。再者，徙民消耗國力，當武帝對外多次征戰，大耗國力後，百姓貧窮困苦，財政入不敷出，無法負荷再徙民的耗費；因此昭宣以降，僅止三次遷民於關中，而元帝即位後，不再有徙民之舉。

三是關中的人口承載力有限，誠如前文徵引劉敬之語，漢初關中地廣人稀，適合當作紓解關東人口壓力的空間，但是經歷數任皇帝徙民陵邑縣，關中的人口已飽和，單舉《漢書・地理志》紀錄元始二年（2A.D.）的長陵、茂

〔註 35〕即竇嬰的父親。

〔註 36〕司馬遷，《史記・淮南衡山列傳》，卷 118，頁 3090。

陵兩縣的戶口可知其梗概：

表 5-6　長陵、茂陵戶口表

帝陵邑名	戶　數	口　數
長　陵	50,057	179,469
茂　陵	61,087	277,277

兩縣總數已超過四十餘萬，倘若加上安陵、霸陵、陽陵、平陵和杜陵等缺乏人口紀錄的陵邑縣，可推想三輔地區在這百餘年間，因遷徙而增加的人數十分可觀。以葛劍雄《中國人口史》的推估來看：

> 據《漢書》卷 28〈地理志上〉，元始二年該地區有：三輔 2,436,360 人；弘農郡 11 縣，共 475,954 人，平均每縣 43269 人，弘農等三縣以 129,807 計。合計爲 2,566,167 人。從惠帝三年（前 192 年）至元始二年，194 年間人口增加了 4.13 倍，年平均增長率約 8.5‰。……整個西漢期間全國人口的年平均增長率不可能超過三輔地區 8.5‰的水平，但必定會高於原吳國地區 4‰的下限。〔註 37〕

關中的人口增加速度，遠超過全國其他地方，換言之，西漢晚期的關中，人口數量是漢初的四倍以上，從地廣人稀變成地狹人稠。

最後，從關東遷來的居民極多，固然讓各地族群、文化匯流於關中，也使當地民風失去先秦時那般淳樸，變得極爲複雜：

> 漢興，立都長安，徙齊諸田，楚昭、屈、景及諸功臣家於長陵。後世世徙吏二千石、高訾富人及豪桀并兼之家於諸陵。蓋亦以彊幹弱支，非獨爲奉山園也。是故五方雜厝，風俗不純。其世家則好禮文，富人則商賈爲利，豪桀則游俠通姦。瀕南山，近夏陽，多阻險輕薄，易爲盜賊，常爲天下劇。又郡國輻湊，浮食者多，民去本就末，列侯貴人車服僭上，眾庶放效，羞不相及，嫁娶尤崇侈靡，送死過度。〔註 38〕

這反映風俗多元化，造成豪傑、游俠與盜賊熾盛，使得京師及附近郡縣的秩序堪慮。起先政府尚足以應付關中的秩序，但在徙民迅速增加後，統治力量相對遞減，一但破壞力超過管制力時，豪暴、游俠造成關中的混亂是可預見的結果。尤其武帝一朝接納大批關東的豪桀、游俠，不僅有害京師的穩定，

〔註 37〕葛劍雄，《中國人口史　第一卷》，頁 334～344。

〔註 38〕班固，《漢書・地理志下》，卷 28 下，頁 1642～1643。

更造成往後長安城內的亂象：

> 永治（始）、元延間……長安中姦滑浸多，閭里少年羣輩殺吏，受賕報仇，相與探丸為彈，得赤丸者斫武吏，得黑丸者斫文吏，白者主治喪；城中薄暮塵起，剽劫行者，死傷橫道，枹鼓不絕。〔註39〕

漢成帝晚年，長安的惡少年竟敢砍殺官吏、劫掠路人，顯示治安嚴重惡化。故西漢晚期，關中人口壓力太大，京師無力再吸納關東人民，官吏也維持地方秩序不易。

由此可知，朝廷透過徙民的手段，初期有能力將游俠遷移至關中，以就近監視；倘有不肯遵循命令，或是遷徙引發糾紛，政府得藉機剷除不合作者。游俠一旦徙居關中，喪失了原有勢力，政府更能輕易地主宰游俠、豪傑的命運，而郭解正是如此被剷除。徙民政策短暫扼殺游俠在原鄉發展勢力的機會，但是政府如果沒趁勢穩定社會秩序，游俠、豪傑的再興是有可能。另一方面，從徙民的次數、人數來觀察，可推斷漢初開始實行徙民政策，到武帝時達到巔峰，雖然關東的游俠看似消除，但卻又將問題轉移到京師。諷刺的是，游俠在關中落地生根，促成任俠習俗的傳播，反倒擴大了游俠的生存空間，毋怪乎班固說：「然郡國豪傑處處各有，京師親戚冠蓋相望。」〔註40〕儘管難免有誇大的成分，卻足以說明京師與全國各地游俠人物，所在多有。

三、教育與選士

游俠的流品甚雜，上至皇裔貴戚，下至販夫走卒都可任俠；他們展現的個性，有的如朱家、田仲、劇孟等人，寧願自主獨立，不受任何外力干預；有的卻只想依附於各豪門巨室之下，成為其門下食客。誠如第二節所言，七國之亂以前的游俠，不一定依附中央政府，他們也可選擇各地諸侯、豪門，甚至獨自活動；而在七國之亂以後，中央權力逐漸擴張，原先依附於諸侯、豪門巨室的游俠，能夠投靠的對象，只有皇室或朝廷，少有選擇餘地。從多元走向一元的狀況來看，獨自活動的游俠，不是遭到翦滅，就是馴化在政府的官職爵祿底下。西漢的選士制度途徑大抵有：賢良方正、察舉孝廉、秀材詔舉、辟舉、博士及博士弟子員等多方管道。這些是皇帝向民間求賢、求才的方法，也可視為皇帝篩選全國性的人才，成為他的賓客。因此，皇帝就是

〔註39〕班固，《漢書・酷吏傳》，卷90，頁3673。

〔註40〕班固，《漢書・游俠傳》，卷92，頁3699。

最大的養士者，游俠爲其所養、所用；他所選擇的對象，成爲全國各地官吏的來源。

七國之亂以前，游俠不一定要學儒術、黄老學說，像《史記・游俠列傳》所言：「魯人皆以儒教，而朱家用俠聞」，〔註 41〕意即朱家不見得研讀過儒家經典，即便是漢初三傑之一的張良，所學亦未必是儒學，反而近似吏道、治國之術。到了文、景之際的鄭莊，「（鄭）當時好黃老言，其慕長者，如恐不稱」，〔註 42〕似乎說明漢初的游俠並非全都識字，或受過儒家經典的薰陶，如同武帝以降，那些貫通經典的學者那般博學。因此，西漢前期的游俠，打從任俠開始就鮮少改變其志，甚至終身不改。

然而在漢武帝以後，中央獨大的局面，讓原本任俠的人們，不得不改變志節；加上獨尊儒術，造成西漢的學術風氣產生變化，形成以儒學爲主的社會思潮。同時，漢初的貴族、功臣逐漸凋零，官職任用的對象，除了劉室宗族的親屬，就是賢良方正、通經入仕的士大夫；尤其在五經博士設立以後，幾位游俠藉由學習知識，得以晉升爲知識份子——「士大夫」，或由此被拔擢成爲政府的一員，如《漢書・眭兩夏侯京翼李傳》的眭弘：

> 眭弘字孟，魯國蕃人也。少時好俠，鬬雞走馬，長乃變節，從嬴公受春秋。以明經爲議郎，至符節令。〔註 43〕

出生在魯國蕃縣的眭弘，年少喜好任俠，喜好鬬雞、走馬之類的遊戲，直到成年改變任俠的行爲，向嬴公學習《春秋》。另一方面，個人心態的轉變，也是促成游俠轉化爲儒生的動力，像年少時任俠或與游俠交游的人們，成長到一定的年齡以後，一改往日的行爲，折節向學，像《漢書・楊胡朱梅云傳》的朱雲之例：

> 朱雲字游，魯人也，徙平陵。少時通輕俠，借客報仇。長八尺餘，容貌甚壯，以勇力聞。年四十，乃變節從博士白子友受易，又事前將軍蕭望之受論語，皆能傳其業。好倜儻大節，當世以是高之。〔註 44〕

昭、宣帝時的朱雲，年少氣盛，以孔武有力聞名於魯國，結交輕俠，並利用賓客來報仇；直到了四十歲以後，方才追隨白子友博士學《易》經，並從蕭

〔註 41〕司馬遷，《史記・游俠列傳》，卷 124，頁 3184。
〔註 42〕班固，《漢書・馮唐汲鄭傳》，卷 50，頁 2323。鄭莊，字當時。
〔註 43〕班固，《漢書・眭兩夏侯京翼李傳》，卷 75，頁 3153。
〔註 44〕班固，《漢書・楊胡朱梅云傳》，卷 67，頁 2912。

望之學習《論語》，一變而爲士大夫。

朱雲與眭弘的改變，首先是個人心態取向的轉變，其次是仕途管道的開放，讓游俠得以透過學習經籍，無形間潛移默化了以個人私義爲行事依據的作風，成爲願受社會道德的約束，學習知識，並揚棄游俠的私義行徑，而導向正義。値得注意的是，即便游俠終其一生不曾轉變態度，後代子孫不一定會遵循著祖先的行跡，傳承他們任俠的風尙，儘管西漢後期有漕中叔父子和杜蒼父子前後任俠的例證，卻也出現郭氏一族，由民間游俠轉變爲仕宦於朝的例證：

> 郭伋字細侯，扶風茂陵人也。高祖父解，武帝時以任俠聞。父梵，爲蜀郡太守。伋少有志行，哀平閒辟大司空府，三遷爲漁陽都尉。王莽時爲上谷大尹，遷并州牧。〔註 45〕

茲將郭氏族譜繪爲下圖：

圖 5-2　郭氏族譜圖

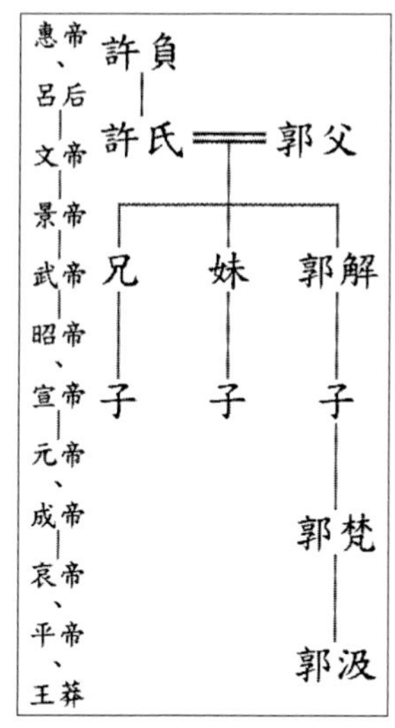

景、武帝時，郭解與其乃父因爲任俠聞名，至建元二年（139B.C.）郭解受誅後，郭氏一度中衰。直到成、哀之世，郭梵擔任蜀郡太守，〔註 46〕以及

〔註 45〕范曄，《後漢書．郭杜孔張廉王蘇羊賈陸列傳》，卷 31（北京：中華書局，1965 年），頁 1091。

〔註 46〕嚴耕望，《兩漢太守刺史表．西漢守相　九　益州》（臺北：中央研究院，1994 年，二版），頁 73。嚴氏主張：「郭梵——扶風茂陵人也。蓋成哀之世。」，若推算郭氏世系的相承，郭解之子應在武、昭帝，郭梵則在昭、宣、成、哀哀、平後，郭伋任職於大司空府，郭氏方才藉著仕宦，重新顯名於世；參酌西漢中葉以降的仕宦途徑來看，郭氏應是走向儒化之途。

儒術的確立、仕途管道的擴大，讓西漢中後期的人們，已有學習五經得入朝爲官的機會，游俠則相對被矮化，被視爲鄉里間具有勇武的匹夫而已。所以，教育與選士，比起繩之以法、徙民控管等方法，需要長時間的潛移默化，還要有游俠或其子孫的自覺，方能顯現出成效。然而，《史》、《漢》紀錄游俠的儒化，和《後漢書》已不再記述游俠傳的事實推斷，這個方式確實是消除游俠武鬥性格、破壞社會秩序行爲的良方。

四、官吏與游俠的妥協

官吏與游俠的彼此妥協，雖然治標而不治本，卻能在短期內消除游俠帶來的社會問題。他們彼此妥協的出現，首先是游俠背後有權勢者代爲說項，如原涉家奴傷人一事，京兆尹想要因此治他先前的罪行，卻因旁人求情而作罷：

> 茂陵守令尹公新視事，涉未謁也，聞之大怒。知涉名豪，欲以示眾厲俗，遣兩吏脅守涉。至日中，奴不出，吏欲便殺涉去。涉迫窘不知所爲。會涉所與期上冢者車數十乘到，皆諸豪也，共說尹公。尹公不聽，諸豪則曰：「原巨先奴犯法不得，使肉袒自縛，箭貫耳，詣廷門謝辠，於君威亦足矣。」尹公許之。涉如言謝，復服遣去。〔註 47〕

身爲茂陵縣令，尹公可以強行執法，卻因縣內群豪出面求情，不得不對原涉網開一面。

其次是游俠避免樹大招風，平日行事轉趨低調，如杜穉季聞風緊閉大門以避賓客：

> （杜）穉季耳目長，聞知之，杜門不通水火，穿舍後牆爲小户，但持鉏自治園，因文（卬）所厚自陳如此。文（卬）曰：「我與（杜）穉季幸同土壤，素無睚眥，顧受將命，分當相直。誠能自改，嚴將不治前事，即不更心，但更門户，適趣禍耳。」（杜）穉季遂不敢犯法，（孫）寶亦竟歲無所譴。明年，（杜）穉季病死。（孫）寶爲京兆尹三歲，京師稱之。〔註 48〕

帝時。

〔註 47〕班固，《漢書・游俠傳》，卷 92，頁 3717。

〔註 48〕班固，《漢書・蓋諸葛劉鄭孫毋將何傳》，卷 77，頁 3260。

將杜穉季、淳于長、蕭育、孫寶與文印等人的關係，繪如下圖：

圖 5-3　孫寶、杜穉季、淳于長、蕭育、文印、王音關係圖

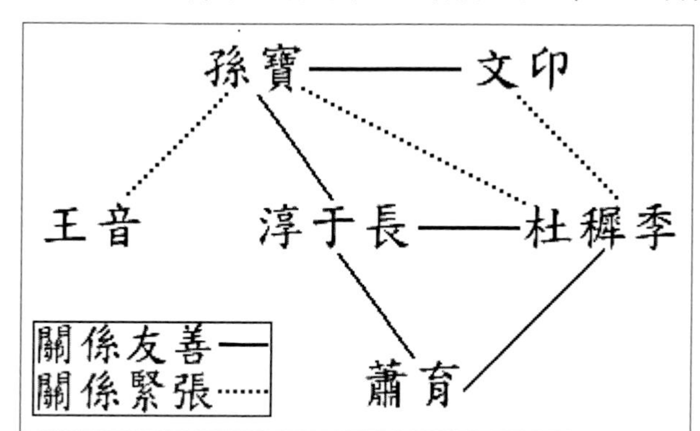

顯示孫寶礙於淳于長的面子，就連文印爲孫寶出策時，仍再三猶豫；同時杜穉季探聽到孫寶要治他罪行的消息，馬上封鎖大門謝絕訪客，並在自家田園專心耕種，表現出改過自新的模樣，孫寶順勢放過追究杜穉季的過往。

最後是游俠握有執法者的短處，使其不得不妥協，若從寧成出關返回家鄉後的行爲來看：

> 數年，會赦。致產數千金，爲任俠，持吏長短，出從數十騎。其使民威重於郡守。〔註 49〕

因爲寧成握著官吏的把柄，帶有威脅的意味，逼迫官吏一再忍讓，使他能夠縱橫於南陽郡。一旦立場喪失，寧成的下場就相當悽慘，所以義縱初任南陽郡守時，寧氏便全族受誅。另外，田蚡與灌夫在朝廷上，由於兩人知道彼此不軌之事，短期間也得相安無事的例證：

> 元光四年春，丞相言灌夫家在潁川，橫甚，民苦之，請案。上曰：「此丞相事，何請。」灌夫亦持丞相陰事，爲姦利，受淮南王金與語言。賓客居閒，遂止，俱解。〔註 50〕

田蚡想藉由控訴灌夫族人在潁川郡內的惡行，將他一併收押，但灌夫也知道田蚡謀取不當利益，以及收受淮南王賄賂的事情，後來雙方賓客居中調停，免除了相互控訴的危機。不過，兩人妥協的原因，是提防互相傷害下的恐怖平衡，只要出現失衡，就會難以收拾。

〔註 49〕司馬遷，《史記・酷吏列傳》，卷 122，頁 3135。
〔註 50〕司馬遷，《史記・魏其武安侯列傳》，卷 107，頁 2849。

綜述本章，景、武帝對游俠是冷漠無情，一有聽聞他們的消息，常加撲殺；對百官任俠者，經常流露出不悅、不滿的態度。而宣帝因爲年幼流落民間，和閭巷之俠過從甚密，不僅沒有打壓游俠的生存空間，還曾拔擢年少一同賭博，卻總是輸錢的陳遂，想讓他擔任太原郡守，以補償過去的人情。貴族待游俠如門下賓客，視爲厚植個人聲譽的從屬；而地方官吏多因執行法律，糾舉游俠的不軌行徑，與游俠相對立。另一方面，西漢初年皇帝管轄的郡縣，與諸侯王國的領地，處在行政二元體系之下，游俠得依違其間而謀取個人利益；但是七國之亂平定後，王國逐步削弱，公權力漸漸集中於皇帝，朝向單軌化發展的結果，使得游俠的出路受到限制。

另一方面，將游俠繩之以法，固能收一時之效，卻非盡善盡美，原因之一是漢律的人治色彩濃厚，仲裁標準不一；二爲輕罪重罰與逃亡加刑，結果都是死刑，反逼使他們鋌而走險；三是平均兩年一次的赦令太過頻繁，不利於官吏緝捕、處置，只好靠特別敕令防堵。其次，徙民政策原意是開發京師和西北，並監控豪暴、游俠等刁民，斬斷他們的土根性。但隨著漢初到武帝的多次徙民，三輔地區人口飽和，西漢後期逐漸出現以下現象：任俠風尙傳播到關中、擾亂既有的民間秩序、京師治安惡化等缺失。三是教育與選士，在獨尊儒術、通經出仕的管道確定，在西漢後期漸漸發揮了將游俠馴化在公權力底下的效果，游俠被矮化成鄉里間的勇武匹夫；然而教育需長時間的潛移默化，還要游俠或其子孫自覺，方能顯現出成效。最後是官吏與游俠，在各種因素下，產生妥協的局面，雖然治標不治本，卻可暫時歇息游俠破壞秩序的困擾。

第六章　西漢游俠的法律問題

西漢游俠的行徑極為複雜，時而循規蹈矩，時而違法犯紀，時而游走法律模糊地帶。故而部分行為明確地違犯法律，部分則是正面的循法事體，卻又有一些依違於二者之間，可惜歷來對游俠的討論，都只停留在行為呈顯出何等性格的議題打轉，在法律層面的討論始終闕如。由於張家山 247 號墓的《二年律令》釋讀臻於成熟，得知該文件乃是從漢高祖、惠帝到呂后二年（206～186B.C.），逐步累積而成的法律，即便其內容亦有時空侷限，僅從西漢建國到呂后時期；但其條文樣貌能維持多久，就目前所見漢律尚難確切說明，因此時效斷限仍無法斷言。端看其後數十年的武帝朝，「自張湯死後，網密」一語，〔註 1〕道盡漢律在元鼎元年（116B.C.）以前已被大幅增補，故而《二年律令》的律文和西漢晚期的法律應當增添更多，要拿《二年律令》去討論西漢後期的陳遵、樓護、原涉等人恐有失準之慮。

故而本章盡量以《二年律令》樣貌尚未變化過大為原則，以呂后二年（186B.C.）為中心，往前追溯到西漢建國之初，往後則延伸六十年內的諸位游俠為主，也就是高祖元年到武帝元鼎元年（206～116B.C.）的九十年內，論述他們所遭遇到的各種法律課題，計有：張良、朱家、季布、季心、灌夫、郭解、汲黯、鄭莊和寧成等九人。由於《二年律令》是這些游俠直接觸及的「文罔」所在，〔註 2〕根據《二年律令》來分析並歸納他們種種行為涉獵的法律問題，將可瞭解西漢前期游俠為其價值觀，究竟甘冒多大的風險去遂行己意。更進一步回頭檢視戰國末年韓非定調為「俠以武犯禁」的人物特質，迄

〔註 1〕司馬遷，《史記·酷吏列傳》，卷 122，頁 3154。
〔註 2〕司馬遷，《史記·游俠列傳》，卷 124，頁 3183。

於司馬遷因循未改的論調，是否與他舉列的諸位游俠行徑，仍舊同樣憑恃著武力來干犯法禁？還是在犯法型態上有所變化？期能從法律的視野探究司馬遷所述的游俠類型，究竟該是什麼樣的人物概念。

第一節　從〈賊律〉與〈盜律〉分析俠行

依循《二年律令》所錄篇目與條文的順序，將游俠的各類行爲歸納、分析於下，藉以瞭解游俠是如何游走於法禁模糊地帶。

一、矯制與〈賊律〉

游俠任官時的遂行己意，往往與當權者的意旨相悖，從而觸犯《二年律令・賊律》第 11 號簡：

> 撟（矯）制，害者，棄市：不害，罰金四兩。（第 11 號簡）〔註 3〕

意思是擅自改變官方文書內容，依照情節而有輕重不等的懲處，事態嚴重者可判死刑，輕者僅須罰金。參照前章述及武帝時期的汲黯，從長安前往河內郡勘查火災，途經河南郡看到民眾飽受水旱災之苦，遂擅自以符節權充詔令，開倉振濟饑民一事。在返抵長安後，回報漢武帝所言，自陳他已干犯了「矯制之罪」，儘管此舉乃人道救濟，武帝亦在事後免除他應有的責罰；但就法律而論，汲黯確屬矯制。

對照與之同時的魏其侯竇嬰，與田蚡相互傾軋的過程；先是田蚡擔任宰相時，曾因拜訪竇嬰的拖拖拉拉一事，使其好友灌夫對田蚡心生不滿，並藉故多次侮慢田蚡及同爲外戚者。之後田蚡娶妻，竇嬰與灌夫奉太后詔書而不得不前往祝賀，席間灌夫輕侮程不識和李廣，由於侮罵對象皆屬皇親國戚，帶有諷刺田蚡爲太后的親戚之意，遂使田蚡加罪於灌夫。之後竇嬰爲替灌夫脫罪，一直在漢武帝面前說好話，卻因爲言過其實，反致竇嬰招徠口舌之災；又假借漢景帝留有遺詔的名義，想要搭救灌夫免除被誅殺的危機，反而因此招來罪愆：

> 立召入，具言灌夫醉飽事，不足誅。上然之，賜魏其食，曰：「東朝廷辯之。」……魏其之東朝，盛推灌夫之善，言其醉飽得過，乃丞

〔註 3〕張家山二四七號漢墓竹簡整理小組編，《張家山漢墓竹簡〔二四七號墓〕》（北京：文物出版社，2001 年），圖版頁 7，釋文頁 135；《張家山漢墓竹簡〔二四七號墓〕（釋文修訂本）》（北京：文物出版社，2006 年），頁 9。

> 相以他事誣罪之。武安又盛毀灌夫所爲橫恣，罪逆不道。魏其度不可奈何，因言丞相短。……孝景時，魏其常受遺詔，曰「事有不便，以便宜論上」。及繫，灌夫罪至族，事日急，諸公莫敢復明言於上。魏其乃使昆弟子上書言之，幸得復召見。書奏上，而案尚書大行無遺詔。詔書獨藏魏其家，家丞封。乃劾魏其矯先帝詔，罪當弃市。〔註4〕

其中「先帝詔」雖是已故皇帝所頒行的命令，若依照《二年律令》具有層累的特性，則「先帝詔」仍可作「制」來看待，故而建元年間（140～135B.C.）竇嬰被彈劾矯制；且從竇嬰被棄市渭城的下場研判，顯然他的罪行被視爲情節重大的「害者」。衡量兩人的處置方式，推斷「害」與「不害」的標準，應是結局有無危害國家秩序或倫理而定。

二、上書、言論失當與〈賊律〉

承上述竇嬰、灌夫與田蚡的政爭過程，竇嬰不僅有矯制的行爲，還在爭辯過程存有私心，攻訐田蚡並迴護灌夫，使得武帝追究竇嬰「欺謾」之罪：

> 於是上使御史簿責魏其所言灌夫，頗不讎，欺謾。劾繫都司空。〔註5〕

其「欺謾」當準用於〈賊律〉第12號簡：

> 諸上書及有言也而謾，完爲城旦舂。其誤不審，罰金四兩。（第12號簡）〔註6〕

此律針對條陳向上級呈報公文書或言辭對談，若是內容過於粗鄙和故意欺誑，將要罰以城旦舂的刑責，〔註7〕而內容不確實者也要罰金四兩。由於竇嬰仍爲皇室近親，且身帶官職之故，從他的罪刑來推斷，應有酌量減輕而僅被拘提在都司空。

〔註4〕司馬遷，《史記・魏其武安侯列傳》，卷107，頁2851～2853。

〔註5〕司馬遷，《史記・魏其武安侯列傳》，卷107，頁2853。

〔註6〕張家山二四七號漢墓竹簡整理小組編，《張家山漢墓竹簡〔二四七號墓〕》，圖版頁8，釋文頁135；《張家山漢墓竹簡〔二四七號墓〕（釋文修訂本）》，頁9。

〔註7〕堀毅，《秦漢法制史論攷・秦漢刑名攷》（北京：法律出版社，1988年），頁172裡分析《秦律》的城旦舂，認爲該刑的懲罰工作爲：「在通常條件下，城旦從事築牆一類的體力勞動，但有時也從事官府的警衛等活動。據21引文的記敘，一名城旦司寇或者隸臣、妾監視二十名城旦、舂。由於城旦服役三年以上，獲得城旦司寇的身份，有了監視城旦的資格。」，故而城旦舂是一種勞役性的刑罰。

另外，灌夫祝賀田蚡娶妻的席間，輕侮了程不識和李廣，並略帶諷刺田蚡爲太后親戚的言語，遂使田蚡加罪於他：

> 行酒次至臨汝侯，臨汝侯方與程不識耳語，又不避席。夫無所發怒，乃罵臨汝侯曰：「生平毀程不識不直一錢，今日長者爲壽，乃效女兒呫囁耳語！」武安謂灌夫曰：「程李俱東西宮衛尉，今眾辱程將軍，仲孺獨不爲李將軍地乎？」灌夫曰：「今日斬頭陷匈，何知程李乎！」坐乃起更衣，稍稍去。魏其侯去，麾灌夫出。武安遂怒曰：「此吾驕灌夫罪。」乃令騎留灌夫。灌夫欲出不得。籍福起爲謝，案灌夫項令謝。夫愈怒，不肯謝。武安乃麾騎縛夫置傳舍，召長史曰：「今日召宗室，有詔。」劾灌夫罵坐不敬，繫居室。〔註8〕

針對灌夫誑妄罵人一事，他確實構成了〈賊律〉的「有言也而謾」；可是田蚡卻以太后詔書爲由，彈劾灌夫「罵坐不敬」之罪，似有小提大作之嫌。就連汲黯也因爲多次在武帝面前表達意見，惹來武帝不滿其言論，不是遭到外派郡國，就是武帝屢屢向其他臣僚抱怨汲黯：

> 上聞，乃召拜爲中大夫。以數切諫，不得久留內，遷爲東海太守。……黯爲人性倨，少禮，面折，不能容人之過。……然好學，游俠，任氣節，內行脩絜，好直諫，數犯主之顏色，常慕傅柏、袁盎之爲人也。善灌夫、鄭當時及宗正劉弃。亦以數直諫，不得久居位。……天子方招文學儒者，上曰吾欲云云，黯對曰：「陛下內多欲而外施仁義，柰何欲效唐虞之治乎！」上默然，怒，變色而罷朝。公卿皆爲黯懼。上退，謂左右曰：「甚矣，汲黯之戇也！」……故黯時丞相史皆與黯同列，或尊用過之。黯褊心，不能無少望，見上，前言曰：「陛下用羣臣如積薪耳，後來者居上。」上默然。有閒黯罷，上曰：「人果不可以無學，觀黯之言也日益甚。」……上默然，不許，曰：「吾久不聞汲黯之言，今又復妄發矣。」〔註9〕

若非武帝對汲黯處處容諫忍忿，恐怕他的下場也是「發言失當」。儘管類似逾越尺度的例子不足以抹殺平日游俠們恪遵上書和言論的規範，至少展現出部分游俠爲了個人信念、週遭朋友，不惜堅持己意地表達意見，以及片面美化朋友的所作所爲，反倒爲自己招致上書跟言論失當的潛在危機。

〔註8〕司馬遷，《史記・魏其武安侯列傳》，卷107，頁2849～2850。
〔註9〕司馬遷，《史記・汲鄭列傳》，卷120，頁3105～3110。

三、殺、傷人與〈賊律〉

游俠爲了朋友道義而殺人的事蹟，從《史記》敘述郭解年少時親自動手殺人，以及拜託、夥同朋友去報仇的行徑：

> （郭）解爲人短小精悍，不飲酒。少時陰賊，慨不快意，身所殺甚眾。以軀借交報仇，藏命作姦剽攻，休乃鑄錢掘冢，固不可勝數。〔註 10〕

乃至《淮南子・人間訓》徵引俗諺「鳶墮腐鼠，而虞氏以亡」的典故，道出西漢前期流傳著游俠糾聚朋黨去殺人的故事：

> 虞氏，梁之大富人也。家充盈殷富，金錢無量，財貨無貲。升高樓，臨大路，設樂陳酒，積博其上。游俠相隨而行樓下，博上者射朋張，中反兩而笑，飛鳶適墮其腐鼠而中游俠。游俠相與言曰：「虞氏富樂之日久矣，而常有輕易人之志。吾不敢侵犯，而乃辱我以腐鼠。如此不報，無以立務於天下。請與公僇力一志，悉率徒屬，而必以滅其家。」〔註 11〕

梁地的虞姓富人正在宴樂，路過其旁的游俠因爲突發事情而感到難堪，遂夥同朋友們夷滅虞氏一家。雖然《淮南子》所記此事是否發生過，以及其發生時間皆無從考證，卻勾勒出游俠的殺人過程，間接反映了郭解在年少時的殺人樣態。不可避免的，這類擅自剝奪他人生命的行爲，顯然違反〈賊律〉第 21、23 號簡的「賊殺人」：

> 賊殺人、鬭而殺人，棄市。其過失及戲而殺人，贖死；傷人，除。（第 21 號簡）
>
> 賊殺人，及與謀者，皆棄市。未殺，黥爲城旦舂。（第 23 號簡）〔註 12〕

第 21 號簡規範幾種殺、傷人情境的刑責，第 23 號簡則是正犯與共犯的刑責差異。因此《淮南子》所述的游俠，其蓄意殺人的行徑，同時適用於第 21 簡與第 23 簡兩條「賊殺人」的規定，將發起者的游俠視爲正犯並處以棄市，而他事先邀集的同夥是「與謀者」，以共犯的身分一併棄市。

〔註 10〕司馬遷，《史記・游俠列傳》，卷 124，頁 3185。

〔註 11〕劉安編，高誘注，何寧撰，《淮南子・人間訓》，卷 18，頁 1304～1306。

〔註 12〕張家山二四七號漢墓竹簡整理小組編，《張家山漢墓竹簡〔二四七號墓〕》，圖版頁 8，釋文頁 137；《張家山漢墓竹簡〔二四七號墓〕（釋文修訂本）》，頁 11。

四、盜挖他人墳墓與〈盜律〉

在西漢眾多游俠裡頭，僅有郭解曾擅自挖掘他人墳墓，其行徑合乎〈盜律〉第 66 號簡其中一項規定：

> ……縣（懸）人書恐猲（嚇）人以求錢財，盜殺傷人，盜發冢（塚），略賣人若已略未賣，橋（矯）相以爲吏，自以爲吏以盜，皆磔。（第 65.66 號簡）〔註 13〕

意思是恐嚇取財、盜而殺傷人、盜挖他人墳墓、擄掠人口但尚未販賣、冒充官吏，以及假冒官吏進行搶劫等行爲，皆須判處肢解的死刑；因此郭解年少時的掘冢行爲，顯然是觸犯了此律中的「盜發冢」而應當處以死刑。

綜觀上述四類游俠違法事例，三類爲〈賊律〉的前半部，僅郭解發掘他人墳墓一例屬於〈盜律〉；且這些事例都沒有涉及〈賊律〉與〈盜律〉有關家族糾紛，或是刑罰牽連至家人的法條。

第二節　從〈具律〉到〈史律〉的俠行分析

由〈具律〉到〈史律〉總共二十六篇裡，游俠出現因故逃亡、藏匿罪犯、私鑄錢幣、任人不廉與擔任官職五類行爲，分別涉入了〈亡律〉、〈錢律〉、〈置吏律〉和〈秩律〉四篇，以及鄭莊因爲太史一職而涉及〈史律〉；茲將這些俠行的事例、準用或適用法條與其刑責，分類分析於下。

一、因故逃亡與〈亡律〉

游俠違法犯禁的事例頗多，他們往往在犯案之後逃亡外地，企求先躲過官府的追捕，再隱避到不知道何時會頒佈的大赦，等著恢復犯案前的清白之身；所以違法犯禁的游俠們頗容易扯上與逃亡相關的法條。諸如文帝時的季心，便是因爲殺人的緣故，潛逃到吳國以投靠袁盎，其逃亡之舉乃在遭到逮捕、定罪之前，應當準用於〈亡律〉第 157 號簡的「吏民亡」條：

> 吏民亡，盈卒歲，耐；不盈卒歲，毄（繫）城旦舂。（第 157 號簡）〔註 14〕

〔註 13〕張家山二四七號漢墓竹簡整理小組編，《張家山漢墓竹簡〔二四七號墓〕》，圖版頁 12，釋文頁 143；《張家山漢墓竹簡〔二四七號墓〕（釋文修訂本）》，頁 17。

〔註 14〕張家山二四七號漢墓竹簡整理小組編，《張家山漢墓竹簡〔二四七號墓〕》，圖

其大意是吏員和平民逃亡滿一年者，處以割去鬚子的耐刑，未滿一年則是城旦舂的勞役懲罰。季心殺人逃亡當在任職中尉司馬以前，因此季心投靠袁盎一事，若爲吏員或平民身分，將有耐刑或城旦舂的刑罰。由於季心先有殺人之舉，權衡逃亡與殺人兩種刑罰的輕重，他自然會選擇刑罰較輕的「吏民亡」。

尙有郭解是同一時期有類似逃亡事蹟者，而且他的身份未達官員門檻，確實屬於該條「吏」與「民」的適用對象。由於郭解往往在殺人、掘塚、鑄幣等犯行後便已逃亡，故而未曾審理定讞，其逃亡理應適用此法條。即便到了西漢後期，亦見趙季、李款和原涉等游俠，皆在沒有官職之時，且在官府緝捕以前，先行逃離原鄉而適用於此條；然而他們的際遇十分迥異，趙季、李款被格殺於外郡，原涉則在躲藏年餘後巧逢大赦，一死一生的下場，道盡游俠事先逃亡固然觸犯此法，但其逃亡前早就罪無可逭，多觸犯一條法律的刑責已無關痛癢，甚至可能等到大赦，遂使游俠敢於置之死地而後生，拿生命放手一搏。

二、藏匿罪犯與〈亡律〉

游俠藏匿犯人之事，早在秦朝晚年張良曾經藏匿殺人犯項伯，當時張良本身也因爲刺殺秦始皇，遭到通緝而隱姓埋名藏在下邳；他不顧自己有被揭發的風險，搭救項伯的行徑，足見游俠視死如生，爲了義氣而不畏風險之大。類似的行爲在西漢初年也有朱家窩藏季布一事，由於劉邦懸賞千金以緝拿季布，更爲此頒發「罪及三族」的詔條，顯示季布被劉邦視爲頗重要的戰犯：

> 及項羽滅，高祖購求布千金，敢有舍匿，罪及三族。季布匿濮陽周氏。周氏曰：「漢購將軍急，迹且至臣家，將軍能聽臣，臣敢獻計；即不能，願先自剄。」季布許之。迺髡鉗季布，衣褐衣，置廣柳車中，并與其家僮數十人，之魯朱家所賣之。朱家心知是季布，迺買而置之田。……朱家迺乘軺車之洛陽，見汝陰侯滕公。滕公留朱家飲數日。……汝陰侯滕公心知朱家大俠，意季布匿其所……上迺赦季布。〔註15〕

可是「罪及三族」是指刑責適用對象的擴大，其刑責卻未曾明言，因此牽連

版頁20，釋文頁154；《張家山漢墓竹簡〔二四七號墓〕（釋文修訂本）》，頁30。

〔註15〕司馬遷，《史記·季布欒布列傳》，卷100，頁2729～2730。

三族的嚴重程度，端賴「舍匿」的刑責而定。又參照〈亡律〉第 167 號簡對「匿罪人」的規範：

匿罪人，死罪，黥爲城旦舂，它各與同罪。其所匿未去而告之，除。諸舍匿罪人，罪人自出，若先自告，罪減，亦減舍匿者罪。所舍……（第 167 號簡）〔註 16〕

凡是家中藏有死刑犯而未向官府告發者，依法可判處黥面並須城旦舂的刑罰；窩藏死罪以下罪行的犯人，則要科以罪犯同等的刑罰。換言之，季布被緝捕的罪名，則又決定「舍匿」的刑罰輕重，反倒變成一個迴圈的問題。

追究楚漢相爭時，季布的行徑或可比擬爲〈賊律〉的謀反或投靠諸侯，〔註 17〕判處腰斬的死刑相當甚至更重，或視爲大逆不道的行爲；因此窩藏季布所要承擔的刑責，最重爲黥面和城旦舂。只不過濮陽周氏無法承擔牽連三等親的危機，將朱家喬裝成家僮、家奴之屬，到魯地轉賣給朱家，所以濮陽周氏和朱家先後面臨舉家有「黥爲城旦舂」或較輕刑責的風險，甚至朱家因爲購置季布於家中，另外牽涉到〈亡律〉第 172 號簡的「取亡罪人爲庸」之規定：

取亡罪人爲庸，不智（知）其亡，以舍亡人律論之。所舍取未去，若已去後，智（知）其請（情）而捕告，及詷（詗）告吏捕得之，皆除其罪，勿購。（第 172 號簡）〔註 18〕

不知情而用逃亡的罪犯爲僱傭，以藏匿亡人的法律論罪，〔註 19〕因此朱家就算佯裝不知情，而繼續將季布留置家中，將有黥刑或耐刑：

諸舍亡人及罪人亡者，不智（知）其亡，盈五日以上，所舍罪當黥☑

〔註 16〕張家山二四七號漢墓竹簡整理小組編，《張家山漢墓竹簡〔二四七號墓〕》，圖版頁 20，釋文頁 155；《張家山漢墓竹簡〔二四七號墓〕（釋文修訂本）》，頁 31。

〔註 17〕〈賊律〉第 1、2 號簡：「以城邑亭障反，降諸侯，……及謀反者，皆要（腰）斬。」，而季布在楚漢相爭時，爲項羽攻打劉邦之舉，應當比〈賊律〉的情節更爲嚴重。

〔註 18〕張家山二四七號漢墓竹簡整理小組編，《張家山漢墓竹簡〔二四七號墓〕》，圖版頁 21，釋文頁 156；《張家山漢墓竹簡〔二四七號墓〕（釋文修訂本）》，頁 31～32。

〔註 19〕曹旅寧，《張家山漢律研究》（北京：中華書局，2005 年），頁 152：
禁取亡罪人爲庸的律文則是説雇傭亡罪人爲庸的主人即使不知情也要按匿罪人律處罰，即按照舍匿時日的長短，處以從黥囗贖耐到贖耐的刑罰；知情後捕告或詷告吏捕得予以免罪，但不予獎賞。

> 贖耐；完城旦舂以下到耐罪，及亡收、隸臣妾、奴婢及亡盈十二月以上，贖耐（第 170.171 號簡）〔註 20〕

故而不論朱家事前知道與否，他都面臨到刑責；況且之後朱家驅車前往洛陽，拜謁滕公夏侯嬰以諷諭此事，期間季布亦未離開朱家的住所，顯示朱家無法除此二罪。

另一方面，朱家忽然拜訪夏侯嬰，無事不登三寶殿的行徑，開口還提及季布一事，變相讓夏侯嬰得知季布窩藏在朱家的住所，只因夏侯嬰與朱家兩人心照不宣，促成撤銷通緝季布並赦免其罪的結果。至於濮陽周氏與朱家的「舍匿」行爲，從朱家後來避不見季布來看，似乎兩人都沒有因此獲罪。値得深思的是他們窩藏季布之所以沒罪，恐怕與季布後來被赦免罪刑，使得「舍匿」者一度有「黥爲城旦舂」的可能刑責，最後卻在正犯未有刑責，一併免除任何可能的刑責；又朱家向夏侯嬰提及朱家一事，夏侯嬰兼具官員的身分，或可視爲告官而得以免除其罪。總結此事，朱家游走在法律邊緣，卻在各種狀況中都能全身而退。

三、私鑄錢幣與〈錢律〉

郭解年少之時有過鑄錢一事，可是漢廷將鑄幣者分成中央、諸侯與平民百姓三類，中央始終擁有鑄幣權，但開放給諸侯與平民合法鑄幣的時間不一。以宋叙五《西漢貨幣史初稿》爲基礎：

> 關於鑄幣之權，終西漢之世，凡三變：在西漢之初，循秦朝舊制，鑄幣權由中央政府及地方政府分掌……至孝文五年（紀元前一七五年），開放禁令，許人民自由鑄幣。是爲第一變。景帝中元六年（紀元前一四四年），又禁人民自由鑄幣，恢復漢初制度。是爲第二變。此制一直維持到武帝元鼎四年（紀元前一一三年），將鑄幣權收歸中央政府，由上林三官專司鑄幣之事，禁止地方政府鑄幣。是爲第三變。〔註 21〕

繪出合法鑄幣時段示意圖：

〔註 20〕張家山二四七號漢墓竹簡整理小組編，《張家山漢墓竹簡〔二四七號墓〕》，圖版頁 21，釋文頁 156；《張家山漢墓竹簡〔二四七號墓〕（釋文修訂本）》，頁 31。

〔註 21〕宋叙五，《西漢貨幣史初稿》，第 3 章（香港：香港中文大學出版社，1971 年），頁 9。

圖 6-1　西漢合法鑄幣時段示意圖

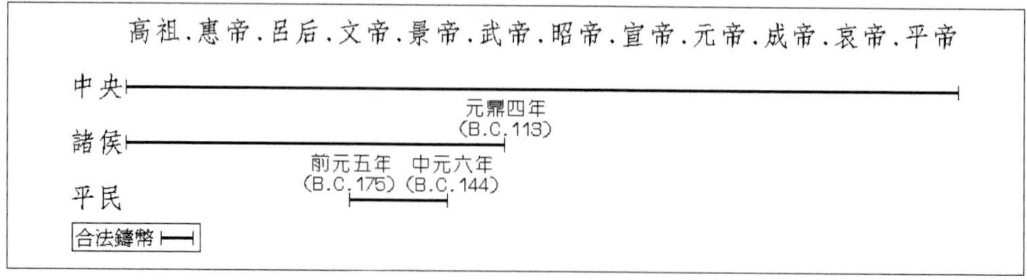

推知郭解私鑄錢幣的犯行時間，當在文帝前元五年（175B.C.）以前，也說明其犯行適用法律，距離呂后頒行的《二年律令》間隔亦僅十餘年；倘若法律在此期間沒有重大變動，他觸犯應是〈錢律〉第 201 號簡的「盜鑄錢」：

> 盜鑄錢及佐者，棄市。同居不告，贖耐。正典、田典、伍人不告，罰金四兩。或頗告，皆相除。尉、尉史、鄉部官。（第 201.202 號簡）〔註 22〕

私鑄者「棄市」，週遭人們也得承受輕重不等的處分，顯示私鑄錢幣屬於重罪。

四、任人不廉與〈置吏律〉

鄭莊爲大司農時，派任門下賓客擔任大農僦人，由於賓客多有逃漏稅的行爲，他身爲舉薦人兼長官，所以連帶獲罪而一併免職：

> 莊任人賓客爲大農僦人，多逋負。司馬安爲淮陽太守，發其事，莊以此陷罪，贖爲庶人。〔註 23〕

此種行爲正是〈置吏律〉第 210 號簡的「任人不廉」：

> 有任人以爲吏，其所任不廉、不勝任以免，亦免任者。其非吏及宦也，罰金四兩，戍邊兩歲。（第 210 號簡）〔註 24〕

保舉他人爲吏員，受舉人任內不清廉、不稱職而遭到免職，保舉人亦同樣免職處分；倘若保舉人不是吏或宦的身分，則要判處罰金四兩、戍邊兩年的刑責。由於鄭莊擔任大司農，官職遠超過吏員的位階，當準用於該條文的前者，

〔註 22〕張家山二四七號漢墓竹簡整理小組編，《張家山漢墓竹簡〔二四七號墓〕》，圖版頁 23，釋文頁 160；《張家山漢墓竹簡〔二四七號墓〕（釋文修訂本）》，頁 35。

〔註 23〕司馬遷，《史記・汲鄭列傳》，卷 120，頁 3113。

〔註 24〕張家山二四七號漢墓竹簡整理小組編，《張家山漢墓竹簡〔二四七號墓〕》，圖版頁 24，釋文頁 161；《張家山漢墓竹簡〔二四七號墓〕（釋文修訂本）》，頁 36。

所以他方才有「贖爲庶人」的免職的處分。

五、擔任官職與〈秩律〉和〈史律〉

《史記》與《漢書》紀錄游俠們的事蹟多寡、篇幅長短十分懸殊，多半因爲游俠身帶官職，所以記載較爲詳細；固然這狀況讓游俠的法律問題，出現以偏概全的潛在危機，至少能夠瞭解歷任諸多官職的游俠，有哪些官稱被寫入《二年律令・秩律》，得以清楚他們的確切官階和薪資。茲列表整理游俠在《史記》的官稱，與《二年律令・秩律》所見官稱和薪資的紀錄於下：

表 6-1　《史記》所見游俠官稱與《二年律令・秩律》對照表〔註 25〕

姓名	《史記》官稱	《二年律令・秩律》
張良	少傅	—
季布	郎中	—
	中郎將	—
	河東守	郡守〔秩二千石〕
灌夫	中郎將	—
	代相	—
	淮陽太守	郡守〔秩二千石〕
	太僕	大僕〔秩二千石〕
	燕相	—
汲黯	太子洗馬	—
	滎陽令（未到官）	熒（滎）陽〔秩六百石〕
	中大夫	中大夫令〔秩二千石〕
	東海太守	郡守〔秩二千石〕
	主爵都尉	—
	右內史	內史〔秩二千石〕〔註 26〕
	淮陽太守	郡守〔秩二千石〕

姓名	《史記》官稱	《二年律令・秩律》
鄭莊	太子舍人	—
	魯中尉	—
	濟南太守	郡守〔秩二千石〕
	江都相	—
	右內史	內史〔秩二千石〕
	大農令（大司農）	—
	太史	大史〔秩六百石〕
	長史	相國長史〔秩千石〕
	汝南太守	郡守〔秩二千石〕
寧成	郎謁者（？）	—
	濟南都尉	（郡）尉〔秩二千石〕
	中尉	中尉〔秩二千石〕
	內史	內史〔秩二千石〕
	關都尉	—
附記：張良封侯不計其內，汲黯任淮陽太守一職另有詔書「令以諸侯相秩」。		

〔註 25〕本表以各傳主在《史記》本傳官稱爲主，而括號附列《漢書》與之有出入的官稱；而《二年律令・秩律》則以張家山二四七號漢墓竹簡整理小組編，《張家山漢墓竹簡〔二四七號墓〕（釋文修訂本）》，頁 69～80 釋文爲主，參酌《張家山漢墓竹簡〔二四七號墓〕》，圖版頁 43～46，釋文頁 192～203，並在官稱後面列出〈秩律〉可考的官秩。

〔註 26〕今日關中盆地一帶從西漢建國到武帝建元 6 年以前多統稱「內史」，武帝建元 6 年到元封 6 年間（140～105B.C.）分爲「左內史」、「右內史」，太初元年（B.C.104）更分成「京兆尹」、「左馮翊」、「右扶風」，因此「右內史」與「內史」官職相同。

〈秩律〉記錄的薪秩狀況，對映六人的任官情況，除了鄭莊與寧成有些官階起伏，累官晉升到頂秩二千石仍是常態。値得注意的是，汲黯曾經恥爲滎陽令，紙屋正和在〈前漢時期縣長吏任用形態的變遷〉曾推論其原因：

> 按謁者秩比六百石，縣令爲六百石——千石之官。從官秩上看，汲黯的調動很明顯是陞調，他爲何以之爲恥呢？在漢代，常有這類官秩雖陞，卻不願從中央調任地方官的例子。然而汲黯在後來調任東海太守時並無任何抵觸的表示，這說明他對地方官的充任並非一概持排斥的態度。因此應將視爲置於「黯恥爲令」，也就是說，當時汲黯在內心深處認爲縣令之官就是恥辱的象徵。〔註27〕

此說固然有理，但就汲黯薪秩變遷來看，太子洗馬爲比六百石的中央官，赴任滎陽令乃升秩或平秩的地方官，顯然他對薪秩並無意見；至於東海太守一職，究竟是不作聲色的接受，還是像他之後表明不願出任淮陽太守的言談，卻被武帝強請赴任，《史記》與《漢書》皆未曾明言，因而紙屋的推論顯得相當冒險。從其本傳的一貫行事作風觀察，汲黯不滿自己被外放爲地方縣官，遂恥爲滎陽令而不赴任，似乎是較爲合理的推論。

另有鄭莊曾任「太史」一職，其職掌臚列在〈史律〉第482、483號簡裡：

> 大史、大卜謹以吏員調官史、卜縣道官，官受除事，勿環。吏備（憊）罷、佐勞少者，毋敢亶（擅）史、卜。史、卜受調書大史、大卜而逋、（第482號簡）留，及亶（擅）不視事盈三月，斥勿以爲史、卜。……（第483號簡）〔註28〕

依照曹旅寧對上述條文的詮釋：

> 大史、大卜任命史、卜以吏員身份充任縣道官，一旦接受任命便不得推辭；爲吏倦怠，爲佐者勞績即工作量不滿者不得獲得任命；史、卜接受任命後拖延不到任及到任不行使職權超過三個月者，將革職。〔註29〕

〔註27〕紙屋正和，〈前漢時代における県の長吏の任用形態の変遷について〉，《福岡大學人文論叢》18卷1號；徐世虹譯，〈前漢時期縣長吏任用形態的變遷〉，《日本中青學者論中國史－上古秦漢卷》，頁506～507。

〔註28〕張家山二四七號漢墓竹簡整理小組編，《張家山漢墓竹簡〔二四七號墓〕》，圖版頁47，釋文頁204；《張家山漢墓竹簡〔二四七號墓〕（釋文修訂本）》，頁82。

〔註29〕曹旅寧，《張家山漢律研究》，頁180。

可以了解鄭莊當時的職務是任命史、卜擔任縣、道官。

簡言之，游俠不論任官與否，曾經觸犯過〈亡律〉的可能性最高；違反〈錢律〉僅庶民身分的郭解一例；而鄭莊以官員身分干犯〈置吏律〉亦是個案。相對前面的違法犯禁，任官的游俠們皆依照〈秩律〉領取薪俸，以及鄭莊因職務而遵照〈史律〉辦事。上述諸多行爲揭示了游俠多元的犯法型態，以及任官的游俠僅在官場人事運作方面違法，鮮少像庶民之間因武鬥而犯法的傾向。

第三節　〈津關令〉與俠行的分析

基於西漢前期的諸侯國政制，與皇帝直轄內部的政制並無二致，呈現國中有國的局面；這局勢讓皇帝對關東諸侯深具戒心，嚴守與諸侯國接壤的關塞，並控管馬、弩等戰略物資出關，如同對匈奴般的防範，遂制訂頗多的通關規範以防制關東各諸侯國，而有了〈二年律令．津關令〉的若干法條。游俠本身既有「游離」於社會秩序、「游走」帝國境內外的意味，舉凡犯法後的逃亡，以及買馬作爲請謝賓客等事情，便往往涉及出入關塞的法規。

一、非法與合法出入關津

游俠擅自出入關塞的行徑，在景帝末年到武帝初年時，先後出現郭解與寧成兩例。郭解犯行時間當在建元二年（139B.C.）以前，他由關外的河內郡軹縣（今河南軹縣），舉家遷徙到關中的茂陵（今陝西興平），途中因故遭到官府通緝而被迫逃亡：

> 上聞，乃下吏捕解。解亡，置其母家室夏陽，身至臨晉。臨晉籍少公素不知解，解冒，因求出關。籍少公已出解，解轉入太原，所過輒告主人家。吏逐之，跡至籍少公。少公自殺，口絕。久之，乃得解。〔註 30〕

他先護送乃母到夏陽（今陝西韓城）安頓，再獨自往東北方向逃逸，成功地逃出臨晉關、進入太原國內；其中有一私託籍少公以求出關之舉，符合了〈津關令〉第 488、489 號簡：

> 一、御史言，越塞闌關，論未有□，請闌出入塞之津關，黥爲城旦舂；越塞，斬左止（趾）爲城旦；吏卒主者弗得，贖耐；令、（第

〔註 30〕司馬遷，《史記．游俠列傳》，卷 124，頁 3188。

488 號簡）丞、令史罰金四兩。智（知）其請（情）而出入之，及假予人符傳，令以闌出入者，與同罪。（第 489 號簡）〔註 31〕

因爲他沒有符信而符合「請闌出入塞之津關」一項，須負黥面與城旦舂的刑罰。另一方面，籍少公儘管最初不認識郭解，但是放行郭解出關之前顯然已知，適用於「智（知）其請（情）而出入之」的條則，應當與郭解同罪論處，同樣面臨黥面與城旦舂的刑罰；不過籍少公選擇自殺，故而無從以法治論。附帶一提的是，郭解潛逃太原的行爲，由於太原此時爲諸侯國域，即便〈津關令〉未對逃往諸侯國有明文懲處規定；若從〈津關令〉有黃金、銅、馬等物資的管制，以及《奏讞書》有一關外男子徙入關中後，誘娶關內女子而逃往關東未果，在緝捕到案後被判處黥爲城旦舂的案例來看，〔註 32〕郭解此一行徑極爲類似。又景帝朝的七國亂時，周亞夫傳車洛陽以訪問劇孟，防範游俠犯罪後潛逃、投靠諸侯國，變相增強諸侯國的反叛力量，故而郭解此舉可令官府懷疑他身爲皇帝直轄臣民，卻有叛逃並投靠諸侯國之意，犯了中央朝廷的忌諱。

類似郭解潛逃出關的案例，在其後不久還有寧成詐刻傳出關返回南陽郡，即便此事發生在寧成任俠之前，卻仍可視爲游俠的觸及法律之例：

武帝即位，徙爲內史，外戚多毀成之短，抵罪髡鉗。是時九卿罪死即死，少被刑，而成極刑，自以爲不復收，於是解脫，詐刻傳出關歸家。……數年，會赦。〔註 33〕

其出關過程有觸及〈津關令〉第 496、497 號簡之嫌：

相國上內史書，請諸詐（詐）、襲人符傳出入塞之津關，未出入而得，皆贖爲城旦舂；將吏智（知）其請（情），與同罪。・御史以聞，制

〔註 31〕張家山二四七號漢墓竹簡整理小組編，《張家山漢墓竹簡〔二四七號墓〕》，圖版頁 47，釋文頁 205；《張家山漢墓竹簡〔二四七號墓〕（釋文修訂本）》，頁 83。

〔註 32〕張家山二四七號漢墓竹簡整理小組編，《張家山漢墓竹簡〔二四七號墓〕》，圖版頁 54～55，釋文頁 214～215；《張家山漢墓竹簡〔二四七號墓〕（釋文修訂本）》，頁 93。在《奏讞書》第 17～27 號簡文，紀錄漢高祖十年（197B.C.）七月辛卯朔癸巳，由湖縣丞憙呈報廷尉，奏明戰國時代的齊國後裔「田闌」取關內女子「南」爲妻，想帶他出關回臨淄，卻在出關時被發覺，於是判他黥爲城旦舂的刑罰；按《奏讞書》所載廷尉定讞的刑罰，當是根據《二年律令・津關令》第 488、489 號簡判定。

〔註 33〕司馬遷，《史記・酷吏列傳》，卷 122，頁 3135。

（第496號簡）曰：可，以□論之。（第497號簡）〔註34〕

可是寧成此事直到得逞後，直到大赦之前仍未被官府緝獲，屬於既遂而非此律未遂遭逮的現行犯，只能說是準用此法條，其量刑幅度亦應當不止於城旦舂，惟確切的刑責程度，目前仍無法有確切證實。儘管上述兩例的行爲近似，郭解乃是沒有許可證件的狀況下通關，寧成則是詐僞他人許可證出關，仍有些差異而要適用於不同的法條。

相對於前述不合法的闖關越塞，季布、汲黯和郭解等游俠，平時仍循規蹈矩地出入關津。首先是季布在呂后到文帝朝擔任河東守，曾因故被文帝召回長安一個月，之後再返回河東任所：

> 季布爲河東守，孝文時，人有言其賢者，孝文召，欲以爲御史大夫。復有言其勇，使酒難近。至，留邸一月，見罷。……布辭之官。〔註35〕

由於河東位居臨晉關以東、函谷關以北，又因河東與當時的內史、河南郡隔著黃河爲界，使得季布此行若走直線，必定出入臨晉關及其河津。加上《二年律令》的確切實行時間，與季布擔任河東守同一時期，因此季布的例證最爲切合。其二是汲黯被武帝派往東越巡查糾紛，才到吳地便返還長安；以及派往河內視災，再循河內、河南回到長安，亦得走函谷關出入。其三是郭解從軹縣要遷到茂陵，由河內到夏陽的過程，便須走偏北的臨晉關，或先渡過黃河走南岸的函谷關進入關中。這些行爲皆有官府許可爲前提而出入關津，且與前引488～489號簡所欲嚇阻的非法行徑相反，因此視爲合法出入關津。

二、置馬於關中

好客且曾有俠行的鄭莊，在景帝時因爲當官而寓居長安，所以他在長安附近購置一些馬匹，寄養於朋友家中，用來接送賓客：

> 孝景時，爲太子舍人。每五日洗沐，常置驛馬安諸郊，存諸故人，請謝賓客，夜以繼日，至其明旦，常恐不徧。〔註36〕

由於鄭莊在關中豢養傳馬，是皇帝管控馬匹出入境的區域，須依循〈津關令〉

〔註34〕張家山二四七號漢墓竹簡整理小組編，《張家山漢墓竹簡〔二四七號墓〕》，圖版頁48，釋文頁207；《張家山漢墓竹簡〔二四七號墓〕（釋文修訂本）》，頁84。

〔註35〕司馬遷，《史記·季布欒布列傳》，卷100，頁2731。

〔註36〕司馬遷，《史記·汲鄭列傳》，卷120，頁3112。

第 506～508 號簡的規定向官府登記：

> ☐議，禁民毋得私買馬以出扜（扞）關、鄖關、函谷、武關及諸河塞津關。其買騎、輕車馬、吏乘、置傳馬者，縣各以所買（第 506 號簡）名匹數告買所內史、郡守，內史、郡守各以馬所補名爲久久馬，爲致告津關，津關謹以藉（籍）、久案閱，出。諸乘私馬入而復以（第 507 號簡）出，若出而當復入者，出，它如律令。御史以聞，請許，及諸乘私馬出，馬當復入而死亡，自言在縣官，縣官診及獄訊審死亡，皆津關，制曰：可。（第 508 號簡）〔註 37〕

其大要如王建〈張家山漢簡《二年律令・津關令》簡釋〉對第 506、507 號簡的「按語」：

> 令條由相國「集議」後的奏議書所轉著，主要規定在關中「買馬」的諸多限制要求。第 506 簡大致內容是禁止百姓私自在關中買馬運出扜關、鄖關、函谷關、武關等津關，第 507 簡主要規定縣道官府、傳置所用馬匹在關中購置和馬匹出入關中的辦法；然後對那些乘私馬（庶民自己擁有的馬匹）出入關中的辦法做出規範。〔註 38〕

除去第 507 號簡後頭究竟該銜接第 508 或 510 號簡的爭議，其內容說明鄭莊需先向縣府登記其購置傳馬的數量、標識，並用「致」告知津關以備通關查驗。尤其鄭莊原籍陳縣乃在關東，若要用傳馬送迎故鄉來賓，勢必出入函谷關而被關吏驗核。

三、關外任官而須傳馬

誠如前文提及季布任河東守一職，與《二年律令》實行是同時的，因而他身爲郡守得負責每年向中央上報郡內概況，此乃兩漢時期的上計制度。〔註 39〕

〔註 37〕張家山二四七號漢墓竹簡整理小組編，《張家山漢墓竹簡〔二四七號墓〕》，圖版頁 49，釋文頁 208；《張家山漢墓竹簡〔二四七號墓〕（釋文修訂本）》，頁 85～86。

〔註 38〕王建，〈張家山漢簡《二年律令・津關令》簡釋〉，《楚地出土簡帛文獻思想研究（一）》（武漢：湖北教育出版社，2002 年），頁 334。

〔註 39〕上計制度乃爲郡縣每年九月向上級呈報計簿，內容包括户口、墾田、錢穀入出和盜賊多少等；又因對應的中央治計者爲丞相，因此上計吏不僅要呈報計簿，還要代表郡守或國相參與朝會、備詢政俗。此制詳參嚴耕望，《中國地方行政制度史　甲部・上計》（臺北：中央研究院歷史語言研究所，1997 年，四版），頁 257～268。

不過上計要往返郡治安邑與首都長安之間，往往需要購置傳馬以待，所以季布可能依照〈津關令〉辦理：

> 十二、相國議，關外郡買計獻馬者，守各以匹數告買所內史、郡守，內史、郡守謹籍馬職（識）物、齒、高，移其守，及爲致告津關，津關案閱，（第509號簡）〔註40〕

姑且不論此簡後面應該連綴是釋文小組的第510號簡，還是王建認爲的第508號簡，此法條的釋讀主體仍未變動：

> 這段令文規定關外郡在關中購置計獻用馬要經過的程序：由郡守向買馬處的內史、郡守提出申請，內史郡守登記馬匹的外部特徵（識物）、齒齡、身高等要素，并出具文書移送請求買馬的郡守，同時要發「致」告知津關，與第九則規定的購買官府用馬程序基本相同。〔註41〕

亦即季布向內史提出申請，登記郡府所用傳馬的特徵，並將這些資料告知津關，以備計吏通關核驗之用。

總括俠行在〈津關令〉的依違情形，通常是在其他更嚴重的犯行後，方才非法出入關津以避追緝，否則游俠平時對此令循規蹈矩；另外，游俠僅在擔任官職時，方才涉及馬匹豢養與登記的法令。

第四節　其他事例與法規的分析

儘管《二年律令》相當豐富，仍有一些游俠行徑不在其列，諸如郭解的大逆無道、汲黯的賜告，以及寧成與灌氏橫行鄉里；亦或是該行爲發生在西漢後期，唯恐研判其適用或準用法條失準，像是趙季、李款姦人婦女，故而下文加以補充論列。

一、大逆無道

西漢前期的游俠僅有郭解，是以「大逆無道」之名誅殺，其案情源於他無端被強制遷往茂陵：

〔註40〕張家山二四七號漢墓竹簡整理小組編，《張家山漢墓竹簡〔二四七號墓〕》，圖版頁49，釋文頁208；《張家山漢墓竹簡〔二四七號墓〕（釋文修訂本）》，頁86。

〔註41〕王建，〈張家山漢簡《二年律令・津關令》簡釋〉，《楚地出土簡帛文獻思想研究（一）》，頁335。

及徙豪富茂陵也，解家貧，不中訾，吏恐，不敢不徙。衛將軍為言：「郭解家貧不中徙。」上曰：「布衣權至使將軍為言，此其家不貧。」解家遂徙。……軹人楊季主子為縣掾，舉徙解。解兄子斷楊掾頭。由此楊氏與郭氏為仇。……已又殺楊季主。楊季主家上書，人又殺之闕下。上聞，乃下吏捕解。〔註 42〕

其實郭解的身家資格條件不符，理當不用遷居茂陵，後因衛青與武帝的對談，反倒被迫遷居關中；此事讓他的親戚氣不過，遂殺了負責執行的楊姓吏員以為洩憤。後來楊姓家屬赴長安告狀，又遭他人殺害；武帝得知此事，便下令追捕郭解到案。既然郭解沒有親自殺人，也沒教唆他人行兇，加上他在以前所犯諸多罪行，隨著大赦而既往不咎，就《二年律令》或沈家本輯證傳統文獻的《漢律摭遺》等漢代法律來看，確實無法將郭解定罪。他的案例與「我不殺伯仁，伯仁卻因我而死」相似，偏偏律文未對這類間接引發犯罪動機者有所規範，仲裁者又不能把自由心證無限上綱，遂產生無法條可用的窘境，因此御史大夫公孫弘逕以「大逆無道」定罪。

必須注意的是，肩水金關出土甘露二年的〈丞相御史律令〉寫作「大逆無道」，〔註 43〕在《漢書・蒯伍江息夫傳》則是「大逆不道」，〔註 44〕似乎說明「無道」與「不道」並無區隔，所以郭解的罪名在當時可作「大逆不道」或「大逆無道」兩種。儘管公孫弘藉此誅殺郭解，但是罪名仍嫌過於籠統，連同《二年律令》也沒有規範其確切罪行，若從大庭脩整理傳統文獻與居延簡，歸納諸多「大逆」跟「不道」的案例，分析出若干構成要件，得出下列的結論：

具有顛覆劉氏天下，變更漢朝國家體制的危險性。對這些行為因為背棄為臣下之道，所以作為「不道」罪被處以刑罰。總之，凡背棄為臣之道，禍亂民政，危害君主及國家，顛覆當時社會體制的行為，一般稱為「不道」。這就是說，「不道」是範圍較廣的罪的概念，其中又有以「大逆」為首的「罔上」、「狡猾」等許多小概念。〔註 45〕

〔註 42〕司馬遷，《史記・游俠列傳》，卷 124，頁 3187～3188。

〔註 43〕甘肅居延考古隊，〈居延漢代遺址的發掘和新出土的簡冊文物〉，《文物》，1978 年第 1 期（北京：文化部文物管理局，1978 年），頁 1～25，圖版 5。

〔註 44〕班固，《漢書・蒯伍江息夫傳》，卷 45（北京：中華書局，1962 年），頁 2187。

〔註 45〕大庭脩，〈漢律における「不道」の概念〉，《秦漢法制史の研究》（東京：創文社，1982 年），頁 140；林劍鳴等譯，《秦漢法制史研究》（上海：上海人民

顯示此罪乃從君臣之道著眼，罪行認定皆依執法者爲準。換言之，當所有法律皆無適用或準用時，這項罪名成了最終制裁；剛好游俠往往在「大逆無道」之前，便因爲其他犯行找到前述適用或準用的法條，使得這條罪名相對鮮少出現。公孫弘此舉如同使用強權，介入司法來達到誅殺郭解的結果，呈顯出法律仍有其極限，游俠藉此悠遊於法律的模糊地帶，逼得政府採取更籠統的名義來定罪。

檢視郭解論罪的過程，可知郭解之前沒有類似事件，其判決遂成了漢代首例，也是往後治俠無法可用時，可資援引的例案。其後原涉身爲谷口縣令，想爲季父報仇而去官：

> 先是涉季父爲茂陵秦氏所殺，涉居谷口半歲所，自劾去官，欲報仇。谷口豪桀爲殺秦氏，亡命歲餘，逢赦出。〔註 46〕

結果他還沒親自向秦氏報仇，谷口當地的豪傑便先替他殺了秦氏，顯示原涉並非直接加害者，若無教唆他人的情況，此案竟與上述郭解一案類似；對照原涉後來亡命之舉，可推測他若不逃亡，將被冠以與郭解相當的罪名。

二、橫行鄉里

游俠在地方的影響力頗大，往往被官府視爲橫行鄉里，因此景帝曾大規模誅殺各地豪俠：

> 是時濟南瞯氏、陳周庸（膚）亦以豪聞，景帝聞之，使使盡誅此屬。其後代諸白、梁韓無辟、陽翟薛兄（況）、陝韓（寒）孺紛紛復出焉。
>
> 〔註 47〕

這些游俠未見有任官紀錄，卻讓景帝派遣使者前往誅殺，顯示政府對他們採取特殊處置，此狀況在擔任官職的游俠身上，也能找到寧成與灌夫兩人爲例。儘管如此，兩人橫行鄉里的方式仍有差異。寧成是先任官而後任俠，爲俠可以挾著自己過去的行事傳聞，以及他所豢養的賓客黨羽，加上後來又被派爲關都尉的權力，在南陽郡形成堅強的地方勢力：

> 數年，會赦。致產數千金，爲任俠，持吏長短，出從數十騎。其使民威重於郡守。……寧成家居……上乃拜成爲關都尉。歲餘，關東

出版社，1991），頁 115。

〔註 46〕班固，《漢書・游俠傳》，卷 92，頁 3175。

〔註 47〕司馬遷，《史記・游俠列傳》，卷 124，頁 3184～3185；班固，《漢書・游俠傳》，卷 92，頁 3700。兩者在游俠的名字上面略有出入。

吏隸郡國出入關者，號曰「寧見乳虎，無值寧成之怒」。義縱自河內遷爲南陽太守，聞寧成家居南陽，及縱至關，寧成側行送迎，然縱氣盛，弗爲禮。至郡，遂案寧氏，盡破碎其家。〔註48〕

直到義縱爲太守時，將寧成及其黨羽繩之以法，惟文獻未詳其罪名。

灌夫是另一顯例，雖然他因衝鋒陷陣於七國亂軍中，從此以驍勇聞名；其家族卻得溯及乃父張孟依附潁陰侯灌嬰，改從灌姓而爲灌孟，進而累官二千石的頂峰，先替灌夫累積了豐沛的官場、地方勢力。這一切隨著灌孟在七國之亂殉國後，灌夫繼承先父的一切，並歷任國相、郡守等二千石的官職，使得灌氏與門下賓客皆因他的顯赫，得以縱橫、把持於潁川郡：

夫不喜文學，好任俠，已然諾。諸所與交通，無非豪桀大猾。家累數千萬，食客日數十百人。陂池田園，宗族賓客爲權利，橫於潁川。潁川兒乃歌之曰：「潁水清，灌氏寧；潁水濁，灌氏族。」……元光四年春，丞相言灌夫家在潁川，橫甚，民苦之。請案。上曰：「此丞相事，何請。」〔註49〕

此事連在長安的丞相田蚡都聽聞到，若非元光四年（B.C.131）灌夫與田蚡互持把柄，恐怖平衡才得以暫時無事，否則他會提前面臨元光五年（B.C.130）廷議時，被田蚡控訴了多項罪行：

丞相亦言灌夫通姦猾，侵細民，家累巨萬，橫恣潁川，淩轢宗室，侵犯骨肉，此所謂「枝大於本，脛大於股，不折必披」，丞相言亦是。〔註50〕

最後灌夫就在上述多項罪行下，該年十月遭到誅殺。相對於灌夫的罪行明確，他的族人、賓客們則無從考證，僅知他們一同判處棄市。

此外，哀帝時期的趙季、李款，亦把持郡吏以橫行潁川郡，雖非西漢前期的游俠，最後在何並擔任郡守時，紛紛逃亡外地而被緝捕格殺。簡言之，無論是西漢前期的寧成、灌夫，還是後期的趙季、李款，他們都是藉由權力而起，並將權力分享給宗族與門下賓客，方能縱橫地方鄉里；一旦政府高層決心收爲權力，這些同夥的罪名已不是重點所在，但其「破碎」的結局卻可預期。

〔註48〕司馬遷，《史記・酷吏列傳》，卷122，頁3135～3145。
〔註49〕司馬遷，《史記・魏其武安侯列傳》，卷107，頁2847～2849。
〔註50〕司馬遷，《史記・魏其武安侯列傳》，卷107，頁2851。

三、「賜告」的特准休假

《史記》與《漢書》記錄游俠任官者，大體依照體制進行休假，僅有汲黯本身經常生病，擔任東海太守已是「臥閨閤內不出」，〔註 51〕任職主爵都尉甚至請病假快滿三個月：

> 黯多病，病且滿三月，上常賜告者數，終不愈。最後病，莊助爲請告。〔註 52〕

使得武帝多次給予汲黯「賜告」的特休。對此，廖伯源〈漢官休假雜考〉已有詳盡的考證與說明：

> 賜告是皇帝恩賜之休假，主要是病假。官員有病，請病假滿三月，依例當免職，皇帝下詔恩賜休假。……賜告既爲皇帝之恩賜，則其假期之長短，因人而異。……武帝數賜告予汲黯，是否連續，難於斷言；……《史記・汲黯傳》，注《集解》引如淳曰：「或曰賜告，得去官歸家；與告，居官不視事。」（120/3017）按「去官歸家」，史籍多見，蓋謂放棄官職而歸故鄉。然賜告「得去官歸家」之「去官」，則不得釋爲棄官（即爲免官，蓋當事人棄官，朝廷不挽留，其結果是免官），蓋賜告爲賞賜假期，優待使得帶官職奉祿而休長假歸家。〔註 53〕

藉此了解汲黯歷任頗多官職，卻經常因病帶職休假，不難了解武帝對汲黯是嘴巴嫌棄，心裡卻倚重他的才幹。

四、姦人婦女與〈襍律〉

西漢前期游俠未明確地記錄「姦人婦女」的行徑，僅在《史記・貨殖列傳》變相提到少年爲俠的行徑，可能會有「劫人作姦」的類似情形：

> 其在閭巷少年，攻剽椎埋，劫人作姦，掘冢鑄幣，任俠并兼，借交報仇，篡逐幽隱，不避法禁，走死地如騖者，其實皆爲財用耳。〔註 54〕

然而「劫人作姦」不等同「強姦」或「和姦」，因此游俠確切有此行爲的紀錄，得到《漢書・蓋諸葛劉鄭孫毋將何傳》才能看到，哀帝時期橫行潁川郡的趙

〔註 51〕司馬遷，《史記・汲鄭列傳》，卷 120，頁 3105。

〔註 52〕司馬遷，《史記・汲鄭列傳》，卷 120，頁 3107。

〔註 53〕廖伯源，〈漢官休假雜考〉，《秦漢史論叢（增訂本）》（北京：中華書局，2008 年），頁 268～270。

〔註 54〕司馬遷，《史記・貨殖列傳》，卷 129，頁 3271。

季、李款兩位輕俠曾犯下「姦人婦女」之事。〔註 55〕根據〈襍律〉第 192 號簡規定：

> 諸與人妻和奸，及其所與皆完爲城旦舂。其吏也，以強奸論之。(第 191 號簡)
>
> 強與人奸者，府（腐）以爲宮隸臣。(第 192 號簡)〔註 56〕

與人妻通姦，平民要被懲處城旦舂，官吏則加重處分，以強姦罪論定；至於強姦罪，漢律是處以腐刑，且收爲宮奴。兩人如依法執行，應該是腐以爲宮隸臣，可是漢律存在著多罪不併罰，逕以最重者處罰的原則，而他們最後下場是在外郡受誅，很可能有其他更嚴重的罪行，亦或是逃亡罪加重刑責所致；據此可知姦人婦女的罪罰，還不是他們諸多犯行裡最爲嚴重的一項。

總而言之，西漢游俠仍有若干行爲無法適用或準用於《二年律令》，且在前科累累或犯行眾多時，往往會有哪一犯行較爲嚴重的研判問題，諸如大逆無道與橫行鄉里便是；同樣地，《二年律令》並未詳錄「賜告」的規定，使得汲黯的特殊休假無從遵照，勢必從既有文獻找尋規則。復因各傳紀錄游俠事蹟詳略不一，無法得知游俠在紀錄之外的其他行爲；於是姦人婦女一項便出現《史記》間接提到，《漢書》才眞正有了明確的案例。

分析西漢游俠的法律問題，固然受到《史》、《漢》的限制，存在著傳主紀錄詳略不一、案例不充裕等取樣不夠豐富，且多有任官經歷以致取樣偏頗的根本問題。起碼透過《二年律令》來觀察這些人物，體現出游俠犯罪型態已不限於〈賊律〉與〈盜律〉裡面，有關傷人、殺人、劫人和強盜等「以武犯禁」的條款；更廣泛涉入〈賊律〉的矯制與言論失當，〈亡律〉的逃亡跟藏匿罪犯，〈錢律〉的私鑄錢幣，以及〈津關令〉的非法出入津關等「非武力犯禁」的方式。可知西漢游俠犯罪型態變得多元化，並藉此省思司馬遷在〈游俠列傳〉開頭的敘述，其徵引《韓非子》的「武鬥」特徵，恐怕不足以涵蓋他所舉證的所有游俠。

游俠遊走在法律的模糊地帶，就朱家窩藏季布處處保留後路，巧妙地規避掉可能的法律刑責；以及郭解徙家導致楊掾遭到殺害，屬於間接加害者而

〔註 55〕班固，《漢書・蓋諸葛劉鄭孫毋將何傳》，卷 77，頁 3268。

〔註 56〕張家山二四七號漢墓竹簡整理小組編，《張家山漢墓竹簡〔二四七號墓〕》，圖版頁 22～23，釋文頁 158～159；《張家山漢墓竹簡〔二四七號墓〕(釋文修訂本)》，頁 34。

出現律文未見、無法可懲的狀況，乃是針對法律條文本身漏洞去鑽營。至於張良逃往下邳，季心逃往吳國，郭解逃亡太原國，與寧成逃出關外等，都是逃往外地以避官府追緝，則是企圖逃離當局執法的有效地域。無論是法律條文的盲點，還是執法過程的盲點，即便犯罪的全部游俠們沒有都存活下來，也暴露出西漢政府統治效能的極限。相對的，游俠們一直試探法規的底線，造就郭解被判「大逆不道」的結果，而此案或有可能成爲往後審判游俠犯行的判例；且當執法者決心剷除游俠，不論其犯行確切適用或準用於何條律文，用最概括的根本規則進行處置，正是水清則無魚的苦果。

持平而論，游俠們並非一昧地干犯法禁，從《二年律令》尚有更多法條未有俠行與之對應，起碼目前不曾找到游俠涉入家族倫理、財產繼承和耕田營生等性質之法律的紀錄，雖然這不意味著他們不去違反這些性質的法律，至少司馬遷沒有對此加以著墨，似乎隱含了遵循大於觸犯的意味。即便在《史記》與《漢書》有紀錄的俠行，他們恪遵〈秩律〉領取薪俸，依循〈史律〉辦理業務，並按照〈津關令〉合法出入津關、購置傳馬於關內外等，皆屬合法的舉措。因此，游俠頗具爭議之處，應是其行爲符合社會小眾需求，卻不見得合乎所有法律規範；就算行爲全然合法，也有違背比明文法規標準還高的抽象道德之虞。

結　語

自戰國末年《韓非子》指「俠」是武力犯法的人，開啓兩漢眾多學者對這類人物的詮釋，隨著時代的變遷，「遊俠」或「游俠」取代了「俠」，成爲專稱講義氣、重友誼、干犯法禁和危難助人者的專稱。隨著描繪游俠的角度不同造成詞彙的擴充，以及含意的增加，如強調信任、義氣的「任俠」，拜投他人門下卻還任俠的「俠客」，鄉里望族具有游俠性格的「豪俠」，以及魚肉百姓的「輕俠」，或形容社會身分的「閭巷之俠」、「布衣之俠」等詞彙。這些詞彙的使用時間，早晚不一，卻反映出西漢社會朝豪族化、士族化發展的軌跡。

西漢游俠的發展趨勢，是他們作爲社會群體的獨特性逐漸消失，被迫融入貴族、豪族和士族之中。但在司馬遷《史記・游俠列傳》與《漢書・游俠傳》彰顯的俠義精神、人物行誼，如：恩仇必報、輕死重義、視友如己的價值觀，卻是後世俠文化的開端，進而轉化爲衡量行俠仗義的標準。所以孫鐵剛在〈秦漢時代的士和俠的式微〉一文，抱持西漢游俠走向衰微的結論，應是將俠看作春秋、戰國以降，由沒落貴族構成主體的社會群體，他們與時推移到秦漢時期的質變爲前提，方可成立。至於游俠的行爲模式、道德標準，是一種人性的展露，即使這一社會群體已經消褪了，也無法抹滅游俠性格的再現。因此，游俠雖然在兩漢以後消失了，但從他們衍生的俠文化，仍沿襲司馬遷強調的重然諾、輕生死、救人於厄、賑人乏困等行爲，作爲正面的核心價值。

觀察游俠性格的養成，自家庭的父子、兄弟，擴及宗族親戚，乃至於鄉里流傳的游俠故事、人物典範。該性格展現在修德於身家，並在鄉里間構築人際網路，透過調解糾紛、解人困難、接待賓客、從事公益事務和宴飲遊樂等行爲，博取人們的信任和風評，獲得鮮明封號，譜入俗諺或歌謠，更讓他們的名聲，在口耳相傳中遠揚，增強人際網絡與社會影響力。任官的游俠澤及門下賓客，引用他們成爲管轄部門的吏員；或是利用公帑來施行恩惠，構築私人人脈。相對的，平民任俠者先從結交一、兩位官吏做起，等到熟悉貴族官宦的社交圈後，攀附貴族官宦的權勢，得以狐假虎威，甚至還因此出任官吏。

分析游俠經營人際關係的模式，大抵有：血緣和姻親的親屬關係；仰慕個人氣質變成了「偶像——追隨者」主從關係，政壇官階與政治勢力造就的「上司——下屬」主從關係，以及生活供養產生「主人——賓客」奴僕主從關係；另有衡量社會地位相當來結交，反之，也有完全不論社會背景的純粹朋友關係。姑且不論交友的動機、過程與結果，景武之際的官宦社交圈，反映了游俠同是非、共利害的交友態度。他們聯繫親友的方式，在一日或數日往返的距離內，登門拜訪爲佳；若爲職責所限不得出境，官吏任俠者往往藉著書信名謁，請託下屬前往轉交、致意。從中累積的可觀名聲，可稱爲「俠名」，建立的方式有透過生活週遭的交際、擔任地方首長，和舉措使人印象深刻的事蹟等三類。

西漢游俠的生長分布，在黃淮平原、渭河流域等內郡，與地狹人稠、經濟發達的社會環境呈正比；但代郡、西河、北地、隴西等邊郡，受到匈奴或其他外族的侵擾，鄉里普遍存在著武鬥風尚，和游俠的勇武特質雷同，造成邊郡的游俠盛行，則與人口、經濟無關。深究游俠產生的因素，其一是受到各地任俠風尚的影響，但是司馬遷紀錄穎川、河東的風俗時，跟本文歸納所得的游俠分布有些出入，顯示他的觀察或有偏失，也可能是二地民風逐漸轉變所致；另外，復仇風尚盛行，也是促成百姓任俠的因素。

總括所有游俠的生平活動，西達隴西郡，東至琅邪郡，北抵雁門、代郡，南到淮河、漢水，只有貴族官吏，因爲戰爭、遷徙、逃亡、官職和出使，才會跨越到淮、漢以南，九江、廣漢、吳、廣陵等地，讓他們的名聲由鄉里延伸到跨州連郡。相對的，平民百姓任俠者多以家鄉爲中心，涵蓋附近幾個郡國，而郭解是在政治力介入後，才會西遷茂陵、逃亡太原。

事實上，朝廷對游俠的態度，隨著在任皇帝不同而前後不一、上下層官員也不一致，如景、武帝對他們抱持負面態度，直接撲殺，後來的宣帝因年幼曾流落民間，和閭巷之俠過從甚密，從沒打壓游俠生存空間的作爲，甚至想拔擢陳遂擔任太原郡守，彌補過去在民間的人情。貴族官吏則將游俠當成賓客豢養著，其間多屬利益關係，而鮮少眞情義的流露。至於地方官吏，多因執行法律，糾舉游俠的不軌行徑，與百姓任俠者相對立。另一方面，漢初皇帝直轄郡縣與諸侯王國，形成地方行政的二元體系，游俠得以從中謀取個人利益，但在七國亂後，王國逐步削弱，公權力漸漸收攏朝廷，單軌化發展的結果，限制了游俠的出路，爾後獨尊儒術、通經致仕，誘導他們走入朝廷設計的軌道。

藉由睡虎地秦簡中的秦律，呂后二年實行的《二年律令》，乃至兩漢之交的《居延新簡》史料，觀察一般游俠的行爲，違反〈賊律〉、〈錢律〉、〈盜律〉、〈亡律〉、〈襍律〉等法律時，在輕罪重罰與逃亡加刑的狀況下，若非處以不同方式的死刑，就是城旦舂、腐刑、戍邊、罰錢等沉重的刑責，反逼使他們鋌而走險。加上西漢的人治色彩濃厚，裁決標準不一，平均兩年一次的赦令太過頻繁，不利於官吏緝捕、處置，只好靠特別敕令來補救部分司法缺失，儘管繩之以法不是完善的手段，總還能收到鎮靜一時之效。

單一手段無法解決問題時，西漢在兩百多年間也摸索出幾種手段，同時並進，如以徙民政策來監控豪暴、游俠等刁民，斬斷他們的土根性，其後因西漢晚期三輔地區人口飽和，任俠風尙傳播到關中，擾亂既有的民間秩序、京師治安惡化等缺失而停罷。另外，就是教育與選士制度的推行，經過長時間的潛移默化，加上游俠或其子孫們的自覺，逐漸將游俠馴化在公權力底下，矮化他們成爲鄉里間的勇武匹夫。至於官吏與游俠的妥協，雖然治標不治本，卻也能短期內消除游俠對社會秩序的破壞。

總結西漢的治俠手腕，採行因時、因地、因人制宜的多種方策，兼用剛柔並濟、恩威並施的步調，以縮小游俠在民間的支持基礎，貶抑其群眾代表性，讓他們不得不馴化到帝國體制內，間接造成游俠慢慢喪失特殊群體意識，而融入貴族、豪族與士族之流。到了最後，「任俠」只是個人行爲的表現，已不具備累積社會地位、威望的功能，加上任俠者本身兼具貴族、官吏、豪族等社會角色，凌駕在他們的「游俠」角色之上。因而，游俠的群體樣貌也逐漸隱形。

徵引資料

一、文　獻

1. 《儀禮》，臺北：藝文印書館，1997 年。
2. 《禮記》，臺北：藝文印書館，1997 年。
3. 《公羊傳》，臺北：藝文印書館，1997 年。
4. 《穀梁傳》，臺北：藝文印書館，1997 年。
5. （周）高明注，《帛書老子校注》，北京：中華書局，1996 年。
6. （周）莊子，郭象注，成玄英疏，郭慶藩集釋，《莊子集釋》第 4 冊，北京：中華書局，1961 年。
7. （周）呂不韋撰，《呂氏春秋》上，臺北：三民書局，1995 年。
8. （周）韓非著，王先愼集解，《韓非子集解》，北京：中華書局，1998 年。
9. （西漢）劉安撰，高誘注，何寧集釋，《淮南子集釋》下，北京：中華書局，1998 年。
10. （西漢）司馬遷，《史記》，北京：中華書局，1982 年，二版。
11. （東漢）班固，《漢書》，北京：中華書局，1962 年。
12. （東漢）荀悅，《漢紀》，北京：中華書局，2002 年。
13. （東漢）許愼，段玉裁注，《說文解字注》，臺北：藝文印書館，1997 年。
14. （劉宋）范曄，《後漢書》，北京：中華書局，1962 年。
15. （南北朝）列禦寇，嚴捷、嚴北溟譯注，《列子譯注》，臺北：文津出版社，1987 年。
16. （北宋）徐天麟，《西漢會要》，臺北：世界書局，1981 年，四版。
17. 睡虎地秦墓竹簡整理小組，《睡虎地秦墓竹簡》，北京：文物出版社，1978 年。

18. 甘肅省文物考古研究所、甘肅省博物館、文化部古文獻研究室、中國社會科學院歷史研究所編，《居延新簡》，北京：文物出版社，1990 年。
19. 連雲港市博物館、東海縣博物館編，《尹灣漢墓簡牘》，北京：中華書局，1997 年。
20. 張家山二四七號漢墓竹簡整理小組，《張家山漢墓竹簡〔二四七號墓〕》，北京：文物出版社，2001 年。
21. 張家山二四七號漢墓竹簡整理小組編，《張家山漢墓竹簡〔二四七號墓〕（釋文修訂本）》，北京：文物出版社，2006 年。

二、專　著

1. 沈家本，《漢律摭遺》上、中、下，臺北：臺灣商務印書館，1976 年。
2. 馮友蘭，《中國哲學史》，臺北：臺灣商務印書館，1993 年。
3. 陶希聖，《辯士與游俠》，臺北：臺灣商務印書館，1971 年。
4. 宋敘五，《西漢貨幣史初稿》，香港：香港中文大學出版社，1971 年。
5. 劉若愚著，唐發饒譯，《中國之俠》，上海：三聯書店，1967 年。
6. 劉偉民，《中國古代奴婢制度史》，香港：龍門書店，1975 年。
7. 孫鐵剛，《中國古代的士和俠》，臺北：臺灣大學歷史學研究所，1973 年。
8. 大庭脩，《秦漢法制史の研究》，東京：創文社，1982 年。
9. 譚其驤，《中國歷史地圖集》第 2 冊，上海：地圖出版社，1982 年。
10. 郭沫若，《十批判書》，收入《郭沫若全集》歷史編，第 1 卷，北京：人民文學出版社，1982 年。
11. 劉增貴，《漢代豪族研究——豪族的士族化與官僚化》，臺北：臺灣大學歷史學研究所，1985 年。
12. 劉慶柱、李毓芳，《西漢十一陵》，陝西：陝西人民出版社，1987 年。
13. 堀毅，《秦漢法制史論攷》，北京：法律出版社，1988 年。
14. 大庭脩，林劍鳴等譯，《秦漢法制史研究》，上海：上海人民出版社，1991 年。
15. 陳山，《中國武俠史》，上海：三聯書店，1992 年。
16. 張志和、鄭春元，《中國文史中的俠客》，北京：中國社會科學出版社，1994 年。
17. 曹正文，《中國俠文化史》，上海：文藝出版社，1994 年。
18. 汪湧豪，《中國遊俠史》，上海：上海文化出版社，1994 年。
19. 汪湧豪、陳廣宏，《江湖任俠》，臺北：漢揚出版公司，1997 年。
20. 嚴耕望，《中國地方行政制度史　甲部》，臺北：中央研究院歷史語言研究所，四版，1997 年。

21. 王齊，《中國古代遊俠》，臺北：臺灣商務印書館，1998 年。
22. 高敏，《睡虎地秦簡初探》，臺北：萬卷樓圖書有限公司，2000 年。
23. 趙沛，《兩漢宗族研究》，濟南：山東大學出版社，2002 年。
24. 葛劍雄，《中國人口史 第一卷》，上海：復旦大學出版社，2002 年。
25. 汪湧豪、陳廣宏，《俠的人格與世界》，上海：復旦大學出版社，2005 年。
26. 曹旅寧，《張家山漢律研究》，北京：中華書局，2005 年。

三、單篇論文

1. 宮崎市定，〈游俠に就て〉，《歷史と地理》第 34 卷 4～5 合號，京都：史學地理學同考會，1934 年，頁 286～305。
2. 陶希聖，〈西漢之客〉，《食貨半月刊》第 5 卷第 1 期，臺北：食貨雜誌社，1937 年，頁 1～6。
3. 勞榦，〈論漢代的游俠〉，《臺大文史哲學報》第 1 期，臺北：臺灣大學文學院，1950 年，頁 237～252。
4. 孫鐵剛，〈秦漢時代的士和俠的式微〉，《臺大歷史學報》第 2 期，臺北：臺灣大學歷史學系，1957 年，頁 1～22。
5. 冉昭德，〈關於《史記．游俠列傳》人物的評價問題〉，《光明日報》1964 年 6 月 3 日，北京：光明日報社，1964 年。
6. 吳汝煜，〈關於游俠的評價問題〉，《光明日報》1964 年 9 月 9 日，北京：光明日報社，1964 年。
7. 李慶善，〈試對史記游俠列傳中幾個主要人物進行階級分析〉，《史學月刊》1964 年第 11 期，開封：河南大學史學月刊編輯部，1964 年，頁 33～35。
8. 許倬雲，〈兩漢政權與社會勢力的交互作用〉，《中央研究院歷史語言研究所集刊》第 35 本，臺北：中央研究院歷史語言研究所，1964 年，頁 261～281。
9. 李思延，〈游俠批判〉，《歷史研究》1975 年第 4 期，北京：中國社會科學院，1975 年，頁 40～46。
10. 唐文標，〈劍俠千年已矣！〉，《中華文化復興月刊》第 9 卷第 5 期，臺北：中華文化復興運動推行委員會，1976 年，頁 41～44。
11. 楊聯陞著，段昌國譯，〈報——中國社會關係的一個基礎〉，《中國思想與制度論集》，臺北：聯經出版公司，1976 年，頁 349～372。
12. 甘肅居延考古隊，〈居延漢代遺址的發掘和新出土的簡冊文物〉，《文物》，1978 年第 1 期，北京：文化部文物管理局，1978 年，頁 1～25。
13. 錢穆，〈釋俠〉，《中國上古史論文選集》下，臺北：華世出版社，1979 年，頁 923～927。

14. 賴福順，〈漢初游俠新論〉，《簡牘學報》第 5 期，臺北：簡牘學會，1980 年，頁 317～328。
15. 張誠，〈秦始皇和漢武帝時遷民探析〉，《鄭州大學學報》哲學社會科學版，1990 年第 4 期，鄭州：鄭州大學，1990 年，頁 46～53。
16. 劉修明、喬宗傳，〈秦漢游俠的形成與演變〉，《中國史研究》1985 年第 1 期，北京：中國社會科學院歷史研究所，1985 年，頁 71～80。
17. 林聰舜，〈抗議精神的體現者 —— 游離於體制外，伸張「另一種正義」的游俠〉，《國文天地》第 3 卷第 12 期，臺北：國文天地雜誌社，1988 年，頁 63～67。
18. 王子今，〈說秦漢的「少年」與「惡少年」〉，《中國史研究》1991 年第 4 期，北京：中國社會科學院歷史研究所，1991 年，頁 97～106。
19. 汪湧豪，〈古代游俠日常生活之考究〉，《殷都學刊》1993 年第 4 期，安陽：安陽師範學院學報編輯部，1993 年，頁 48～54、70。
20. 增淵龍夫，〈漢代における民間秩序の構造り任俠的習俗〉，《一橋論叢》第 26 卷第 5 號》，譯文收入劉俊文等編，《日本學者研究中國史論著選譯》第 3 卷，北京：中華書局，1993 年，頁 541～560。
21. 紙屋正和，徐世虹譯，〈前漢時期縣長吏任用形態的變遷〉，《日本中青學者論中國史 —— 上古秦漢卷》，北京：中華書局，1995 年，頁 506～507。
22. 林蔚松，〈《史記》、《漢書》〈游俠列傳〉之比較研究 —— 兼論漢代游俠興廢的歷史意義〉，《輔大中研所學刊》第 6 期，臺北：輔仁大學中國文學系，1996 年，頁 17～37。
23. 陳惠芯，〈漢代社會中游俠階級屬性之探討〉，《史苑》第 59 期，臺北：輔仁大學歷史學系，1999 年，頁 1～21。
24. 王建，〈張家山漢簡《二年律令・津關令》簡釋〉，《楚地出土簡帛文獻思想研究（一）》，武漢：湖北教育出版社，2002 年，頁 316～341。
25. 廖伯源，〈漢官休假雜考〉，《秦漢史論叢（增訂本）》，北京：中華書局，2008 年，頁 256～287。

兩漢人口移動之研究

洪武雄　著

作者簡介

洪武雄，1961 年生，台灣省彰化縣人。1983 年東吳大學歷史系畢業、1987 年東海大學歷史研究所碩士班畢業。曾任東海大學、弘光科技大學、大葉大學兼任講師。現任中國醫藥大學通識教育中心副教授。著有《蜀漢政治制度史考論》及相關論文數篇。

提 要

兩漢時期，在一般情況下，人民並沒有遷徙的自由，但人口移動的現象卻史不絕書。在眾多人口移動的例子中，如果加以分門別類，可以分為：(一）強幹弱枝政策下的遷徙、(二）罪犯的遷徙、(三）飢餓導致的遷徙、(四）戰亂導致的遷徙。如以遷徙的動機而言，則前兩類是來自朝廷既定政策下的強制執行；後兩類則是天災人禍下，因生存環境遭受破壞後所導致。就遷徙的人數而言，後兩類遠超過前兩類，尤其是飢餓導致的遷徙更是屢見不鮮。天災誠然是農民流亡的最直接因素，但商人剝削、貪官污吏和賦稅制度的不合理，卻是腐蝕農民無力抵抗天災的根本原因。西漢時，藉著遷徙各種人力至關中和西北地區，得以解決內亂和外患的兩大隱憂，就當時的政策目的而言是成功的。但強制的力量消退後，溫高雨多的江南和嶺南地區，無疑才是飢民求取溫飽、免於凍餒的首選。三國以後，南方的奮起，可由兩漢時期人口的移動中得其端倪。

目次

第一章　緒　論……1
第二章　朝廷強制下的遷徙……3
　第一節　強幹弱枝政策下的遷徙……3
　第二節　罪犯的遷徙……10
第三章　環境破壞下的遷徙……23
　第一節　饑餓導致的遷徙……23
　第二節　戰亂導致的遷徙及其它……31
第四章　農民流亡原因的探討……39
　第一節　農民的收入……40
　第二節　農民的支出……45
　第三節　農民流亡的原因……48
第五章　人口遷徙的影響……51
　第一節　人力的流動……51
　第二節　地方的開發……56
第六章　結　論……63
附表一：〈西漢徙民關中表〉……65
附表二：〈兩漢諸侯王罪遷表〉……69
附表三：〈東漢減死罪一等戍邊表〉……71
參考書目……73

第一章　緒　論

兩漢時期，在一般情況下，人民並無遷徙的自由；不僅邊人不得內徙，〔註 1〕其它地區的住民也不得任意遷徙。如陳湯「妻家在長安，兒子生長長安，不樂東方，宜求徙」；〔註 2〕張博爲淮陽憲王舅，「後王上書，請徙外家張氏於國」。〔註 3〕湯、博雖爲高官高爵，但欲遷徙仍需上意准許乃能成行。至如一般民眾更無遷徙自由，只有在皇帝特許的情形下，方能遷徙它地。如景帝元年（西元前 156 年）詔：「其議民欲徙寬大地者，聽之」；〔註 4〕又如章帝元和元年（西元 84 年）詔：「其令郡國募人無田欲徙他界就肥饒者，恣聽之」。〔註 5〕至於未得政府許可的遷徙，則爲法令所禁。〔註 6〕在遷徙並不自由的情況下，理論上，遷徙的人數應該不太多。然而，實際上，兩漢時期人民的遷徙卻史不絕書。

在眾多的遷徙例子中，如果予以分門別類，遷徙的類型可分爲：（一）強幹弱枝政策下的遷徙、（二）罪犯的遷徙、（三）飢餓導致的遷徙、（四）戰亂導致的遷徙。如再以促使遷徙的動力區別之，則前兩類的動力來自朝廷的強制執行；後兩類則因生存環境遭受破壞所致。

上述幾類遷徙中，最爲時人注意的，可能是飢餓導致的遷徙，其中主體乃是廣大的中小農民。在以農立國的社會中，農民流亡必然導致農產的損失。

〔註 1〕《後漢書・張奐傳》，卷六十五，頁 2140。
〔註 2〕《漢書・陳湯傳》，卷七十，頁 3023。
〔註 3〕《漢書・宣元六王傳》，卷八十，頁 3312。
〔註 4〕《漢書・景帝紀》，卷五，頁 139。
〔註 5〕《後漢書・章帝紀》，卷三，頁 145。
〔註 6〕《後漢書・陳忠傳》，「亡逃之科，憲令所急」，卷四十六，頁 1558。

兩漢時期，農民流亡的情形幾乎隨時隨處可見，除了天災的影響外，還有什麼因素導致農民不斷地因衣食不足而流亡它地？

不論是那種類型的遷徙，可說都是人口的再分配。人口的分配則影響到人力的運用和地方的開發。兩漢時期，關中及西北地區的開發與衰退，江南及嶺南的逐漸開發，關東地區墾田數的增加，在在都和人力的遷移有密切關係。

在兩漢人民遷移的過程中，除了對當時造成諸多影響外，對於後代的一些歷史現象，似乎也可提供一些解釋。例如魏晉時期大族庇廕人口的現象；西北地區開發的時起時落，和長江以南的持續開發，都可從兩漢人民遷移的現象中獲取一些啓示。

本文先就遷徙的形態加以描述，包括遷徙者的類別、朝廷的措施等，由於促使遷徙的力量不盡相同，因此，分爲朝廷強制下的遷徙和生存環境改變下的遷徙兩部分。再者，農民流亡的因素頗爲複雜，亦爲漢代社會研究的一大課題。因此，別立篇章加以探討，從一般農民的收支問題入手，旁及賦稅制度的缺失及豪強兼并等問題，探討農民時時流亡的原因。其後，探討人口遷徙對當時社會所造成的影響。最後，檢討兩漢人民遷移對後代歷史的影響。

本文撰述期間，承蒙管師東貴悉心指導，在此特致謝意。唯個人才力時間兩限，不免有疏漏舛誤之處，敬祈方家不吝指正。

第二章　朝廷強制下的遷徙

第一節　強幹弱枝政策下的遷徙

自戰國以降，關東、關西之對抗已成趨勢；就地方形勢而言，關西居高臨下，易守難攻，居於優勢。〔註1〕就經濟力量而言，關東平原居多，農業經濟力量則優於關西。〔註2〕到了戰國末年，秦統一天下的大勢，大抵底定，然而也在此時，關中的糧食供應已有不足的現象，必須由巴、蜀補充。〔註3〕因此，以咸陽爲首都的秦帝國，要想牢牢地控制關東，經濟方面的劣勢必須加以補強。最佳的辦法則莫過於取資於「敵」，一則補強自己，一則削弱關東；因此，秦統一天下後，關東糧食即源源不斷地溯黃河西上，運往關中及其鄰近各地。〔註4〕除此之外，也積極打擊六國原有之地方勢力，始皇二十六年（西元前 221 年），「徙天下豪富於咸陽十二萬戶」，〔註5〕雖然，打擊豪強的政策

〔註 1〕關西佔地理上之優勢，時人知之甚明，韓生、婁敬、張良、田肯等皆曾論及，參見《史記・項羽本紀》，卷七，頁 315；〈高祖本紀〉，卷八，頁 382；〈劉敬傳〉，卷九十九，頁 2717。

〔註 2〕參見史念海，〈秦漢時代的農業地區〉，收入氏著《中國史地論稿》，頁 192（弘文館出版社，台北，民國 75 年 1 月，初版）；勞榦，〈兩漢戶籍與地理之關係〉，收入氏著《勞榦學術論文集甲編》，頁 6～7（藝文印書館，台北，民國 65 年 10 月，初版）

〔註 3〕史念海，前引文，頁 184。

〔註 4〕史念海，前引文，頁 175。

〔註 5〕《史記・秦始皇本紀》，卷六，頁 239。

在秦朝實施得並不成功，然而強幹弱枝的理念，秦朝已著其先機。

漢帝國建立後，東西對抗的形勢依然不變。異姓諸侯王之勢力對帝國之生存構成威脅。高祖初都洛陽，劉敬說以關中形勝，〔註6〕張良更以簡捷有力的說詞促使高祖即日西遷：

> 夫關中，……，阻三面而守，獨以一面東制諸侯。諸侯安定，河渭漕輓天下，西給京師；諸侯有變，順流而下，足以委輸。〔註7〕

留侯一方面說出關中可攻可守的地利，一方面也道出由關東補給京師糧食的實情。和秦代立都咸陽相比，漢立長安所面臨的關西經濟不足，關東情勢不穩的問題並無異處。因此，除了「河渭漕輓天下，西給京師」外，遷徙關東大族於關中，以達到控制地方勢力的政策，亦如秦時故事。劉敬是此「彊本弱末之術」的倡議者。〔註8〕高祖九年（西元前198年），「徙齊、楚大族昭氏、屈氏、景氏、懷氏、田氏五姓關中」，〔註9〕人數多至十餘萬口。〔註10〕

自高祖九年起至成帝永始二年（西元前15年）罷昌陵，還徙家止。彊本弱末的政策大抵仍爲諸帝所採用，「後世世徙吏二千石，高貲富人及豪桀并兼之家於諸陵。蓋亦以彊幹弱枝，非獨爲奉山園也」。〔註11〕

在這一百八十餘年中，爲了達成強幹弱枝的目的而徙關東大族至關中的次數多少？遷徙的對象？遷徙的意願等？都是必須再加探討的。

關於次數方面，班固〈兩都賦〉曰：「三選七徙」，似乎西漢時期曾七次徙民以實關中；〔註12〕賀昌群先生則據諸帝本紀，以爲自高祖至元帝前後共九次。〔註13〕至於實際遷徙的次數，如果把成帝徙民昌陵，終以不成之事也包括在內的話，至少也在十一次之多。茲將西漢一代徙民以實關中的次數、時間表列如下：

〔註6〕《史記·劉敬傳》，卷九十九，頁2716。
〔註7〕《史記·留侯世家》，卷五十五，頁2044。
〔註8〕《史記·劉敬傳》，卷九十九，頁2720。
〔註9〕《漢書·高帝紀》，卷一下，頁66。
〔註10〕同註8。
〔註11〕《漢書·地理志》，卷二十八下，頁1642。
〔註12〕《後漢書·班彪傳》，卷四十上，頁1338。參見許倬雲，〈西漢政權與社會勢力的交互作用〉，收入氏著《求古編》，頁463（聯經出版公司，台北，民國73年3月，再版）。
〔註13〕賀昌群，《論兩漢土地佔有形態的發展》，頁26（人民出版社，上海，1956年2月）。

時　間	對　象	賞　賜	備　註	資料來源
高　祖 九　年	徙齊、楚大族昭氏、屈氏、景氏、懷氏、田氏五姓關中	與利田宅		《漢書》 1 下／66
惠　帝	徙關東倡優樂人五千戶於安陵			《漢書補注》 28 上／38
孝　景 五　年	募徙陽陵	予錢二十萬		《漢書》 5／143
武　帝 建元三年	徙茂陵	戶錢二十萬，田二頃		《漢書》 6／158
元朔二年	徙郡國豪傑及訾三百萬以上于茂陵			《漢書》 6／170
太始元年	徙郡國吏民豪桀于茂陵雲陵		師古以爲雲陵爲雲陽之誤	《漢書》 6／205
昭　帝 始元三年	募民徙雲陵	賜錢田宅		《漢書》 7／221
始元四年	徙三輔富人雲陵	賜錢戶十萬		《漢書》 7／221
宣　帝 本始元年	募郡國吏民訾百萬以上于平陵	二年，以水衡錢爲平陵，徙民起第宅		《漢書》 8／239、242
元康元年	徙丞相、將軍、列侯、吏二千石，訾百萬者杜陵			《漢書》 8／253
成　帝 鴻嘉二年	徙郡國豪傑貲五百萬以上五千戶于昌陵		永始二年，昌陵不成，還徙家	《漢書》 10／317、322

由表中可看出，武、昭、宣三代，徙陵的次數各在兩次以上，較諸漢初高祖、惠帝、景帝各以一次爲限的情況頻繁。到了元帝時，徙民實陵已經變成一種慣例。不論官吏或百姓都認爲新皇帝即位必有徙民實陵的舉措，因此，當元帝即位已八年（永光四年），卻仍遲遲未有實陵之舉時，有司即「緣臣子之義，奏徙郡國民以奉園陵」，元帝不同意，也慎重其事地「布告天下，令明知之」，使天下吏民「亡有動搖之心」。〔註 14〕成帝時，昌陵五年不成，還徙家，徙民實陵之政策又爲之一挫。哀帝時，再度下詔勿徙郡國民，〔註 15〕西漢一代強幹弱枝的政策才眞正劃下休止符。

西漢諸帝中唯一的例外是文帝，既沒有如元、哀兩帝明令天下不徙陵之記載，也未見有遷徙之記錄。和惠帝徙陵之事相比，兩者都未見於本紀之記

〔註 14〕《漢書・元帝紀》，卷九，頁 292。
〔註 15〕《漢書・哀帝紀》，卷十一，頁 340。

載，但「關中記」記載了惠帝時徙陵之事，而且有爰盎、馮唐兩人其父徙安陵的例子可資證明；〔註 16〕文帝則兩者皆付闕如。儘管西漢諸帝有徙陵之慣例，但在沒有任何資料可資證明的情況下，我們只好說文帝可能是唯一的例外。而造成這個例外的原因，或許與文帝尚儉，「治霸陵，皆瓦器，因其山，不起墳」〔註 17〕的作風有關罷！

東漢時，國都東遷，政治和經濟中心合而爲一。關中的地位淪爲關東之外圍，〔註 18〕東西對抗的緊張局面不復如秦及西漢時；再者，東漢政權與豪強的關係由打擊變爲合作，〔註 19〕使得強幹弱枝的實陵政策，不再爲當政者所襲用。雖然東漢亦有人「徙竟陵」，〔註 20〕然此舉大抵可視爲個別事件，已非西漢時大規模徙民實陵之事可比。

對於徙陵的對象，時人曾作過不少概略性的敘述，其中最簡捷清楚的是班固所說的「爲吏二千石，豪桀并兼之家及高訾富人」，其所謂之「三選」，亦類此。〔註 21〕

由前表所見，除了惠帝時及幾次沒有明確列出遷徙對象外，餘者大抵不出「三選」之範圍。實際上，惠帝徙陵的對象也不僅止於五千戶的關東優人，如前文提及徙安陵的爰盎、馮唐，絕非倡優樂人。爰盎之父「故爲群盜，徙安陵」，顏師古注曰：「群盜者，群眾相隨而爲盜也」，其身分大抵類屬地方豪強；〔註 22〕馮唐祖父爲戰國時趙之將率，父隨代王嘉徙代，爲代相，馮氏爲代地強宗蓋無疑。〔註 23〕

〔註 16〕《史記・袁盎傳》，卷一〇一，頁 2737；〈馮唐傳〉，卷一〇二，頁 2757。

〔註 17〕《漢書・文帝紀》，卷四，頁 134。

〔註 18〕許倬雲，〈漢代中國體系的網絡〉，收入《中國歷史論文集》，頁 13、23（臺灣商務印書館，台北，民國 75 年 1 月，初版）。

〔註 19〕余英時，〈東漢政權之建立與士族大姓之關係〉，收入氏著《中國知識階層史論》，頁 177～184（聯經出版公司，台北，民國 69 年 8 月，初版）。

〔註 20〕《後漢書・劉焉傳》，焉之先人，「肅宗時，徙竟陵」，卷七十五，頁 2431。竟陵，肅宗之陵邑也，〈和帝本紀〉作敬陵，卷四，頁 166。

〔註 21〕《史記・貨殖傳》曰：「徙豪傑諸侯、彊族於京師」，卷一二九，頁 3261；《後漢書・趙岐傳》注引〈三輔決錄序〉曰：「世世徙公卿吏二千石及高貲，皆以陪諸陵。」卷六十四，頁 2124。班固之說見《漢書・地理志》，卷二十八下，頁 1642；又《後漢書・班彪傳》：「七相五公，與乎州郡之豪桀，五都之貨殖，三選七遷，充奉陵邑，蓋以彊幹弱枝，隆上都而觀萬國」，卷四十上，頁 1338。

〔註 22〕《漢書・爰盎傳》，卷四十九，頁 2267。

〔註 23〕《漢書・馮唐傳》，卷五十，頁 2312～2313。

至於孝景五年（西元前 152 年）、建元元年（西元前 140 年）、始元三年（西元前 84 年）時，沒有明確標示出徙陵對象，也並不即意味全國民眾都有徙至諸陵的資格。這三次徙陵皆曾賜予徙家金錢、土地，最高達戶錢二十萬，田二頃，如果不對徙陵者的資格加以限制的話，只怕會有成千上萬的貧民爭相徙陵。文帝時，中人之家的產業也不過十萬之度，〔註 24〕「錢二十萬，田二頃」的利誘，當足以使不少人願離鄉背井，遠徙異地而不覺其苦。因此，朝廷所募之「民」，大概仍有某種標準的限制，絕非一般黎民所能項望。

兩漢書中尚有不少徙陵的實例，除了少數例子以寵幸徙陵外，〔註 25〕餘者大抵都具備了班固所謂的「三選」資格。（參見附表一）。

如前所述，劉敬提出的強幹弱枝政策主要目的在於打擊關東豪強，嗣立諸帝也以奉山園的名義，實際繼承了強幹弱枝的精神。徙陵的對象以關東籍為主，自可想見。元帝下詔勿徙民實陵，詔曰：「是以東垂被虛耗之害」，〔註 26〕成帝時陳湯上書請徙民實陵，言「天下民不徙諸陵三十餘歲矣，關東富人……，可徙初陵，以彊京師，衰弱諸侯。」〔註 27〕都把徙陵的對象和關東人士相提並論，更反映了徙陵者以關東籍為主的實情。附表一中，除兩個不明原籍外，其餘的四十七個實例中，關東籍佔三十七個，比例約百分之七十九，如果把其父祖本籍關東，後隨陵而徙者，如石奮、張敞、杜延年，也算為關東籍，則比例更高達百分之八十七。〔註 28〕

關於徙陵者的意願，也是一個眾說紛紜的問題。主要關鍵在於問題的答案不是絕對的是與否。史書所見的例子，有被迫遷徙者，如郭解；〔註 29〕有願為天下先，自求徙陵，如陳湯者流。〔註 30〕正因為雙方面都有證據支持，

〔註 24〕《漢書・文帝紀》，卷四，頁 134。

〔註 25〕《漢書・佞幸傳》謂籍孺、閎孺「以婉媚貴幸，與上臥起。……，兩人徙家安陵」，又，景帝時郎中令周仁為上寵臣，然亦官至中二千石，其徙非只為帝之寵臣，卷九十三，頁 3721。

〔註 26〕《漢書・元帝紀》，卷九，頁 292。

〔註 27〕《漢書・陳湯傳》，卷七十，頁 3023。

〔註 28〕歷來討論關東、關西以何區域分野者相當多，參見邢義田，〈試釋漢代的關東、關西與山東、山西，及補遺〉，《食貨月刊》十三卷 1、2 期合刊，3、4 期合刊（民國 72 年 5 月 1 日、7 月 1 日出版）。本文所謂之關東、關西，從邢先生之廣義界定，即關東泛指六國舊地，關西則指秦地，包括巴、蜀在內。《食貨月刊》十三卷 1、2 期合刊，頁 23～27。

〔註 29〕《史記・游俠傳》，卷一二四，頁 3187。

〔註 30〕《漢書・陳湯傳》，卷七十，頁 3024。

因此學者對此問題所作的努力也在於區別何者是自願的？何者是被迫的？或者說何時是自願的？何時是被迫的？前一種區分偏向以身分背景爲標準，如勞榦先生早先以爲「功臣和吏二千石願意遷徙於諸陵，而豪桀并兼之家卻不是願意的」，〔註 31〕稍後修正爲：「除去了比較貧乏而在社會上有力的人（如郭解之流）以外，大都是比較情願的。」〔註 32〕後一類區分法則是以時間因素作標準，如許倬雲先生以爲高帝後，嗣立諸帝大率「募」民徙陵，顯然未用強迫手段，武帝初立茂陵時，似乎也未強迫遷徙。〔註 33〕然而這兩種區分法對西漢徙陵者的意願的判斷似乎都不夠完整。〔註 34〕

歷來討論徙陵事件常將「奉山園」視爲一種口號，實際上，似乎應獲得更高的注意。在諸帝的心目中，除了強本弱末政策的實踐外，徙民以奉山園似乎也具備了精神上的需求，如諸帝大抵都重視陵園的營造，〔註 35〕又如惠、景兩帝在實陵的行列中，刻意加入了不少寵臣，〔註 36〕多少都反映了這種現象；而最能證明「奉山園」在徙陵事件中之實際意義者，莫過於張安世於武、昭、宣三世隨陵而徙，及杜周、杜延年父子，韋賢、韋玄成父子，張孺、張敞祖孫隨所事帝而徙陵（參見附表一）。這些人第一次遷至諸陵時，或可歸之於強本弱末下之結果，但其後第二次，甚且第三次在諸陵中轉徙，卻不能再單純的以強本弱末加以解釋。這些人已居諸陵，所謂的本末之分難以再加諸其身，基本上，似乎可將這些例子歸之於爲「奉山園」而徙，而非爲了強本弱末而徙了。元帝永光四年（西元前 40 年）下詔勿徙郡國民時，曾說：「頃

〔註 31〕勞榦，前引文，頁 21。

〔註 32〕勞榦，〈漢代的豪彊及其政治上的關係〉，《清華學報：慶祝李濟先生七十歲論文集》（上）（民國 54 年 9 月），頁 34。

〔註 33〕許倬雲，〈西漢政權與社會勢力的交互作用〉，《求古編》，頁 463。

〔註 34〕勞榦先生以爲功臣和吏二千石願意遷徙於諸陵，然而，宣帝時，韋玄成徙杜陵大抵就不是志願的，參見《漢書・韋賢傳》，卷七十三，頁 3115，玄成官至丞相。再者，功臣和吏二千石如願意徙陵，想來是有利可圖，如此他們當極力贊成朝廷徙民實陵，但從元帝下詔勿徙郡國民及成帝時陳湯主張再度徙陵，願爲天下先之舉動看來，主張徙陵者並不多，可見功臣和吏二千石也並不太願意徙陵（詳後）。許倬雲先生以諸帝「募」民徙陵，強調漢初諸帝並不強迫徙陵，然許先生似乎也不太確定。如其推測武帝初立茂陵時，似乎也未用強迫手段。但是，武帝一朝三次徙民實陵，史書所見皆爲「徙」民，而無「募徙」，則武帝時當皆爲強迫徙陵，不應有所異致。

〔註 35〕《漢書・陳湯傳》，卷七十，頁 3023～3024。

〔註 36〕《漢書・佞幸傳》，卷九十三，頁 3721。

昔有司緣臣子之義，奏徙郡國民以奉園陵」，〔註 37〕「奉山園」與「臣子之義」的關係相當清楚地呈現出來。

就文字看來，單用「徙」字給人的感覺較爲強硬，「募徙」則似乎較爲溫和。然而不論中央所用的字眼是「募徙」或「徙」，對徙陵者的意願而言影響可能並不大。在所有的徙陵者中，上述隨帝而徙陵者，所佔的比例相當的小，絕大部份的徙陵者還是來自地方。地方長吏無疑地扮演了重要的角色，在徙陵的「三選」對象中，除了吏二千石外，豪強與富貲的認定並無清楚的標準，或許只有地方上的長吏較能清楚的掌握，也就是說地方長吏對於誰有資格或誰應該徙陵比較了解。在討論徙陵者的意願性之前，或許下面的簡單推論有助於問題的討論：假設徙陵到關中是利多於弊，希望徙陵者的人數當不少；反之，弊多於利，則願意徙陵者可能就很少了。許倬雲先生以爲元帝永光四年（西元前 40 年）下詔勿徙郡國民可能是東方的大族不願遷徙，而他們此時在中央已有發言權所促成的；〔註 38〕再者，陳湯勸成帝再徙豪族關中時，自許願爲天下先，〔註 39〕可見大部份的人並不願意徙陵，所以才需要有人出面喊出願爲天下先的口號。

既然大多數的人並不願意徙陵，如果完全採用自由應募的方式徙陵，人數可能不多。然而一個陵邑的營造，可能已經考慮到要徙多少人來奉山園，人數太少，可說是對皇帝的不敬，於臣子之義也有所虧損。因此，除了少數以爲徙陵爲有利可圖、自願徙陵外，爲了湊齊奉陵所該有的人數，除了採取強迫的手段外，別無它策。於是，我們可看到：上自朝廷上的中二千石，下至地方上的豪強富貲都有被迫徙陵的例子。〔註 40〕其中，尤以地方官吏對所在豪強的壓力更爲直接。雖然沒有資料顯示每個郡縣必須負責多少徙陵的名額，然而，地方官在此事中承受了不少壓力是可以想見的。一方面他們負有打擊豪強勢力的責任，徙陵的目的正是爲此；再者，徙民實陵是基於臣子之義，就如同地方上有珍品異物是必須上貢一般。種種的壓力都迫使他們再將這些壓力轉附到豪強身上，迫使其徙陵。郭解被迫徙陵的例子，提供了不少映證的資

〔註 37〕《漢書·元帝紀》，卷九，頁 292。

〔註 38〕許倬雲，前引文，《求古編》，頁 480。

〔註 39〕《漢書·陳湯傳》，卷七十，頁 3024。

〔註 40〕《漢書·韋賢傳》曰：「初，賢以昭帝時徙平陵，玄成別徙杜陵，病且死，因使者自白曰：『不勝父子恩，願乞骸骨，歸葬父墓。』上許焉。」玄成大概並不是很願意徙陵的，卷七十三，頁 3115。至於地方豪強被迫而徙，郭解爲最著名的例子，詳下文。

料，「及徙豪富茂陵也，解家貧，不中訾，吏恐，不敢不徙。」〔註41〕吏之所以恐，可能是基於郭解爲天下聞名之游俠，不徙有虧職守，徙之則恐遭報復。吏終不敢不徙，亦可見地方官吏在此事中所受之壓力，地方官吏對所在豪傑採取強硬手段亦屬不得不然。

以西漢之地方行政系統而言，可能是郡守在接到中央徙民實陵的命令後，再將詔文行諸所轄各縣，各縣再提供符合徙陵標準之人選。如郭解爲河內軹人，其徙茂陵，乃縣掾「舉徙解」。〔註42〕各縣在提供人選時，可能也附上此人選是以何標準舉，附表一中所見之「以吏二千石徙」、「以豪桀役使徙」、「以豪宗徙」、「以訾徙」等，可能即指此而言。

由於徙陵關中弊多於利，自願徙陵的人數並不多。爲了湊齊實陵所必須之人數，在自動應募的人數外，不得不採取強迫的手段，這種情況各朝皆然。因此，不論諸帝是「徙」或「募徙」民實陵，總是免不了有少數自願的及大部分被迫遷徙的分野。

第二節　罪犯的遷徙

三代刑名有所謂流、放者，杜預注曰：「宥之以遠曰放」，正義曰：「流謂徙之遠方，放使生活」，其義所差無幾，有時且混爲一用。所施用之對象，大抵爲政治上失敗的一方，基於「刑不上大夫」的精神，將其放諸四夷，使不預中國之事。〔註43〕及至秦朝，未有流放之刑，轉變爲秦律中之署（遷）刑。由出土的睡虎地竹簡看來，遷刑適用的對象較諸流放之刑更爲擴大。有失職的官吏，如「故大夫斬首者，署（遷）」、「吏自佐、史以上負從馬、守書私卒，令市取錢焉，皆署（遷）」、「百姓不當老，至老時不用請，敢爲酢（詐）僞者，貲二甲；典、老弗告，貲各一甲，伍人，戶一盾，皆署（遷）之」、〔註44〕「嗇夫不以官爲事，以奸爲事，論可（何）毆（也）？當署（遷）」；〔註45〕有五人以下爲盜，不盈二百廿錢以下至一錢者，遷之；〔註46〕另一類則是身染惡

〔註41〕《史記・游俠傳》，卷一二四，頁3187。
〔註42〕《史記・游俠傳》，卷一二四，頁3188。
〔註43〕參見沈家本，《歷代刑法分考》，卷九、卷十（台灣商務印書館，台北，民國65年10月，台一版）。
〔註44〕《睡虎地秦墓竹簡・秦律雜抄》，頁131、133、143（文物出版社，1978年）。
〔註45〕〈法律答問〉，前引書，頁177。
〔註46〕〈法律答問〉，頁150。

疾，如癘、宁毒言，不論是否有罪，皆應遷至特殊遷所，加以隔離，以免傳染給他人。〔註47〕由竹簡的記載看來，似乎遷徙所及之罪名及對象甚爲明確。然而從史籍的記載而言，則遷刑所適用的對象更爲廣泛，且常以遷刑的時機及目的爲導向，加以運用。究其目的，大抵有二：一、是軍事國防上的目的，昭襄王時期，秦在東方掠得不少新領土，在軍事上取得勝利的同時，常赦罪人徙至新領地。昭襄王二十一年（西元前 286 年），「魏獻安邑，秦出其人，募徙河東賜爵，赦罪人遷之」；二十六年（西元前 281 年），「赦罪人遷之穰」；三十七年（西元前 280 年），司馬錯政楚，「赦罪人遷之南陽」；二十八年（西元前 279 年），白起攻楚，「取鄢、鄧，赦罪人遷之」。〔註48〕在秦統一天下之前，這些地方都是秦的東方邊界，秦赦免本非遷刑的罪人遷往東方，一方面可開發新領地、鞏固國防；另一方面，這些據點又可作爲東進的前哨。及秦統一天下，此種模式的遷民，繼續被襲用，北取河套地，「徙謫，實之初縣」；〔註49〕南向略定楊、越，置三郡，「以謫徙民」。〔註50〕二、是政治上的目的，此項遷民與三代流放之刑，目的相似，都是要打擊政治上原有勢力者。昭襄王五十年（西元前 257 年），白起與范雎鬪爭失敗後，免爲庶人，「遷陰密」；〔註51〕秦王政即位後，朝中政潮洶湧，失敗的一方，除主要人物誅死外，黨羽大抵都遭遷至邊地。八年（西元前 239 年），「王弟長安君成蟜將軍擊趙，反，死屯留，軍吏皆斬死，遷其民於臨洮。」〔註52〕九年（西元前 238 年），嫪毒作亂，事敗，「車裂以徇，滅其宗。及其舍人，輕者爲鬼薪，及奪爵遷蜀四千餘家，家房陵」；〔註53〕十一年（西元前 236 年），呂不韋自殺，舍人窃葬，「其舍人臨者，晉人也逐出之；秦人六百石以上奪爵，遷；五百石以下不臨，遷，勿奪爵。」〔註54〕這些本來盤據咸陽，可能位居要津者，一旦遠遷邊城，無形中化解了其對朝政的影響力。當朝政重新穩固，遷徙者失去原有影響力後，也就是「遷」刑目的達成後，遷徙者再度回到故籍，也就不再是

〔註47〕〈法律答問〉，頁 204 及頁 276～277。
〔註48〕《史記・秦本紀》，卷五，頁 212～213。
〔註49〕《史記・秦始皇本紀》，卷六，頁 253。
〔註50〕《史記・南越傳》，卷一一三，頁 2967；另，《漢書・高帝紀》亦云：「秦徙中縣之民南方三郡，使與百粵雜處。」卷一下，頁 73。
〔註51〕《史記・白起傳》，卷七十三，頁 2337。
〔註52〕《史記・秦始皇本紀》，卷六，頁 224。
〔註53〕《史記・秦始皇本紀》，卷六，頁 229。
〔註54〕《史記・秦始皇本紀》，卷六，頁 231。

舉足輕重之事。此所以當嫪毐、呂不韋皆遭誅死，始皇親掌權位後，乃有可能「皆復歸嫪毐舍人遷蜀者。」〔註 55〕秦滅六國後，帝國統一，但六國遺裔仍然各自在本國留有影響力。為了解除其在地方上的勢力，秦亦將遷刑施用在六國大族上，以確保政治的安定。這些人大抵可分為兩類：一、是六國王族後裔，二、是東方富豪。秦滅韓，韓別支平氏徙下邑；〔註 56〕滅趙，趙王遷流於房陵；〔註 57〕趙將馬服君趙奢後，遷至咸陽；〔註 58〕漢時萬石君父趙人，徙居溫；〔註 59〕滅魏，魏王假東徙豐，〔註 60〕別支馮氏遷於湖陽，為郡族姓，〔註 61〕魏大夫劉氏先徙大梁，再徙沛；〔註 62〕滅楚，徙楚莊王之族於嚴道，〔註 63〕大姓則分徙各地，班固先人遷晉、代之間，〔註 64〕權氏、上官氏則分別遷至隴西天水、上邽，〔註 65〕柳氏遷於河東；〔註 66〕滅齊，齊王建遷於共。〔註 67〕秦遷六國大族，可能以強迫而不迫害的手段為之，因此，可以保留一些財產，如班固先人始皇二十四年（西元前 223 年）遷晉、代之間，始皇末年已「致馬牛羊數千群，以財雄邊」；〔註 68〕仕宦之途也可能對其開放，如趙奢孫興仕至秦右內史。〔註 69〕對於東方富豪的打擊，亦以一連串的遷徙為手段，滅韓後，「徙天下不軌之民於南陽」，這些不軌之民可能包括高貲富

〔註 55〕《史記・呂不韋傳》，卷八十五，頁 2513。

〔註 56〕《通志・氏族略第三》，頁 41（收入楊家駱主編，《史學叢書》第一集第二冊，世界書局，台北，民國 45 年）。

〔註 57〕《史記・趙世家》，卷四三，頁 1832。

〔註 58〕參見《廣韻・上聲》，卷三，頁 381（世界書局，台北，民國 49 年 11 月，初版）；《新唐書・宰相世系表》，卷七十二下，頁 2722；《通志・氏族略第三》，頁 41。

〔註 59〕《史記・萬石君傳》，卷一〇三，頁 2763。

〔註 60〕《史記・高祖本紀》，《集解》引文穎說，卷八，頁 353；《漢書・高帝紀》，卷一下，頁 81。

〔註 61〕《後漢書・馮魴傳》，卷三十三，頁 1147。

〔註 62〕《新唐書・宰相世系表》，卷七十一上，頁 2244。

〔註 63〕《太平御覽》，卷一百六十六，頁 6（臺灣商務印書館，台北，民國 64 年 4 月，臺三版）。

〔註 64〕《漢書・敘傳》，卷一〇〇上，頁 4197。

〔註 65〕《新唐書・宰相世系表》，卷七十五下，頁 3391；《通志・氏族略第三》，頁 40。

〔註 66〕《新唐書・宰相世系表》，卷七十三上，頁 2835。

〔註 67〕《史記・田敬仲完世家》，卷四十六，頁 1902。

〔註 68〕同註 64。

〔註 69〕同註 58。

商及游俠弄武之輩，以致南陽地區「其俗夸奢，上氣力，好商賈漁獵，藏匿難制御也」；〔註 70〕滅魏、趙之後，以冶鐵爲業之巨賈，也紛紛被迫徙居他地，梁人孔氏遷於南陽，趙人卓氏、程鄭遠遷巴蜀。〔註 71〕

秦帝國建立後，以原有影響力者爲對象，以控制東方社會爲目的的遷徙，一方面使他們脫離固有的有利環境，比較容易重建一個以秦爲中心的政治、社會環境；另一方面也可割斷鹽鐵工商業主對東方的經濟影響力，對秦王朝而言是有其必要的。〔註 72〕然而從陳勝、吳廣揭竿而起後，六國遺裔紛紛復國的結果看來，秦在此方面的努力，成效並不大。追究其因，一方面可能是帝國建立的時間太短，秦人與原六國人仍有歧見；〔註 73〕再者，六國遺族也蓄意改名換姓，逃避遷徙，〔註 74〕暗中保有對當地之影響力。

秦代的遷刑給予劉邦的印象應當相當深刻。當項羽欲分封天下時即陰謀曰：「巴、蜀道險，秦之遷人皆居蜀」，〔註 75〕以巴蜀亦爲關中爲由，封劉邦爲漢王；對此情況，韓信曾對劉邦明言：「項羽背約而王君王於南鄭，是遷也」。〔註 76〕因此，對劉邦而言，遷刑的運用應是政治手段重於單純的律法。

兩漢時期，秦朝的「遷」刑實質上仍被襲用，但名稱上略有改變，「徙」取而代之，成爲一般吏民的各種刑罰之一，罪「遷」則僅見於同姓諸侯王。甚至於史家在記載諸侯王罪遷時，「遷」與「徙」亦常混用，兩漢同姓諸侯王罪遷的十個例子中（參見附表二），除元始三年（西元 3 年）梁王立外，餘者皆見混用。究竟對於諸侯王的處罰正確的名稱應是「遷」或是「徙」？從其它的資料看來，「遷」可能是比較正確的名稱。「故事，諸侯王獲罪京師，罪惡輕重，縱不伏誅，必蒙遷削貶黜之罪，未有但已者也」，〔註 77〕此故事之提出，出於元帝本人之諭旨，明言「遷」爲對諸侯王的各種處罰之一。而且諸

〔註 70〕《漢書・地理志》，卷二十八下，頁 1654。

〔註 71〕《漢書・貨殖傳》，卷九十一，頁 3690～3691。

〔註 72〕參見高敏，〈試論漢代抑商政策的實質〉，收入氏著《秦漢史論集》（中州書畫社，河南，1982 年 8 月，一版），頁 170。

〔註 73〕《史記・項羽本紀》，「諸侯吏卒異時故繇使屯戍過秦中，秦中吏卒遇之多無狀，及秦軍降諸侯，諸侯吏卒乘勝多奴虜使之，輕折辱秦吏卒。」顯見雙方面的仇恨心理仍然相當嚴重，卷七，頁 310。

〔註 74〕《後漢書・法雄傳》，「法雄……，齊襄王法章之後。秦滅齊，子孫不敢稱田姓，故以法爲氏」，卷三十八，頁 1276。

〔註 75〕《史記・項羽本紀》，卷七，頁 316。

〔註 76〕《漢書・高帝紀》，卷一上，頁 30。

〔註 77〕《漢書・宣元六王傳》，卷八十，頁 3317。

侯王用「遷」，一般吏民用「徙」，有其相當的差異存在。前者基本上並非法所當行，而是皇帝對於同姓諸侯王的法外施仁。附表二的十個例子中，除梁王立外，餘者所坐之罪名論法皆當伏誅，史書明載「有司請誅」者，亦見其六。從以法當誅到論爲罪遷，是皇帝的權威而非律令之規定，所以文帝曰:「朕不忍置法於王」，〔註 78〕武帝曰：「不忍致誅」，〔註 79〕宣帝更明言：「朕不忍致王於法，議其罰」，〔註 80〕爲什麼不忍？東漢明帝處理楚王英謀反案時，有司亦請誅英，「帝以親親不忍」〔註 81〕而另議爲罪遷。

由於諸侯王之罪遷性質上異於一般吏民之罪徙，故而其待遇比較上亦較爲優渥。如文帝給予淮南王長的待遇是「縣爲築蓋家室，皆日三食，給薪菜鹽鐵炊食器席蓐」，「給肉日五斤，酒二斗。令故美人材人得幸者十人從居。」〔註 82〕物質上的享用大抵無虞缺乏。宣帝本始四年（西元前 70 年）、地節四年（西元前 66 年）亦分別給予廣川王去、清河王年「湯沐邑百戶」〔註 83〕之經濟支助。西漢其他諸王的待遇如何，史書沒有記載，或許給予罪遷的廢王湯沐邑若干戶爲一通例，東漢明帝予楚王英湯沐邑則多至五百戶。〔註 84〕

非同姓諸侯王而罪徙者，首見於高祖十一年（西元前 196 年）彭越徙蜀青衣，然未至徙所即遭誅死。〔註 85〕此後，高祖、惠帝、呂后時期，一般吏民罪徙的情況不見記載。文帝時鼂錯上實邊之議，「募辠人及免徒復作令居之」，〔註 86〕但此時之政策以「募」爲主，以免罪、賜爵、復家等利益招誘罪民長居邊塞，「徙」直到此時仍然不是一種強制的罪罰。武帝時期，罪民徙邊的原則有了改變，元狩五年（西元前 118 年），「徙天下姦猾吏民於邊」，〔註 87〕強制徙邊代替前此之募徙；征和二年（西元前 91 年），戾太子發兵誅江充，「吏士劫略者，皆徙敦煌郡」。〔註 88〕「徙」成爲兩漢刑法中的一種。

〔註 78〕《漢書·淮南王傳》，卷四十四，頁 2142。
〔註 79〕《漢書·景十三王傳》，卷五十三，頁 2435。
〔註 80〕《漢書·景十三王傳》，卷五十三，頁 2432。
〔註 81〕《後漢書·光武十王傳》，卷四十二，頁 1429。
〔註 82〕《漢書·淮南王傳》，卷四十四，頁 3143。
〔註 83〕《漢書·諸侯王表》，卷十四，頁 415；〈文三王傳〉，卷四十七，頁 2212；〈景十三王傳〉，卷五十三，頁 2432。
〔註 84〕《後漢書·光武十王傳》，卷四十二，頁 1429。
〔註 85〕《史記·彭越傳》，卷九十，頁 2594。
〔註 86〕《漢書·鼂錯傳》，卷四十九，頁 2286。
〔註 87〕《漢書·武帝紀》，卷六，頁 179。
〔註 88〕《漢書·劉屈氂傳》，卷六十六，頁 2882。

順帝永建元年（西元 126 年）詔曰：「坐法當徙」，〔註 89〕然而究竟坐何法當徙，則未見記載。兩漢關於因罪徙邊者及其罪名，除前引之「天下姦猾吏民」外，猶有平帝時之「犯禁者」、〔註 90〕王莽時之「挾弩鎧」〔註 91〕者、桓帝時之「凡諸妖惡、支親從坐，及吏民減死徙邊者」，〔註 92〕班固分析河西住民，其中因罪徙者，有「或以報怨過當，或以誖逆亡道，家屬徙焉」。〔註 93〕這些記載中，諸如姦猾吏民、犯禁、諸妖惡等，頗爲籠統，至如報怨過當、誖逆無道、減死徙邊，也都是總合性的說法，其下猶有各種不同的罪行。在兩漢眾多的徙邊例子中，其所犯之罪行有小至「亂妻妾位」者，大至謀立嗣帝者（詳後），系統化之分析頗爲困難，且其中或因政治上排除異己之主觀因素而更形複雜。因此，我們捨棄以罪名爲準的類分法，而以判決後之不同類型加以區分，一是本人免爲庶人，并家屬徙邊：兩漢之例如下：

時　間	人　名	罪　名	牽連對象	徙　地	資料來源
成　帝 永始二年	陳　湯	大不敬		先徙敦煌 後徙安定	《漢書・成帝紀》10/322，〈陳湯傳〉70/3026
成　帝 永始二年	解萬年	佞邪不忠，妄爲巧詐		敦　煌	同　上
哀　帝 建平元年	趙欽、趙訢	坐昭儀絕繼嗣免	家　屬	遼　西	《漢書・哀帝紀》11/338，〈外戚恩澤侯表〉18/707，〈外戚傳〉97 下／3996
平　帝 元壽二年	傅　晏	亂妻妾位	妻　子	合　浦	《漢書・平帝紀》12/347，〈外戚恩澤侯表〉18/711，〈傅喜傳〉82/3382，〈外戚傳〉97 下/4004
平　帝 元壽二年	董　恭 董寬信	坐「董賢爲大司馬不合眾心」，按恭爲賢父，寬信爲賢弟	家屬（賢母別歸故郡）	合　浦	《漢書・平帝紀》12/347，〈外戚恩澤侯表〉18/713，〈佞幸傳〉93/3740

〔註 89〕《後漢書・順帝紀》，卷六，頁 251～252。
〔註 90〕《漢書・平帝紀》，卷十二，頁 357。
〔註 91〕《漢書・王莽傳》，卷九十九中，頁 4119。
〔註 92〕《後漢書・桓帝紀》，卷七，頁 293。
〔註 93〕《漢書・地理志》，卷二十八下，頁 1644～1645。

平　帝 元壽二年	毋將隆、史立、丁玄、趙昌、張由	坐前「治中山馮太后冤陷無辜」		合　浦	《漢書．毋將隆傳》77/3265、3266，〈外戚傳〉97 下/4007
平　帝 元壽二年	孫寵、右師譚	造作姦謀，罪及王者骨肉		合　浦	《漢書．外戚恩澤侯表》18/713，〈息夫躬傳〉45/2186、2187
平　帝 元壽二年	冷　褒 段　猶	坐建平二年議立恭皇尊號		合　浦	《漢書．杜業傳》60/2682， 〈師丹傳〉86/3510
安　帝 建光元年	鄧　訪	謀立平原王得	家　屬	遠　郡	《後漢書．鄧騭傳》16/616、617

二是本人死事，家屬徙邊：此處所謂死事包括自殺、死於獄中及各種死刑（如梟首、腰斬、棄市等），兩漢之例如下：

時　間	人　名	罪　名	牽連對象	徙　地	資料來源
元　帝 建昭二年	京房、張博、張光	勸視淮陽王欽以不義	妻　子	邊	《漢書．天文志》27 中/1425，〈宣元六王傳〉80/3319
成　帝 陽朔元年	王　章	大　逆	妻　子	合　浦	《漢書．王章傳》76/3238、3239
成　帝 鴻嘉三年	浩　商	殺義渠長妻子六人	家　屬	合　浦	《漢書．翟方進傳》84/3413
成　帝 綏和元年	淳于長	大　逆	妻子當坐者（母歸故郡）	合　浦	《漢書．佞幸傳》93/3732
平　帝 元壽二年	息夫躬	祝　詛	妻與家屬	合　浦	《漢書．息夫躬傳》45/2186、2187
明　帝 永平四年	梁　松	飛書誹謗	弟竦、恭	九　眞	《後漢書．梁松傳》34/1170
章　帝 建初八年	梁　竦	惡　逆	妻　子	九　眞	《後漢書．梁竦傳》34/1172
和　帝 永元四年	鄧疊、鄧磊、郭璜、郭舉		家　屬	合　浦	《後漢書．竇憲傳》23/820，〈皇后紀〉10 上/404
和　帝 永元十四年	陰　綱	坐女后祝詛，大逆無道	子輔考死獄中，子軼、敞及家屬從	日南比景	《後漢書．皇后紀》10 上/417，〈陰識傳〉32/1130
和　帝 永元十四年	鄧　朱	挾巫蠱道	二子考死獄中，家屬從	日南比景	《後漢書．皇后紀》10 上/417，〈陰識傳〉32/1130

安　帝 延光三年	王　男 邴　吉		家　屬	日南比景	《後漢書・來歷傳》15/591
少　帝 延光四年	樊豐、謝惲、周廣	大不道	家　屬	日南比景	《後漢書・皇后紀》10下/437，〈宦者傳〉78/2514
順　帝 延光四年	閻顯、閻景、閻晏	謀議惡逆，傾亂天下	家　屬	日南比景	《後漢書・皇后紀》10下/437，〈宦者傳〉78/2516
靈　帝 建寧元年	竇　武 陳　藩		家　屬	日南	《後漢書・皇后紀》10下/446，〈竇武傳〉69/2244〈陳藩傳〉66/2170
靈　帝 建寧二年	李膺、虞放、杜密、朱寓、巴肅、荀昱、魏朗、翟超等	共爲部黨，圖危社稷	妻　子	邊	《後漢書・靈帝紀》8/300，〈黨錮傳〉67/2189、2197
靈　帝 光和二年	王　甫	姦猾縱恣	妻　子	比景	《後漢書・段熲傳》65/2154，〈酷吏傳〉77/2500
靈　帝 光和二年	段　熲	諂附佞幸	妻　子	邊	《後漢書・段熲傳》65/2154，〈酷吏傳〉77/2500
靈　帝 光和二年	陽　球	謀議不軌	妻　子	邊	《後漢書・陳球傳》56/1834，〈酷吏傳〉77/2501

三本人減死罪一等與家屬徙邊：程樹德引《漢書・何並傳》中廷尉鍾元爲其弟「請一等之罪，願蚤就髡鉗」，以爲按當時定制減死一等即入髡鉗。〔註 94〕然而從其它例子看來，減死一等並不止於髡鉗，如劉輔「減死罪一等，論爲鬼薪」；〔註 95〕薛況則減死罪一等，完爲城旦。〔註 96〕本處所謂之減死罪一等皆包括之。兩漢期間見諸史籍之例有：

時　間	人　名	罪　名	牽連對象	徙　地	資料來源
哀　帝 綏和二年	薛　況	傷人不直，減死罪一等，完爲城旦		敦　煌	《漢書・薛宣傳》83/3395～3397
哀　帝 建平二年	李　尋 解　光	坐賀良不道，減死一等		敦　煌	《漢書・李尋傳》75/3193、3194

〔註 94〕程樹德，《九朝律考》，卷一，頁 52（台灣商務印書館，台北，民國 54 年 3 月，臺 1 版）；《漢書・何並傳》，卷七十七，頁 3268。

〔註 95〕《漢書・劉輔傳》，卷七十七，頁 3254。

〔註 96〕《漢書・薛宣傳》，卷八十三，頁 3395～3397。

和帝 永元初年	郅壽	買公田誹謗減死	未行，自殺，家屬得歸鄉里	合浦	《後漢書・郅惲傳》29/1034
和帝 永元初年	梁諷	坐失竇憲意，髡		武威	《後漢書・梁慬傳》47/1591
和帝 永元初年	侯海	歐傷市丞		朔方	《後漢書・張酺傳》45/1531
和帝 永元年間	楊終	爲廉范游說		北地	《後漢書・楊終傳》48/1600
安帝	翟酺	報舅讎過當		當徙日南（酺流亡長安）	《後漢書・翟酺傳》48/1602
安帝 延光三年	籍建、高梵、趙臺、良賀、夏珍			朔方	《後漢書・宦者傳》78/2518
順帝 永建元年	王聖	大不道	子	鴈門	《後漢書・皇后紀》10下/436
桓帝 元嘉永興間	張防	請託受取，特用權勢		邊	《後漢書・虞翊傳》58/1870、1871
桓帝 延熹年間	馬融 田明	爲太守，在郡貪濁		朔方（田明死於路）	《後漢書・梁冀傳》34/1185，〈馬融傳〉60上/1972
桓帝 延熹年間	第五種			朔方（種逃亡）	《後漢書・第五種傳》41/1404
靈帝 建寧二年	苑康	詐上賊降，減死罪一等		日南	《後漢書・黨錮傳》67/2214
靈帝 光和六年	蔡邕	仇怨奉公，議害大臣，減死罪一等，髡鉗	家屬	朔方	《後漢書・楊賜傳》54/1780，〈蔡邕傳〉60下/2003

除了上述知名人士外，自明帝永平八年（西元65年）詔募郡國中都官死罪繫囚，減罪一等，屯朔方、五原起，繼嗣諸帝皆曾有類似之舉。計自永平八年起，至桓帝永興二年（西元154年）止，九十年間共達十八次之多（參見附表三）。人數上曾多達一次萬人。〔註97〕

秦簡中有關遷刑的記載，顯示秦時除了受刑人本身當遷往徙所外，其當連坐者亦需遷至徙所；不過因身份地位之不同，其間亦有差別。一般庶人「當署

〔註97〕《後漢書・郭躬傳》，卷四十六，頁1544～1545；〈楊終傳〉，卷四十八，頁1597～1598。

（遷），其妻先自告，當包」，嗇夫以奸爲事，當遷，其妻則「不當包」；〔註 98〕如果當遷者本人未動身前即告死亡，本來應當連坐者仍需前往詣所報到。〔註 99〕兩漢時期，判徙刑者家屬隨行大概爲一般通例。雖然前述之諸多例子中，有不少記載未見家屬隨行，不過從其它議論徙邊事屢屢提到「家屬徙焉」、〔註 100〕「家屬徙邊」〔註 101〕及附表三中屢見「妻子自隨」之情形看來，漢代罪徙者包含連坐在內當可確定。和秦比較，其間有些小異，一是不論高官高爵或一般庶民，一旦罪徙，家屬皆需隨行，不似秦時嗇夫「以奸爲事」，其妻可不連坐；再者，當罪徙者本人未動身前即告死亡，其家屬似可免於遷徙，如和帝時郅壽「得減死，論徙合浦。未行，自殺，家屬得歸鄉里」，〔註 102〕此亦異於秦之處。至於兩漢徙刑連坐的範圍到底多大？史書所載以「妻子」、「家屬」最常見。前者的意義相當清楚，指妻與子；後者的界定則較不明確。有時「家屬」即指妻子而言，如張博、〔註 103〕王章、〔註 104〕傅喜、〔註 105〕段熲〔註 106〕等例皆是如此。父母兄弟一般而言並不在連坐罪徙之列，如淳于長、〔註 107〕董賢、〔註 108〕楊終〔註 109〕之母皆歸故鄉；李膺之父兄亦只在禁錮之列，並不隨膺之妻子徙邊〔註 110〕；謝惲下獄死，家屬徙比景，此處之家屬亦不包括其弟謝宓在內；〔註 111〕附表三減死徙邊之詔文也明言父母同產可隨自己意願決定是否徙邊，並不勉強。不過也有少數例外，如董賢父董恭、弟董寬信，〔註 112〕梁

〔註 98〕《睡虎地秦墓竹簡・法律答問》，頁 177～178。

〔註 99〕〈法律答問〉，頁 177。

〔註 100〕《漢書・地理志》，卷二十八下，頁 1644。

〔註 101〕《後漢書・楊終傳》，卷四十八，頁 1597。

〔註 102〕《後漢書・郅惲傳》，卷二十九，頁 1034。

〔註 103〕《漢書・宣元六王傳》謂張博「妻子徙邊」，卷八十，頁 3318；〈五行志〉則謂「家屬徙者」，卷二七中之下，頁 1425。

〔註 104〕《漢書・王章傳》先謂「妻子皆徙合浦」，卷九十七下，頁 4004；後曰：「還章妻子故郡，其家屬皆完具……」，卷七十六，頁 3238～3239。

〔註 105〕《漢書・外戚傳》謂傅晏「將家屬徙合浦」，卷九十七下，頁 4004；〈傅喜傳〉則謂「晏將妻子徙合浦」，卷八十二，頁 3382。

〔註 106〕《後漢書・段熲傳》先謂熲「家屬徙邊」，靈帝後「詔熲妻子還本郡」，卷六十五，頁 2154。

〔註 107〕《漢書・佞幸傳》，卷九十三，頁 3732。

〔註 108〕《漢書・佞幸傳》，卷九十三，頁 3740。

〔註 109〕《後漢書・楊終傳》及注引《益部耆舊傳》，卷四十八，頁 1600～1601。

〔註 110〕《後漢書・黨錮傳》，卷六十七，頁 2197。

〔註 111〕《後漢書・皇后紀》，卷十下，頁 437。

〔註 112〕《漢書・佞幸傳》，卷九十三，頁 3740。

松弟梁竦、梁恭，〔註113〕皆在徙邊之列，其中董恭、董寬信父子是因「不悔過」而與董賢之家屬一起徙邊，梁竦、梁松爲何坐兄事而在徙邊之列，則不甚清楚。因此，兩漢罪徙連坐的家屬，一般只指妻子而言，僅在比較特殊的情況下，才有父母兄弟連坐徙邊的情形。至於比較疏遠的宗族則絕不在從徙之列。〔註114〕

和秦時廣泛地運用罪徙者於軍事國防上的用途一樣，漢之採行罪徙也帶有濃厚的國防軍事上的目的。文帝時鼂錯主張募罪民、奴婢、貧民等徙邊，目的即想取代當時的戍邊制；〔註115〕武帝元狩五年（西元前118年）「徙天下姦猾吏民於邊」、〔註116〕元封二年（西元前109年）爲了開發益州郡，「募徙死罪及姦豪實之」、〔註117〕征和二年（西元前91年）徙受太子劫略吏士於敦煌，〔註118〕都和開發西北、西南地區有密切關係。班固描寫河西地區時，曰：

> 其民或以關東下貧，或以報怨過當，或以誖逆亡道，家屬徙焉。……。保邊塞，二千石治之，咸以兵馬爲務。〔註119〕

北魏太武帝眞君五年（西元444年），少傅游雅論武帝時徙罪民於邊，曰：

> 武帝時，始啓河右四郡，議諸疑罪而讁徙之。十數年後，邊郡充實，並修農戍，孝宣因之，以服北方。〔註120〕

雖有誇張溢美之處，然武帝徙罪民於邊與國防建設有莫大關係，則爲古今所認同。東漢時，更把罪徙者與戍邊制緊密的結合在一起，附表三中十八次徙罪民於邊，都和屯戍有關，讁戍與屯戍很難區分。〔註121〕如淳注引律說：

> 論決爲髡鉗，輸邊築長城，晝日伺寇虜，夜暮築長城。〔註122〕

減死一等，以論爲髡鉗爲多。蔡邕減死罪一等論爲髡鉗，上書自陳：

> 臣既到徙所，乘塞守烽，職在候望。〔註123〕

〔註113〕《後漢書・梁統傳》，卷三十四，頁1170。

〔註114〕《後漢書・陳蕃傳》謂「徙其家屬於比景，宗族、門生、故吏皆斥免禁錮」，宗族不在隨徙之列，卷六十六，頁2170。

〔註115〕管東貴師，〈漢代屯田的組織與功能〉，《中央研究院史語所集刊》四十八本四分（台北，民國66年12月），頁504。

〔註116〕《漢書・武帝紀》，卷六，頁179。

〔註117〕《華陽國志》，卷四，〈南中志〉，頁11b（世界書局，台北，民國68年12月，3版）。

〔註118〕《漢書・劉屈氂傳》，卷六十，頁2882。

〔註119〕《漢書・地理志》，卷二十八下，頁1644～1645。

〔註120〕《魏書・刑罰志》，卷一一一，頁2874～2875。

〔註121〕沈家本，前引書，卷十，頁19。

〔註122〕《史記・秦始皇本紀》，卷六，頁255，《集解》引如淳說。

可見罪徙者日常工作似即在軍事守衛上。罪徙者佔全部屯戍吏士之比例如何？沒有確切的數目。不過比例甚高則可確定，班超就說：「塞外吏士，本非孝子順孫，皆以罪過徙補邊屯」；〔註 124〕章帝建初元年（西元 76 年），楊終上疏請還徙者，「帝從之，聽還徙者，悉罷邊屯」。〔註 125〕徙者撤還故都，邊屯即無以為繼，這顯示罪徙者佔了邊屯人數之絕大部份。東漢屢次大規模地減罪徙民於邊，無非是為了鞏固邊疆防務。

徙罪犯於邊的另一個作用是打擊異己，使其遠離權力中心。哀帝崩，平帝即位，王莽秉政後，傅晏、董賢等前朝掌權者，即遭罷黜，遠徙合浦，「亂妻妾位」、「為大司馬不合眾心」等罪名，無非是欲加之罪的藉口；毋將隆等遭罪徙，史書曰：「王莽少時，慕與隆交，隆不甚附。」〔註 126〕這才是毋將隆罪徙之眞正原因。此時期權位上的競逐，可說是西漢一朝之最激烈時期，王莽以罪徙為手段打擊異己，亦為最激烈者。相形之下，成帝時大將軍王鳳因王章「不親附鳳，……，遂為鳳所陷，罪至大逆。……，妻子皆徙合浦」，〔註 127〕不過小巫而已。平帝時，王莽權位達於獨尊，遂篡漢廷，罪徙異己可謂其功效卓著之策。東漢章、和時期，竇憲威傾天下，其間諸多罪徙者也因不附憲所致，如梁竦因其女為貴人，生和帝，「後諸竇聞之，恐梁氏得志，終為己害，建初八年（西元 83 年），遂譖殺二貴人，而陷竦等以惡逆，……，家屬復徙九眞」；〔註 128〕和帝永元初年，郅壽因「朝會譏刺憲等，厲音正色，辭旨甚切。憲怒，陷壽以買公田誹謗」，〔註 129〕遠徙合浦；梁諷因「坐失憲意，髡輸武威」。〔註 130〕安帝末年，因皇位繼嗣問題未定，先是閻顯、耿寶等擁立北鄉候，譖廢太子保為濟陰王，太子諸家臣籍建、高梵、趙熹、良賢、夏珍等「皆以無過獲罪，建等坐徙朔方」；〔註 131〕及北鄉侯嗣立，閻顯「忌大將軍耿寶位尊權重，威行前朝」，乃諷有司奏寶及其黨羽更相阿黨，互作

〔註 123〕《後漢書・蔡邕傳》，注引〈邕別傳〉，卷六十六下，頁 2004。
〔註 124〕《後漢書・班超傳》，卷四十七，頁 1586。
〔註 125〕《後漢書・楊終傳》，卷四十八，頁 1597～1598。
〔註 126〕《漢書・毋將隆傳》，卷七十七，頁 3265。
〔註 127〕《漢書・王章傳》，卷七十六，頁 3238～3239。
〔註 128〕《後漢書・梁竦傳》，卷三十四，頁 1172。
〔註 129〕《後漢書・郅惲傳》，卷二十九，頁 1034。
〔註 130〕《後漢書・梁慬傳》，卷四十七，頁 1591。
〔註 131〕《後漢書・宦者傳》，卷七十八，頁 2518。

威福，結果竇自殺，其黨羽樊豐、謝惲、周廣皆下獄死，家屬徙比景；〔註132〕稍後宦官孫程等擁立故太子即位，閻顯兄弟又遭誅死，家屬徙日南。〔註133〕從安帝延光三年（西元 124 年）九月廢太子保爲濟陰王至四年十一月濟陰王即位爲順帝，短短年餘，諸多權力集團皆因死徙而失去政治上之影響力。靈帝建寧元年（西元 168 年），竇武、陳藩等謀誅宦官不成，事敗被誅，家屬徙邊，次年，因張儉「舉奏（侯）覽貪侈奢縱」，侯覽遂誣儉等鉤黨，李膺、杜密、虞放等皆遭誅死，家屬徙邊，人數達六七百人，〔註134〕此後，宦官遂成東漢末年之最大勢力者。

〔註132〕《後漢書·皇后紀》，卷十下，頁 437。

〔註133〕同註 132。

〔註134〕《後漢書·黨錮傳》，卷六十七，頁 2188；〈宦者傳〉，卷七十八，頁 2523。

第三章　環境破壞下的遷徙

第一節　饑餓導致的遷徙

鮑宣曰:「凡民有七亡,陰陽不和,水旱爲災,一亡也;縣官重責更賦租稅,二亡也;貪吏並公,受取不已,三亡也;豪強大姓蠶食亡厭,四亡也;苛吏繇役,失農桑時,五亡也;部落鼓鳴,男女遮迣,六亡也;盜賊劫略,取民財物,七亡也。」鮑宣所謂的「亡」,師古註曰:「亡謂失其作業也。」〔註 1〕民失其作業則無所憑依,爲了生存只得四處覓食。師古曰:「流謂恣其行移,若水之流」。〔註 2〕兩漢書中常見有民流亡的情形,也就是民失其作業後,只得四處恣流,以求生存。鮑宣所謂的七亡,簡而言之,可大分爲四:一是天災有以致之;二是貪官污吏、重賦苛稅有以致之;三是豪強兼并有以致之;四是戰亂(外患與內亂)有以致之。

王仲犖先生曾表列兩漢時期人民流亡的事例,究其因,以天災最多,重賦苛稅次之,戰亂又次之,〔註 3〕豪強兼并則不見於王氏所列舉的事例。史書提及因豪強兼并而致人民流亡者確不多見,與此類似的有鼂錯所謂的「此商人所以兼并農人,農人所以流亡者也」。〔註 4〕再一步分析流民產生的原因,則緩急各有不同:戰亂可能在一日之間使人民盡失所有;天災使然,則最遲一季之後,可預知農產將銳減或完全無所得;至如貪官污吏、豪強兼并較之

〔註 1〕《漢書・鮑宣傳》,卷七十二,頁 3088～3089。
〔註 2〕《漢書・食貨志》,卷二十四下,頁 1172。
〔註 3〕王仲犖,《魏晉南北朝史》,頁 6～9(仲信出版,?)。
〔註 4〕《漢書・食貨志》,卷二十四上,頁 1132。

前兩類則又拖延時日了。更重要的是，這些原因可能重覆施加在人民身上，致使漢代流民從武帝時起，史不絕書。關於戰亂引起的流民，將於下節討論。至於什麼樣的因素促使人民不斷流亡，則於下章討論，此處不贅。

就朝廷的立場而言，流民絕非朝廷所樂見。一來人民流亡，短時期內可能無法生產，且流民可能庇廕於豪門大戶，導致賦稅減少；二來流民可能因無所依藉，鋌而走險，成爲戰亂的根源。因此，流民產生後，朝廷大抵都希望使其盡速重歸田園，但是救濟復建的措施則不止一端：

（一）朝廷提供待開發地區安置流民

元狩三年（西元前 120 年），山東水旱爲患，貧民流徙，「於是天子遣使者虛郡國倉廩以振貧，猶不足，又募豪富以相假貸，尚不能相救」。〔註 5〕這次的水旱災相當嚴重，流民人數在七十萬口以上，因此只憑地方之賑貸、民間之假貸尚不能使流民恢復元氣。朝廷必須另謀它策，以解決此次嚴重的流民事件。適巧，元狩二年（西元前 121 年），「漢已得渾邪王，則隴西、北地、河西益少胡寇」，〔註 6〕於是因勢利導，「乃徙貧民於關以西，及充朔方以南新秦中，七十餘萬口，衣食皆仰給於縣官。」〔註 7〕朝廷這次大規模的遷徙流民並非經過長期議論所決定，而是就地救濟的方案失敗後，勉力爲之。當然，時機的湊巧，及大量移民於邊對國防的助益，也是朝廷敢於採用如此規模大而複雜的計劃；〔註 8〕另外，文帝時鼂錯主張徙民實邊的建議及經驗多少也對此方案有些助力。

比較文帝時鼂錯的主張和元狩三年的移民行動，有幾點不同：一是鼂錯所募之民先後次序是罪民、奴婢、貧民，可說以罪犯爲主；〔註 9〕元狩三年的大移民則是天災影響下的大批貧民。二是鼂錯主張先作好一切準備，諸如修路、分地、築屋、營邑立城、儲備器物衣糧等；〔註 10〕元狩三年的大移民則是在突發狀況下的臨時決定，大批貧民先到，再展開該有的準備工作。兩者的不同，影響最大的是政府的財政負擔。鼂錯有計劃的行事，朝廷可量力而

〔註 5〕《漢書・食貨志》，卷二十四下，頁 1162。

〔註 6〕《史記・匈奴傳》，卷一一〇，頁 2909。

〔註 7〕《漢書・食貨志》，卷二十四下，頁 1162。

〔註 8〕大量徙民於邊對於國防之助益，可由元狩三年「減隴西、北地、上郡戍卒半」之舉得知，《漢書・武帝紀》，卷六，頁 177。

〔註 9〕關於鼂錯募民徙邊之政策，參見管東貴師，前引文，頁 505。

〔註 10〕同註 9。

爲，財政不至於匱乏；相反地，元狩三年（西元前 120 年）大徙貧民，立刻面臨七十餘萬口的衣食問題。再者，當時隴西、北地、西河、上郡的原住民，人數上可能不及此次入徙之貧民，〔註 11〕其所能發揮的民間救濟能力亦屬有限。因此，移入民之生計問題，可說是由朝廷負絕大部分的責任，《漢書・食貨志》曰：

衣食皆仰給於縣官。數歲，貸與產業，使者分部護，冠蓋相望，費以億計，縣官大空。〔註 12〕

從徙入至完全自力更生，朝廷所需供應的有：一、初到之時的衣食，二、初開墾時之必需物資，如種子、犂、牛等，此時犂、牛之供應可能是免費的。昭帝元鳳三年（西元 118 年）因水災匱食，昭帝下詔：「邊郡受牛者勿收責」，顏師古注引應劭曰：「武帝始開三邊，徙民屯田，皆與犂、牛」，〔註 13〕應劭之意可能即在比較昭帝時之假貸及武帝時之免費供應。而事實上，在移民未能自養有餘之前，一切的租賦似無多大意義。〈食貨志〉謂：「數歲，貸與產業」，這數年的時間可能即是由依賴政府的供給到自給有餘的過渡時期罷！如果以朝廷供養這批流民一年計，每人每年所食約十八石，〔註 14〕則七十萬人一年所需之糧食共一千二百六十萬石。值此荒年，穀石百錢不爲貴，〔註 15〕共需十二億錢以上，「費以億計，縣官大空」，大致是實情！

大規模的移民，就當時及長遠的眼光而言，自然有其作用。如移民增強了西北地區的國防力量，同年即「減隴西、北地、上郡戍卒半」；〔註 16〕再者，將關東過多的人口移往西北，一方面減輕了關東的人口壓力，一方面得以開

〔註 11〕根據《漢書・地理志》之記載，平帝元始二年，隴西、北地、西河、上郡人口總計一百七十五萬餘人。由元狩三年至元始二年共計一百二十二年，這一個多世紀的人口成長可能超過一倍，參見 Cho-yun Hsu, Han Agriculture（1980, the University of Washington Press），頁 17。則元狩三年時，包括七十萬流民在內，大概只有八十幾萬人。這個數字可能稍低，因爲元鼎六年置張掖、敦煌郡時，曾徙民以實之，參見《漢書・武帝紀》，卷六，頁 189，這批徙民可能不少由隴西等地就近移入。但不論如何，當時隴西等地之原住民不及七十萬則可確定。

〔註 12〕《漢書・食貨志》，卷二十四下，頁 1162。

〔註 13〕《漢書・昭帝紀》，卷七，頁 229。

〔註 14〕此數字從李悝所謂「食，人月一石半」推算，《漢書・食貨志》，卷二十四上，頁 1125。

〔註 15〕據勞榦先生之意見，西漢穀價平常約爲石七八十錢，《居延漢簡考釋之部》（史語所專刊之四十，台北，民國 49 年），頁 58。

〔註 16〕《漢書・武帝紀》，卷六，頁 177。

發西北地區，利益難以估算。然而，就立即的財務支出而言，龐大的數目卻不是武帝時長期征戰下的財力所能負荷。當時財政困窘的情形可由次年（元狩四年）張湯承上指，「請造白金及五銖錢，籠天下鹽鐵，排富商大賈，出告緡令」，〔註 17〕盡量開發財源，及當時「戰士頗不得祿」〔註 18〕之情形得知。

元封四年（西元前 107 年），關東再度遭受嚴重天災，流民二百萬口，「公卿議欲請徙流民於邊以適之」，〔註 19〕希望遷移其中之四十萬口。〔註 20〕然而武帝卻以「倉廩既空，民貧流亡，而君欲請徙之，搖蕩不安，動危之」爲由，〔註 21〕予以否決。兩次類似的建議案，行之於前，卻之於後，除了北彊國防壓力之減弱，無需再大量移民外，前次之舉導致財政困窘可能也是武帝不願再大舉徙民的理由。平帝元始二年（西元 2 年），青州郡國大旱，兼有蝗害，朝廷除減租賜錢外，「罷安定呼池苑，以爲安民縣，起官寺市里，募徙貧民，縣次給食。至徙所，賜田宅什器，假與犂、牛、種、食。」〔註 22〕此安定非涼州安定郡，而是冀州鉅鹿郡之安定縣，〔註 23〕這次移民和元狩三年（西元前 120 年）相比，規模可能小很多。

大舉徙民於西北地廣人稀之處，具有國防及開發地力之莫大益處。然而早期財力之負擔相當沉重，兩漢除武帝元狩三年（西元前 120 年）曾施行此救濟流民之政策外，不復它見。

（二）劃定區域，令流民得就食之

此種救濟流民之方法，漢有二例：高祖二年（西元前 205 年），「關中大饑，米斛萬錢，人相食，令民就食蜀漢。」〔註 24〕武帝元鼎二年（西元前 115 年），關東大水，餓死者以千數，〔註 25〕武帝下詔曰：「江南火耕水耨，令飢民得流就食江淮閒」。〔註 26〕

〔註 17〕《史記・酷吏傳》，卷一二二，頁 3140～3141。
〔註 18〕《史記・平準書》，卷三十，頁 1428。
〔註 19〕《史記・石慶傳》，卷一〇三，頁 2768。
〔註 20〕《漢書・萬石君傳》，卷四十六，頁 2198。
〔註 21〕同註 19。
〔註 22〕《漢書・平帝紀》，卷十二，頁 353。
〔註 23〕顏師古以爲此安定乃「中山之安定也」，查〈地理志〉鉅鹿郡，下有安定縣，《漢書・地理志》，卷二十八上，頁 1575，師古所謂的中山蓋指古中山國而言。
〔註 24〕《漢書・高帝紀》，卷一上，頁 38。
〔註 25〕《漢書・武帝紀》，卷六，頁 182。
〔註 26〕《史記・平準書》，卷三十，頁 1437。

這種辦法的擬定，可能是由於受災地區無力救濟，而中央又力不暇給所致，於是朝廷通常劃定一個覓食較易或較爲富庶的地區，作爲臨時安置流民之處。以高祖二年（西元前 205 年）時爲例，關中迭遭秦亡國、項羽入關等兵燹之害，而漢又準備東向逐鹿天下，無暇顧及，因此只得任由饑民流入有天府之譽的巴蜀。元鼎二年（西元前 115 年）時，武帝詔曰：「仁不異遠，義不辭難。今京師雖未爲豐年……」，多少反映當時財力之困窘，流民所到之處也只能希望地方吏民儘量自動救濟，而由朝廷加以褒揚，〔註 27〕這些可能都是杯水車薪之舉，因此朝廷只好令饑民流至覓食較易之江南地區。〔註 28〕

（三）就地開府庫賑救

此種救濟辦法爲兩漢最常見者，前述元狩三年（西元前 120 年）之大災荒，朝廷的第一個反應即是「虛郡國倉廩以振貧，猶不足」，乃另謀它途。

由災荒出現，流民忞生，到流民回歸故里，整個救濟工作過程大抵如下：當災荒出現，流民忞生時，地方長吏需將此情況上報中央朝廷，史書所謂「上災害」，〔註 29〕大概即指這個程序，在朝廷未通知賑救之前，包括刺史、太守、縣令等各級地方長吏在內，不得自動開府庫救濟；〔註 30〕當朝廷希望就地救濟時，乃訓諭地方官吏開府庫救濟，如「詔在所（指流民在所）賑給乏絕，安慰居業」〔註 31〕是也；有時則再開放禁囿陂池等公有地，聽由流民入內漁采，以助疏食；〔註 32〕民有疾病則由地方致醫藥。〔註 33〕當流民稍事穩定後，

〔註 27〕《漢書・武帝紀》，卷六，頁 182。

〔註 28〕《史記・貨殖傳》形容「楚越之地，地廣人希，飯稻羹魚，或火耕而水耨，果隋蠃蛤，不待賈而足，地埶饒食，無飢饉之患，以故呰窳偷生，無積聚而多貧。是故江淮以南，無凍餓之人，亦無千金之家。」比較來說，江南地區應是較容易覓得溫飽之處，卷一二九，頁 3270。

〔註 29〕《後漢書・曹褒傳》，卷三十五，頁 1205。

〔註 30〕如王望爲青州刺史，「是時州郡災旱，百姓窮荒。……（望）因以便宜出所在布粟，給其稟食，爲作褐衣。事畢上言，（明）帝以望不先表請，章示百官，詳議其罪。時公卿皆以爲望之專命，法有常條。……」。《後漢書・劉平傳》，卷三十九，頁 1297。專命之罪可能至死，如韓韶爲嬴縣長時，舉措類此，其以爲「長活溝壑之人，而以此伏罪，含笑入地矣」，《後漢書・韓韶傳》，卷六十二，頁 2063。又如第五訪爲張掖太守時，亦以便宜行事，開倉賑給，而「吏懼譴，爭欲上言」，《後漢書・循吏傳》，卷七十六，頁 2475。除了地方長吏不能隨意開倉稟外，即使使節出使，所司非所事，亦不得便宜開倉賑濟，漢武帝時汲黯是其例，《漢書・汲黯傳》，卷五十，頁 2316。

〔註 31〕《後漢書・桓帝紀》，卷七，頁 298。

〔註 32〕參見《漢書・元帝紀》，卷九，頁 281；〈翼奉傳〉，卷七十五，頁 3171。《後

即希望流民能儘快還回故居，沿途所需，除了流民販賣財物以維生外，〔註 34〕朝廷可能也負起部分責任，如「詔流民欲還歸本而無糧食者，過所實稟之」。〔註 35〕流民回歸故里後，可能已無力負擔租賦等稅捐，因此，朝廷有時也會減免受災地區的賦稅，這些減免的稅目可能是田租、〔註 36〕芻稾、〔註 37〕更賦、〔註 38〕算賦、〔註 39〕租賦〔註 40〕等之中的一、二項，爲了流民早日恢復生產，貸與種、食也是常見的舉措。〔註 41〕上述的救濟辦法並非每次都能完整的實行，大部分情況則是實現其中的某部分或某幾部分而已。

此一類型的救濟辦法，在實行的過程中，地方官吏扮演著相當重要的角色。但是，漢代對地方官的考第制度中，地方產物之豐歉爲其中之一部分；因此，部分地方官吏爲了獲得較好的考績，可能掩飾或淡化災害的嚴重性，和帝時，河內太守曹褒「坐上災害不實免」，〔註 42〕可能就是此種心態所致。殤帝時曾下詔欲予糾正：

> 閒者郡國或有水災，妨害秋稼。朝廷惟咎，憂惶悼懼。而郡國欲獲豐穰虛飾之譽，遂覆蔽災害，多張墾田，不揣流亡，競增戶口，掩匿盜賊，令姦惡無懲，……，貪苛慘毒，延及平民，……，二千石長吏其各實覈所傷害。〔註 43〕

在考第制度不變的情況下，「郡國欲獲豐穰虛飾之譽」的心理難以根除。一旦災情無法上達中央，則前述之救濟辦法則無法加惠於民了。

漢書・和帝紀》，卷四，頁 175、185、191；〈安帝紀〉，卷五，頁 212；〈桓帝紀〉，卷七，頁 298。

〔註 33〕《後漢書・順帝紀》，卷六，頁 254。

〔註 34〕流民沿途販賣財物以維生，有時免課市稅，如《後漢書・和帝紀》，「詔流民所過郡國皆實稟之，其有販賣者勿出租稅」，卷四，頁 178。

〔註 35〕《後漢書・和帝紀》，卷四，頁 191。

〔註 36〕參見《漢書・成帝紀》，卷十，頁 305、319；《後漢書・和帝紀》，卷四，頁 178、198；〈順帝紀〉，卷六，頁 258。

〔註 37〕《後漢書・和帝紀》，卷四，頁 188；〈順帝紀〉，卷六，頁 258；〈章帝紀〉，卷三，頁 132。

〔註 38〕《後漢書・和帝紀》，卷四，頁 178；〈順帝紀〉，卷六，頁 269。

〔註 39〕《漢書・宣帝紀》，卷八，頁 249。

〔註 40〕《漢書・成帝紀》，卷十，頁 319；《後漢書・順帝紀》，卷六，頁 260。

〔註 41〕《漢書・昭帝紀》，卷七，頁 220；〈元帝紀〉，卷九，頁 287；《後漢書・和帝紀》，卷四，頁 192。

〔註 42〕《後漢書・曹褒傳》，卷三十五，頁 1205。

〔註 43〕《後漢書・殤帝紀》，卷四，頁 198。

再者，地方官吏在開倉救濟的過程中，上下其手，獲取不義之利的情形可能難以避免。一來流民的數目難以確定，二來每人救濟額數之彈性，皆給予地方官在「實稟」的過程中頗多獲利的機會。王莽時，流民入關者數十萬人，王莽置養澹官主救濟事宜，結果「吏盜其稟，餓死者什七八」，〔註44〕此其最嚴重者。

對於此類救濟辦法的缺失，時人也頗爲了解，安帝永初二年（西元 108 年）樊準上疏曰：

> 伏見被災之郡，百姓凋殘，恐非賑給所能勝贍，雖有其名，終無其實。可依征和元年（西元前 92 年）故事，遣使持節慰安。〔註45〕

征和故事詳情今不可考，但「遣使持節慰安」爲其最重要者則可確定。遣使節至災區處理慰安工作，因爲其無須對災情負責，心態上不致如地方官之偏失，可以想見。因此，比較能確實地將災情上報；再者，使者在處理此單一事件時，爲求往後仕宦之途得以高陞，似乎較能盡心盡力。如樊準即因此事件使冀州，「開倉稟食，慰安生業，流人咸得蘇息。還，拜鉅鹿太守」；〔註46〕又如元帝時，平當「使行流民幽州，……，所過見稱，……，遷丞相司直」。〔註47〕以使節代替地方官在救濟過程中的角色，似乎頗收彌補缺失之效。

流民流往何處？在荒亂之餘，何處可暫時安身即流往何處，應當是最可能。因此，經濟情況較爲富實的地區常爲流民之目標。如更始紛亂時，竇融主理河西，「晏然富殖，……，安定、北地、上郡流人避凶饑者，歸之不絕」；〔註48〕東漢末年，陳國獨完，「時天下饑荒，鄰郡人多歸就之」；〔註49〕又「徐州百姓殷盛，穀米封贍，流民多歸之」。〔註50〕再者，西漢時期，關中地區也爲流民所常流居之處，如元帝初元年間，「關東連年被災害，民流入關」；〔註51〕成帝河平元年（西元前 28 年），「流民入函谷關」；〔註52〕陽朔二年（西

〔註44〕《漢書・食貨志》，卷二十四上，頁 1145。

〔註45〕《後漢書・樊準傳》，卷三十二，頁 1128。

〔註46〕樊準本爲御史中丞（千石），擢爲守光祿大夫（比二千石）出使冀州，還，拜爲太守（二千石），參見《後漢書・樊準傳》，卷三十二，頁 1128～1129。

〔註47〕平當本爲博士（比六百石），使幽州還，遷丞相司直（比二千石），參見《漢書・平當傳》，卷七十一，頁 3048～3050。

〔註48〕《後漢書・竇融傳》，卷二十三，頁 797。

〔註49〕《後漢書・孝明八王傳》，卷五十，頁 1669～1670。

〔註50〕《三國志・陶謙傳》，卷八，頁 248。

〔註51〕《漢書・于定國傳》，卷七十一，頁 3043。

元前 23 年)，「關東大水，流民欲入函谷、天井、壺口、五阮關者，勿苛留」；〔註 53〕鴻嘉四年（西元前 17 年）「水旱爲災，關東流亢者眾，……，流民欲入關，輒籍內」；〔註 54〕王莽末年，「流民入關者數十萬人」。〔註 55〕關中地區爲西漢京師所在，一方面較易上達天聽，較易獲得賑濟的機會；另一方面大都會的機能可能也提供較多的棲身機會，如王符論東漢京師洛陽百工雜陳，「游手爲巧，充盈都邑，務本者少，浮食者眾。……，今察洛陽，資末業者什於農夫，虛僞游手什於末業」，〔註 56〕流民比較有機會在各行各業中得到暫時棲身的工作。由元、成年間流民屢屢以關中爲流居地區看來，關中地區似乎確能發揮其減輕災害的功能。這種功能即如成帝元延年間谷永所言：「開關梁，內流民，恣所欲之」可收「以救其急」〔註 57〕之效。另一種流民常流居之所，則爲良吏所在之郡縣，兩漢〈循吏傳〉對此頗有記載，如宣帝時，膠東相王成「勞來不怠，流民自占八萬餘口」；召信臣爲南陽守，「郡中莫不耕稼力田，百姓歸之，戶口增倍」；順帝時，第五訪爲新都令，「政平化行，三年之間，鄰縣歸之，戶口十倍」；靈帝熹平年間，童恢爲不其令，「耕織種收，皆有條章。……，比縣流人歸化，徙居二萬餘戶」，〔註 58〕「戶口十倍」、「徙居二萬餘戶」可能都有誇張的成份，但流人歸之的情況卻亦可見一斑。除〈循吏傳〉所載外，光武帝建武年間，李忠爲丹陽太守，「墾田增多，三歲閒流民占著者五萬餘口」；〔註 59〕章帝元和年間，張禹爲下邳相，開墾良田大收穀食，「鄰郡貧者歸之千餘戶」；〔註 60〕和帝永元年間，汝郁爲魯相，「以德教化，……，流人歸者八九千戶」。〔註 61〕這些流人歸化的郡縣，共同的特點是地方官吏對農稼之事大加提倡，或者「修德清靜，百姓以安」。〔註 62〕相對於貪官污吏、重賦苛稅，自然對貧民、流人構成吸引力。因此，

〔註 52〕《漢書・天文志》，卷二十六，頁 1310。
〔註 53〕《漢書・成帝紀》，卷十，頁 313。
〔註 54〕《漢書・成帝紀》，卷十，頁 318。
〔註 55〕《漢書・食貨志》，卷二十四上，頁 1145。
〔註 56〕《後漢書・王符傳》，卷四十九，頁 1633～1635。
〔註 57〕《漢書・谷永傳》，卷八十五，頁 3471。
〔註 58〕《漢書・循吏傳》，卷八十九，頁 3627、3642，王成事蹟另見〈宣帝紀〉，卷八，頁 248；《後漢書・循吏傳》，卷七十六，頁 2475、2482。
〔註 59〕《後漢書・李忠傳》，卷二十一，頁 756。
〔註 60〕《後漢書・張禹傳》，卷四十四，頁 1498。
〔註 61〕《後漢書・賈逵傳》，卷三十六，頁 1240。
〔註 62〕《後漢書・陳寔傳》謂：「寔爲太丘長，……，修德清靜，百姓以安。鄰縣人

如果本居郡縣之政治、經濟情況好轉後，流亢於外的百姓也樂於歸還故里。如和帝永元七年（西元 95 年），曹褒爲河內太守，「省吏并職，退去姦殘，澍雨數降。其秋大孰，百姓給足，流亢皆還。」〔註 63〕安帝延光年間，虞詡爲武都太守，「始到郡，戶載盈萬。及綏聚荒餘，招還流散，二三年閒，遂增至四萬餘戶。鹽米豐賤，十倍於前」。〔註 64〕

兩漢大量的流民最主要的來源，一是無名數者，如元封四年（西元前 107 年）時，流民二百萬，其中無名數者佔了五十萬，以漢代買賣土地的地券中明載買賣雙方名字看來，〔註 65〕這些無名數者擁有土地的可能性不大。無恒產者無恒心，一遇災荒則流於它處。二是崔實所謂的下戶，〈政論〉曰：

> 故下户踦䟶，無所跱足，乃父子低首，奴事富人，躬帥妻孥爲之服役，……，貧者躡短而歲踧，歷代爲虜，猶不贍于衣食，生有終身之勤，死有暴骨之憂，歲小不登，流離溝壑，嫁妻賣子。〔註 66〕

「奴事」、「爲虜」可能都是誇張之辭，並非即指一般奴隸而言，其爲下戶自有其獨立之戶籍。〔註 67〕因此，這些下戶可能即指「貧者」而言，其中或者可再細分爲完全無田無業者及自有耕地太少之貧農，這些人都必須再承租富人土地以資生計，常日或可勉強餬口，「歲小不登」，則不免於「流離溝壑」矣。

第二節　戰亂導致的遷徙及其它

因戰亂而引起人民流亡是相當容易理解的。戰亂大抵可分爲外族入侵與內部紛爭。兩漢時期，匈奴、羌族寇邊，此外患也。秦末漢初諸侯逐鹿天下，王莽末年群雄輩立，此內亂之大者；至如群盜阻山攻城、黃巾稱號掠地等，則內亂之較小者。漢獻帝以後，群雄紛爭，掠民以自足及因之引起的大規模人口遷徙，研究者多，〔註 68〕且其影響魏晉以下甚鉅，限於才力篇幅，此處不贅。

户歸附者，寔輒訓導譬解，各令還本司官行部。」卷六十二，頁 2066。

〔註 63〕《後漢書，曹褒傳》，卷三十五，頁 1205。

〔註 64〕《後漢書・虞詡傳》，卷五十八，頁 1869。

〔註 65〕參見趙岡、陳鍾毅，《中國土地制度史》（台北，聯經出版公司，民國 71 年 4 月，初版），頁 21～23。

〔註 66〕《全後漢文》，卷四十六，頁 10b（台北，世界書局，民國 50 年）。

〔註 67〕趙岡、陳鍾毅，前引書，頁 329。

〔註 68〕有關漢末三國時期人口遷徙的研究，參見陳嘯江，〈三國時代的人口移動〉（《食貨半月刊》一卷 3 期），頁 90～96；何茲全，〈三國時期農村經濟的破壞與復

秦二世元年（西元前209年），陳勝、吳廣揭竿而起，至漢高祖五年（西元前202年），東克項羽，長達八年的戰亂，使得中國人口銳減。高祖七年（西元前200年），帝過曲逆，問其戶口幾何？御史曰：

始秦時三萬餘户，間者兵數起，多亡匿，今見五千户。〔註69〕

以此爲例，則中國人口亡散六分之五。高祖十二年（西元前 195 年），大封列侯，因「天下初定，故大城名都散亡，戶口可得而數者十二三」。〔註 70〕從五年時戶口爲秦時之六分之一，至十二年時的「十二三」，人口似乎略爲增加。値得注意的是，上面兩條資料都明白表示減少的人口中，除了死亡外，還有一些未登錄於政府戶冊中，朝廷不得「數」的「亡匿」、「散亡」者，如燕、趙、齊地之人因避戰亂流至朝鮮者，多達數萬口之多。〔註71〕這類不書名數者究竟在減少的人口中佔了多少比例？確實的數字已不可知。但據許倬雲先生的研究，西漢人口成長的速度，前期（西元前201～91年）平均每年百分之一點六，後期（西元前73～3年）則爲百分之一點三，前期高於後期。在許先生表列的前期十九個例子中，如再以武帝即位時爲準（西元前 140 年），則時間完全在此之前的十二個例子，平均年成長達百分之一點九七；時間延續至武帝後的七個例子則只有百分之一點三，與後期的人口成長率頗接近。〔註72〕這幾近百分之零點七的成長差距，可能有大部分是來自流民的還鄉附籍。漢高祖統一天下的同年即下詔鼓勵流民附籍：

民前或相聚保山澤，不書名數，今天下已定，令各歸其縣，復故爵田宅，吏以文法教訓辨告，勿笞辱。〔註73〕

武帝前的人口成長率所以高於武帝後，可能和流民的逐漸附籍有相當密切的關係。《漢書・高惠高后文功臣表》：

故逮文景四五世間，流民既歸，户口亦息，列侯大者至三四萬户，小國自倍，富厚如之。〔註74〕

興〉（《食貨半月刊》一卷5期），頁168～174；許倬雲，〈三國吳地的地方勢力〉（《史語所集刊》三十七本上冊），頁186～192，198～200。

〔註69〕《史記・陳丞相世家》，卷五十六，頁2058。《漢書・陳平傳》，作「五千餘户」，卷四十，頁2045。

〔註70〕《史記・高祖功臣侯者年表》，卷十八，頁877。

〔註71〕《後漢書・東夷傳》，卷八十五，頁2817。

〔註72〕Cho-yun Hsu, Han Agriculture，頁16～20。

〔註73〕《漢書・高帝紀》，卷一下，頁54。

〔註74〕《漢書・高惠高后文功臣表》，卷十六，頁528。《史記・高祖功臣侯者年表》：

「流民既歸」和「戶口亦息」是使得武帝即位前人口增加一倍以上的最大因素。

東漢初年人口銳減的情形和西漢初年類似，「海內人民可得而數，裁十二三」；〔註 75〕京兆地區更因迭遭更始、赤眉入關，戶口十不存一。〔註 76〕減少的人口中，除因戰亂死亡外，可能有不少是棲身於它處者。遠離中原四戰之地的河西、〔註 77〕蜀地、〔註 78〕江南，〔註 79〕都有不少流民暫居其處。這些散居各地的流民，在戰亂時期可能都不在政府名數之列，因此，光武中興後，漢朝廷可得而數之人民，扣除掉死亡及不書名數之流民，所餘者不過十二三。在漢政權中，人民的多寡直接影響到稅收多寡的情況下，〔註 80〕鼓勵流民附籍便成爲重要之政策。因此，明帝即位不久，立刻下詔：「流人無名數欲自占者人（賜爵）一級」，〔註 81〕鼓勵流民附籍，這種措施和前述漢高祖鼓勵人民各歸其縣的作法可說如出一轍。總計明、章二世，類似的詔令達八次之多，〔註 82〕可以想見東漢初年流民之多及兩帝意欲安定社會、增加稅收的殷切期望。

西漢時期，盜賊紛擾與流民滋生合而觀之的記載很少，不過，從東漢的例子看來，盜賊紛擾帶來人民流連道路的結果是必然的，所異者當只是規模大小而已。東漢自安帝後，因盜賊紛擾而引起的流民事件屢見史籍。永初元年（西元 107 年）：「民訛言相驚，司隸、并、冀州民人流移」，此次民流事件即因盜賊所致；〔註 83〕永初四年（西元 110 年），朝歌賊寧季等數千人爲亂，使得「青、冀之人流亡萬數」。〔註 84〕因此，陳忠曰：「自（安）帝即位以後，頻遭元二之

「後數世，民咸歸鄉里，戶益息，蕭曹絳灌之屬或至四萬，小侯自倍，富厚如之。」卷十八，頁 877～878。曹參封邑萬六千戶爲四人中最多者，其封邑內之人口成長當在一倍以上。

〔註 75〕《續漢書・郡國志》，卷二十三，頁 3533。

〔註 76〕蔡邕，〈京兆尹樊陵頌碑〉，《全後漢文》（世界書局，台北，民國 52 年 5 月，2 版），卷七十五，頁 3。

〔註 77〕《後漢書・隗囂傳》，卷十三，頁 521。

〔註 78〕《後漢書・公孫述傳》，卷十三，頁 535。

〔註 79〕《後漢書・循吏傳》，卷七十六，頁 2460。

〔註 80〕王毓銓，〈民數與漢代封建政權〉，收入《中國社會經濟史參考文獻》（台北，華世出版社，民國 73 年 10 月，初版），頁 233。

〔註 81〕《後漢書・明帝紀》，卷二，頁 96。

〔註 82〕明帝中元二年、三年，永平十二年、十七年、十八年四月、十八年十月，章帝建初三年、四年都曾下過類似的詔令，參見王仲犖，《魏晉南北朝史》，頁 9。

〔註 83〕參見《後漢書・安帝紀》，卷五，頁 209；《續漢書・五行志》，卷十三，頁 3277，卷十七，頁 3345。

〔註 84〕《後漢書・虞詡傳》，卷五十八，頁 1867。

戹，百姓流亡，盜賊並起」。〔註 85〕順帝永建四年（西元 129 年），「青、冀、揚州盜賊連發，數年之閒，海內擾亂。其後天下大赦，賊雖頗解，而官猶無備，流叛之餘，數月復起」；〔註 86〕永和以後，「綱紀少弛，頗失人望，四五歲耳，而財空戶散，下有離心」；〔註 87〕桓帝永壽中，徐、兗二州盜賊群輩，時第五種爲高密侯相，「勤厲吏士，賊聞皆憚之，桴鼓不鳴，流民歸者，歲中至數千家」。〔註 88〕蓋自安帝之後，國內盜賊爲患的次數及規模有愈來愈烈的趨勢，〔註 89〕但因此期間的盜賊爲患尚爲小區域範圍，〔註 90〕爲患程度尚不致太大，所引起的流民人數也只在「萬數」、「數千家」之譜。及至靈帝中平元年（西元 184 年），黃巾起事，「七州二十八郡同時俱發」，〔註 91〕爲患天下。在此紛擾時期，流民的數目也隨之激增，「中平中，黃巾賊起，郡縣皆弃城走，……，陳獨得完，百姓歸之者眾十餘萬人」；〔註 92〕劉虞爲幽州牧，「青、徐士庶避黃巾之難歸虞者百餘萬口」，〔註 93〕僅此兩地，流民數目即達百萬以上，如再加上遷徙至其餘地區者，則因黃巾之亂導致的流民數目當有數百萬之多。

除了內亂引起流民外，外敵入寇也造成同樣的結果。西漢初年，匈奴時而入寇，邊民「不能久安其處」，除了可能逃往內地外，亦有「邊民絕望而有降敵之心」者。〔註 94〕宣帝以後，匈奴的威脅減輕，「是時邊城晏閉，牛馬布野，世無犬吠之警，黎庶亡干戈之役」。〔註 95〕北疆安定達六十餘年，及至王莽篡位，匈奴再度成爲北疆的威脅，邊民遂又因戰亂而流連道路。元鳳元年（西元 14 年），匈奴「發兵寇邊，莽復發軍屯。於是邊民流入內郡」，〔註 96〕「數年之間，

〔註 85〕《後漢書・陳忠傳》，卷四十六，頁 1558。

〔註 86〕《後漢書・左雄傳》，卷六十一，頁 2019。

〔註 87〕《後漢書・朱穆傳》，卷四十三，頁 1468～1469。

〔註 88〕《後漢書・第五種傳》，卷四十一，頁 1403。

〔註 89〕王仲犖，前引書，頁 11。

〔註 90〕此期間之盜賊紛擾，史家常冠以地域名，如太山賊、廣陵賊、扶風妖賊，或如長平陳景、南頓管伯、陳留李聖等，參見《後漢書》，安帝、順帝、桓帝諸紀。

〔註 91〕《續漢書・五行志》，卷十四，頁 3297。

〔註 92〕《後漢書・孝明八王傳》，卷五十，頁 1669。

〔註 93〕《後漢書・劉虞傳》，卷七十三，頁 2354。

〔註 94〕《漢書・鼂錯傳》，卷四十九，頁 2281、2286。又〈匈奴傳〉：「朕釋逃虜民，單于毋言章尼等」，是者雙方皆有逃亡降敵者，卷九十四上，頁 3763。

〔註 95〕《漢書・匈奴傳》，卷九十四下，頁 3832～3833。

〔註 96〕《漢書・王莽傳》，卷九十九中，頁 4138。

北邊空虛，野有暴骨矣」。〔註 97〕此後，北疆地區在內有群雄紛爭，外有匈奴入寇的情況下，人口流失相當嚴重。建武五年（西元 29 年），郭伋爲漁陽太守，「伋整勒士馬，設攻防之略，匈奴畏憚遠迹，不敢復入塞，民得安業。在職五歲，戶口增倍」，〔註 98〕以人口自然成長而言，五年絕不可能人口增倍，絕大部分的增加人口當是因此地區戰禍較少，當地流民還籍或鄰近地區人民附籍所致。不過，類似漁陽地區情況良好者並不多見，此期間，光武因「用事諸華，未遑沙塞之外」，〔註 99〕對於匈奴的入侵採移民逃寇之計。建武十五年（西元 39 年），徙鴈門、代郡、上谷三郡吏人六萬餘口於常山關、居庸關以東；〔註 100〕建武二十年（西元 44 年），「省五原郡，徙其吏人置河東」。〔註 101〕十五年時所徙的三郡六萬餘人，可能是全部人口只有六萬餘人，也可能是只徙出其中的六萬餘人。但由建武二十一年（西元 45 年），光武於北疆空置太守、令、長，自嘲：「今邊無人而設長吏治之，難如春秋素王矣」〔註 102〕的情形看來，六萬餘人縱非三郡人口的總數，可能也是其中的絕大部分了。平帝元始二年（西元 2 年）時，這三郡的人口約有六十九萬人，〔註 103〕至光武十五年（西元 39 年），剩下的人口可能不足十萬之數了，三十餘年的內亂外患，人口所存不過十之一二了。這些大量減少的人口，除了因戰亂死亡外，有一部分是移往內地所致。光武二十六年（西元 50 年），因南單于遣子入侍，國防壓力逐漸減輕，光武還邊民徙入內地者於本土：

> 於是雲中、五原、朔方、北地、定襄、鴈門、上谷、代八郡民歸於本土，遣謁者分將施刑補理城郭。發遣邊民在中國者，布還諸縣，皆賜以裝錢，轉輸給食。〔註 104〕

這八郡中有四郡是建武十五年（西元 39 年）、二十年（西元 44 年）分別內徙的，其它四郡的民眾則可能是戰亂期間陸續移往內地的；甚至光武內徙的四郡，有部分民眾可能早在光武內徙前已徙居內地。邊民徙居內地的人數可能相當的

〔註 97〕《漢書·匈奴傳》，卷九十四下，頁 3826。

〔註 98〕《後漢書·郭伋傳》，卷三十一，頁 1092～1093。

〔註 99〕《後漢書·南匈奴傳》，卷八十九，頁 2966。

〔註 100〕參見《後漢書·光武紀》，卷一下，頁 64；〈吳漢傳〉，卷十八，頁 683，〈南匈奴傳〉，卷八十九，頁 2940；《續漢書·天文志》，卷十，頁 3221。

〔註 101〕《後漢書·光武紀》，卷一下，頁 73。

〔註 102〕《續漢書·郡國志》，注引《漢官》，卷二十三，頁 3533。

〔註 103〕《漢書·地理志》，卷二十八下，頁 1621～1623。

〔註 104〕《後漢書·光武紀》，卷一下，頁 78。

多，以致於發遣邊民歸於本土的工作至少有三次之多，時間則持續至明帝永平五年（西元 62 年）。〔註 105〕

西羌入寇是東漢的另一個嚴重外患，尤其是安帝即位後，其勢大盛。永初二年（西元 108 年），東犯趙、魏，南入益州，寇鈔三輔，三年，朝廷討伐無功，西北地區幾乎全在羌族威脅之下。〔註 106〕在戰亂的影響下，「西州流民擾動」、〔註 107〕「自關以西，道殣相望」。〔註 108〕此時，影響西北邊民至深的棄邊言論盛行，龐參首倡其議，主張「今宜徙邊郡不能自存者，入居諸陵，田戍（三輔）故縣」，〔註 109〕其意在於棄西北邊區而固守三輔，大將軍鄧騭大表激賞；〔註 110〕後因虞詡聯合四府公卿提出異議，其勢稍挫。〔註 111〕不過，永初四年（西元 110 年），棄邊移民終成事實，「徙金城郡都襄武」，〔註 112〕襄武屬隴西郡，此第一次退卻；次年，又因先零羌寇河東、河內，朝廷再度徙邊，「移隴西徙襄武，安定徙美陽，北地徙池陽，上郡徙衙」。美陽屬右扶風，池陽、衙屬左馮翊，〔註 113〕西北邊郡徙至三輔一帶，正與龐參前議吻合。然而，在朝廷棄邊後，三輔地區仍屢遭羌患，「人庶流宂」。〔註 114〕由邊郡徙入三輔者，只得「逐道東走，流離分散，幽、冀、兗、豫、荊、揚、蜀、漢，飢餓死亡，復失太半」，〔註 115〕如萬章即於此時遠徙陳留外黃，〔註 116〕流民成爲棄邊下的最大犧牲者。稍後，邊民才在朝廷的統籌管理下，「雜寓關右之縣」。〔註 117〕此時期的羌患至順帝永建年間才告一個段落。永建四年（西元 129 年），因「涼州無事」，乃「復安定、

〔註 105〕建武二十六年、中元二年、永平五年各有一次，《後漢書・明帝紀》，卷二，頁 96、109。

〔註 106〕《後漢書・西羌傳》，卷八十七，頁 2886～2887。

〔註 107〕《後漢書・龐參傳》，卷五十一，頁 1687。

〔註 108〕《後漢書・馬融傳》，卷六十上，頁 1953。

〔註 109〕《後漢書・龐參傳》，卷五十一，頁 1688。

〔註 110〕《後漢書・虞詡傳》，鄧騭曰：「譬若衣敗，壞一以相補，猶有所完。若不如此，將兩無所保」，亦主張棄已「敗」之西北邊郡，退「保」三輔，卷五十八，頁 1866。

〔註 111〕《後漢書・虞詡傳》，卷五十八，頁 1866。

〔註 112〕《後漢書・安帝紀》，卷五，頁 215；〈西羌傳〉所載略同，卷八十七，頁 2887。

〔註 113〕《後漢書・西羌傳》，卷八十七，頁 2888。

〔註 114〕《後漢書・安帝紀》，卷五，頁 214。

〔註 115〕《潛夫論・實邊第二十四》，頁 282（台北，漢京文化事業有限公司，民國 73 年 5 月 15 日，初版）。

〔註 116〕《後漢書・竇憲傳》，卷二十三，頁 821。

〔註 117〕《後漢書・西羌傳》，范曄論，卷八十七，頁 2900。

北地、上郡歸舊土」，「使謁者郭璜督促徙者，各歸舊縣」。〔註 118〕此次三郡吏人的內徙，由永初四年（西元 110 年）至永建四年（西元 129 年），共計二十年。

順帝永和年間，羌患再度轉烈，永和五年（西元 140 年），邊郡內徙的情形也再度出現，「徙西河郡居離石，上郡居夏陽，朔方居五原」，〔註 119〕夏陽屬左馮翊；六年，「徙安定居扶風，北地居馮翊」，〔註 120〕棄邊城、守三輔的策略和永初年間時如出一轍。此次羌患從永和年間一直持續至桓靈時期，內徙諸郡亦因西北地區的長期擾亂，未見歸於舊土。三輔一帶在外無藩護的情況下亦屢遭羌寇，河東、馮翊、京兆「三郡之民皆以奔亡，……，冰解風散，唯恐在後」。〔註 121〕京兆地區的人口，從永和五年（西元 140 年）時的五萬三千二百九十九戶〔註 122〕銳減至靈帝光和年間「領戶不盈四千」，〔註 123〕三輔一帶尚且十不存一，西北邊郡的人口流失當更過之。

除了上述因強幹弱枝、犯罪、饑餓及戰亂等引起的大量人口遷徙外，史書所見猶有其它因素而致遷徙者。這些遷徙者有入籍定居者、有亡匿逃竄者。其所以遷徙之因則不一而足：有封侯就國因而家焉者，如張壽本趙人，「封細陽之池陽鄉，後廢，因家焉」〔註 124〕；楊茂本河東人，封烏傷新陽鄉侯，建武中就國，傳封三世，「有罪國除，因而家焉」。〔註 125〕兩漢封侯者眾，就國後因而長居者爲數大概不少。有客居某地因而家焉者，如王常「其先鄠人，常父博，成、哀閒轉客潁川舞陽，因家焉」〔註 126〕；伏湛先人本濟南伏生，湛高祖父孺，「武帝時，客授東武，因家焉」。〔註 127〕有武帝時限制強宗族居，被迫移居者，如鄭弘曾祖父本齊國臨淄人，「武帝時徙強宗大姓，不得族居，將三子移居山陰，因遂家焉」。〔註 128〕有高帝爲娛太上皇，於關中「作新豐，徙諸故人實之」。〔註

〔註 118〕參見《後漢書・順帝紀》，卷六，頁 256；〈西羌傳〉，卷八十七，頁 2893。
〔註 119〕《後漢書・順帝紀》，卷六，頁 270。
〔註 120〕《後漢書・順帝紀》，卷六，頁 271；〈西羌傳〉記載類同，卷八十七，頁 2896。
〔註 121〕《後漢書・劉陶傳》，卷五十七，頁 1850。
〔註 122〕《續漢書・郡國志》，卷十九，頁 3403。
〔註 123〕蔡邕，〈京兆尹樊陵頌碑〉，《全後漢文》，卷七十五，頁 4。
〔註 124〕《後漢書・張酺傳》，卷四十五，頁 1528。
〔註 125〕《後漢書・楊琁傳》，卷三十八，頁 1287。
〔註 126〕《後漢書・王常傳》，注引《東觀記》，卷十五，頁 578。
〔註 127〕《後漢書・伏湛傳》，卷二十六，頁 893。
〔註 128〕《後漢書・鄭弘傳》，注引《謝承書》，卷三十三，頁 1155。
〔註 129〕《史記・高祖本紀》，注引《括地志》，卷八，頁 387。

129〕有爲人將軍至長安，因緣占著名數，如任安，安本滎陽人。〔註 130〕有未明其因而確有遷徙行爲者，如李廣本槐里人，徙成紀；〔註 131〕趙充國本隴西上邽人，後徙金城令居；〔註 132〕王充先人本魏郡元城人，後徙會稽上虞〔註 133〕等。以上這些情形當皆書名數於遷入地。一般而言，遷移更籍由鄉吏辦理，基本條件是更賦皆給。〔註 134〕有避禍亡匿他處，如王仲於濟北王興居反時，「懼禍及，乃浮海東奔樂浪山中，因而家焉」；〔註 135〕荀爽遭黨錮，「隱於海上，又南遁漢濱」，〔註 136〕這種例子相當多，〈逸民傳〉中頗多記載，此處不一一列舉。這類人蓋躬耕山林，耕織自養。如岑晊、張牧避中常侍侯覽之陷，先「亡匿齊魯之閒」，後復逃竄，「終于江夏山中云」；何顒爲宦官所陷，「乃變姓名，亡匿汝南閒，所至皆親其豪桀」；〔註 137〕蔡邕爲內寵所惡，懼禍，「乃亡命江海，遠跡吳會。往來依太山羊氏，積十二年，在吳」；〔註 138〕梁鴻爲章帝所惡，乃易姓名，「與妻子居齊魯之閒」，後至吳，「依大家皐伯通，居廡下，爲人賃舂」。〔註 139〕此類人蓋皆托庇大家門下。漢律中有首匿之科，旨在防止「豪桀犯禁，姦吏弄法，……，以破朋黨，以懲隱匿」，藏匿亡命，罪至於死，〔註 140〕所謂「亡逃之科，憲令所急」是也。〔註 141〕

〔註 130〕《史記・田叔傳》，卷一〇四，頁 2779。
〔註 131〕《史記・李將軍傳》，卷一〇九，頁 2867。
〔註 132〕《漢書・趙充國傳》，卷六十九，頁 2971。
〔註 133〕《後漢書・王充傳》，卷四十九，頁 1629。
〔註 134〕王毓銓，〈民數與漢代封建政權〉，收入《中國社會經濟史參考文獻》，頁 245。
〔註 135〕《後漢書・循吏傳》，卷七十六，頁 2464。
〔註 136〕《後漢書・荀爽傳》，卷六十二，頁 2056。
〔註 137〕《後漢書・黨錮傳》，卷六十七，頁 2212、2217。
〔註 138〕《後漢書・蔡邕傳》，卷六十下，頁 2002。
〔註 139〕《後漢書・逸民傳》，卷八十三，頁 2766～2768。
〔註 140〕《後漢書・梁統傳》，卷三十四，頁 1166～1167。
〔註 141〕《後漢書・郭躬傳》，卷四十六，頁 1559。

第四章　農民流亡原因的探討

歷來研究農民流亡，常以天災作爲主要的原因，〔註1〕但天災卻非唯一的因素。如西漢二百一十四年中，有災之年三十二，〔註2〕平均六至七年有一次天災，流民出現的次數則至少有二十一次，〔註3〕平均約十年一次。但是文、景在位期間（共三十九年），有災之年十二，〔註4〕平均不到四年即有一次天災，其比例遠甚於西漢全期，然而據王仲犖先生的統計，流民事件於文、景時期則未之見。再如東漢一百九十五年中，有災之年一百一十九，比例高達百分

〔註1〕參見馬非白，〈秦漢經濟史資料（三）——農業〉（《食貨半月刊》，三卷1期），頁12。

〔註2〕李劍農，《先秦兩漢經濟史稿》（台北，華世出版社，民國70年12月，初版），頁172。

〔註3〕王仲犖，《魏晉南北朝史》，頁6～7。同一年發生者視爲一次。

〔註4〕

年　代	災　害	資　料　來　源
文帝元年	大水潰出	《漢書・文帝紀》4/114
三年秋	天下旱	《漢書・五行志》27/1391
四年六月	大雨雪	《漢書・五行志》27/1424
九年春	大　旱	《漢書・文帝紀》4/122
十二年冬	河決東郡	《漢書・文帝紀》4/123
後六年春	天下大旱	《漢書・五行志》27/1392
後六年秋	螟	《漢書・五行志》27/1446
景帝六年十二月	霖　雨	《漢書・景帝紀》5/144
中三年九月	蝗	《漢書・景帝紀》5/147
中三年秋	大　旱	《漢書・五行志》27/1392、1435
中四年	大　蝗	《史記・孝景本紀》11/445
中五年	天下大潦	《史記・孝景本紀》11/445
中六年三月	雨　雪	《漢書・景帝紀》5/149、〈五行志〉27/1424
後二年秋	大　旱	《史記・孝景本紀》11/448、《漢書・景帝紀》5/152

有災之年的統計，同一年發生者視爲一次。

之六十，明章兩世三十一年中，有災之年十六，稍低於全期的比例，〔註 5〕但是明章兩世，流民事件僅一次，其餘時期則達十九次之多，〔註 6〕明章兩世發生流民事件的比例遠低於全期。可見農民流亡並非純由天災所致，前章言及農民流亡的原因包括天災、貪官污吏、重賦苛稅、豪強兼并等，更明確地說，農民因飢餓而流亡，其因素應是多重的，而非單一的。

本章試圖由農民的一般收支情形，來窺探農民流亡的因素。

第一節　農民的收入

如果農民的主要收入來自男耕女織，則影響農戶收入多寡的主要因素，莫過於擁田多少、單位產量多少及穀價的起伏等。就兩漢的資料而言，我們所能追究的，仍只是大概的、一般性的數字。

漢文帝時，鼂錯估計五口之家的農戶所能耕者不過百畝，〔註 7〕以鼂錯亟論農民貧困的情形看來，其估計的數字可能偏低，因此，漢文帝時每戶農家平均擁有百畝田地當不爲高。到了平帝元始二年（西元 2 年），全國每戶平均畝數只剩下六十七畝多。〔註 8〕從文帝時的百畝到平帝時的六十七畝，最大的變數當在於人口的迅速增加，平帝時天下口數將近六千萬，爲漢極盛時期，〔註 9〕而文帝時人口數字雖然無法確定，但應不及二千五百萬，〔註 10〕墾田數的增加不及人口數的成長，平均擁有的畝數自然跟著下降。因此，從文帝到平帝這段期間，每戶農家所能擁有的平均畝數當在百畝和六十七畝之間。

東漢時，有數字可尋的墾田數如下：〔註 11〕

年　代	墾 田 數	戶　數	口　數	每戶平均口　數	每戶平均畝數
和帝元興元年	8270536.00 頃	9237112	53256229	5.76	79.25 畝
安帝延光四年	7320170.80 頃	9647838	48690789	5.04	71.96 畝

〔註 5〕李劍農，前引書，頁 173。

〔註 6〕王仲犖，前引書，頁 7～9。

〔註 7〕《漢書・食貨志》，卷二十四上，頁 1132。

〔註 8〕參見馬持盈，《中國經濟史》（台北，臺灣商務印書館，民國 70 年 7 月，1 版），第二冊，頁 273。

〔註 9〕《漢書・地理志》，卷二十八下，頁 1640。

〔註 10〕管東貴師，〈戰國至漢初的人口變遷〉，《史語所集刊》五十本四分，頁 652。

〔註 11〕參見馬持盈，前引書，頁 273。

順帝建康元年	6942892.23 頃	9946919	49720550	4.99	69.33 畝
冲帝永嘉元年	6957676.20 頃	9937680	49524181	4.99	70.01 畝
質帝本初元年	6930123.38 頃	9348227	47566772	5.08	74.13 畝

這五個數字中，除了和帝時因每戶平均口數較高，導致每戶平均畝數較高外，餘者大抵在七十畝上下，如果把和帝時每戶口數以五人計算，則每戶平均只有六十九畝，〔註 12〕與其它四個數字相似。也就是說，東漢中期每戶平均擁有的畝數約在七十畝。

雖然沒有確切的數字可以說明中小農戶爲農業人口中的最多數。不過，武帝時「楊可告緡徧天下，中家以上大氐皆遇告」，沒收的田地「大縣數百頃，小縣百餘頃」。如果說大地主的田地由每戶佃農承租五十畝耕種，佃戶人口以最保守的計算也不至於超過百分之二十，〔註 13〕可見眞正貧無立錐的農戶仍只佔農業人口的少部分，中小農戶可能才是最普遍的現象。從前文中，我們試且估計每戶中小農平均擁有七十畝自耕地。

由於土地的肥瘠、利於灌溉與否及農耕技術等條件的不同，都影響單位產量的不一。因此，漢人估計每畝產量時也有相當的差異，低者如鼂錯曰:「百畝之收不過百石」，〔註 14〕高者則有一鍾（六斛四斗）、十石等估計。值得注意的是，漢代關於高產量土地的估計，幾乎都是利於灌溉所致。在未施行灌溉以前，這些土地或爲「舄鹵之地」、或爲「河壖弃地」、或者直接稱爲「惡地」（參見後文），都是不利耕種者。是則水源的獲得與否決定了單位產量的多寡，因此，討論單位產量的多寡時，將大分其爲水田、旱田兩類。

文帝時鼂錯估計每畝產穀一石，這個估計可能稍低。據李悝的估計，畝收一石半已經入不敷出，如果如鼂錯所言，則扣掉五口之家一年所食，已無力再支付賦稅所需。如此，文帝時農民之生活將不免於飢寒交迫，然而文帝時百姓遂安，人給家足的景象，〔註 15〕卻是不容否認的。因此，畝收一石的說法應是指特別貧瘠的土地，否則不足信。秦末，陳平家貧，有田三十畝，與兄嫂居，兄常耕田，使平游學，〔註 16〕三十畝田地的收成除供三人衣食之

〔註 12〕79.25÷5.76×5＝68.8（畝）。
〔註 13〕Cho-yun Hsu, Han Agriculture ，頁 66 及註 18。
〔註 14〕《漢書・食貨志》，卷二十四上，頁 1132。
〔註 15〕《史記・律書》，卷二十五，頁 1242～1243。
〔註 16〕《史記・陳丞相世家》，卷五十六，頁 2051。

需外，兼能使陳平食而肥的游學。單以三人食量而言，已近百石，〔註 17〕再加上賦稅之需，則三十畝之收當在百石以上方足應付，每畝之收應有三、四石以上。再者，據《淮南子》記載：「一人蹠耒而耕不過十畝，中田之獲卒歲之收，不過畝四石」。〔註 18〕這兩條資料都顯示畝產量遠高於一石。當然，陳平、《淮南子》兩例皆屬小面積耕作，或者較爲精密，所以單位產量較高。武帝時，趙過提倡代田法，試諸旱地，「一歲之收常過縵田晦一斛以上，善者倍之」，〔註 19〕如果「之」指縵田而言，則本來旱地縵種的畝產量亦可能在二斛左右。平均而言，一般旱地畝產二斛半應不爲高。

得灌溉之利的田地產量較旱地爲多，爲時人共識。「若有渠漑，……，高田五倍，下田十倍」，〔註 20〕雖不必如其形容之整齊，但水田產量較旱田爲高則可見一斑。西門豹治鄴，灌以漳水成爲膏腴，則畝收一鐘，〔註 21〕秦開鄭國渠，漑舄鹵之地四萬餘頃，收皆畝一鐘，〔註 22〕此戰國時。「重泉以東萬餘頃故惡地，誠即得水，可令畝十石」、〔註 23〕「引河漑汾陰、蒲坂下，度可得五千頃，五千頃故盡河壖弃地，今漑田之，度可得穀二百萬石以上」，〔註 24〕則畝收四石以上，「帶郭千畝畝鍾之田」，〔註 25〕此西漢時。鍾離牧「種稻二十餘畝，……，舂所取稻得六十斛米」，〔註 26〕以米換稻穀則爲百斛，〔註 27〕

〔註 17〕估計陳平兄弟各月食三石，嫂食二石餘，三人月需八石餘，年需近百石。參下節。

〔註 18〕《淮南鴻烈集解・主術篇》，卷九，頁 27（台北，臺灣商務印書館，民國 58 年 8 月，臺 1 版）。

〔註 19〕《漢書・食貨志》，卷二十四上，頁 1139；顏師古注曰：「善爲甽者，又過縵田二斛以上也」，亦即將「之」字視爲一斛以上。愚意以爲「之」指縵田而言，常人以代田法耕種則收成較縵田畝多收一斛以上，然尚未倍之，只有善者乃能超過縵田收成的兩倍，則本來旱田縵種之畝產量超過「一斛以上」。

〔註 20〕《漢書・溝洫志》，卷二十九，頁 1695。

〔註 21〕《論衡集解・率性篇》，卷二，頁 39（台北，世界書局，民國 47 年 5 月，初版）。

〔註 22〕《史記・河渠書》，卷二十九，頁 1408。

〔註 23〕《漢書・溝渠志》，卷二十九，頁 1681。

〔註 24〕《史記・河渠書》，卷二十九，頁 1410。

〔註 25〕《史記・貨殖傳》，卷一二九，頁 3272；又〈蘇秦傳〉曰：「且使我有雒陽負郭田二頃……」，《索隱》注曰：「近城之地，沃潤流澤，最爲膏腴，故曰『負郭』也」，是則帶郭之田亦得灌漑之利，卷六九，頁 2262。

〔註 26〕《三國志・鍾離牧傳》，卷六十，頁 1392。

〔註 27〕參見楊聯陞，〈漢代丁中、廩給、米粟、大小石之制〉，《食貨月刊》十一卷 8 期（民國 70 年 11 月），頁 2。

則畝收四、五石間，牧所墾植本爲荒田，否則產量當更豐，此三國時。是者，從戰國至三國時期，水田產量有四石以上、一鍾（六石四斗）、十石等說法，而以一鍾爲最常見，亦在各種說法之間，試以水田一般產量爲六石四斗作爲討論依據。

有了水、旱田的產量概數後，試再求水、旱田之比例，以明平均畝產。兩漢政府對於水利建設的開發，一般而言，頗爲努力。〔註 28〕武帝時爲一高峯，史稱：

> 朔方、西河、河西、酒泉皆引河及川谷以溉田；而關中輔渠、靈軹引堵水；汝南、九江引准；東海引鉅定；泰山下引汶水：皆穿渠爲灌田，各萬餘頃。〔註 29〕

這條資料提供了我們估計各郡水、旱田比例的依據，不過，由於詳細數字難以取得，因此，下面的數字只是個概數。西河郡旱田的面積約爲水田面積的七點五倍，即水、旱田的比例約爲一比七點五，九江一比八，泰山一比十，東海、南陽一比二十，汝南一比二十六。〔註 30〕到了元成之際，南陽地區得水利灌溉的田地增至三萬頃，水、旱田比例增至一比八，〔註 31〕漢末，汝南

〔註 28〕 馬持盈，前引書，頁 191。

〔註 29〕 《史記・河渠書》，卷二十九，頁 1415。

〔註 30〕 水、旱田比例的算法爲：將溉田萬餘頃估計爲一萬二千頃，再找出各郡的户數，乘以每户平均畝數六十八畝（由於户數爲平帝時資料，故平均畝數亦從平帝時之數字），得各郡墾田數，然後以一萬二千頃除總數，得水、旱田之比例。朔方、河西、酒泉等地屬偏遠地區，關中爲首善地區，除輔渠、靈軹外，溝渠遍布，皆不加討論。其餘諸郡水、旱田比例如下：

郡　名	水田面積	戶　數	墾 田 數	水旱田比例
西　河	約 12,000 頃	136,390	約 93,000 頃	約 1：7.5
九　江	12,000 頃	150,052	102,000 頃	1：8
泰　山	12,000 頃	172,086	117,000 頃	1：10
東　海	12,000 頃	358,414	244,000 頃	1：20
南　陽	12,000 頃	359,316	244,000 頃	1：20
汝　南	12,000 頃	461,587	314,000 頃	1：26

這六個郡人口密疏不一，可能影響到平均畝數的不一，不過就整個漢帝國而言，這六郡分屬并、揚、兗、徐、荊、司隸六州，頗具區域代表性，平均言之，亦能代表全國性的水、旱田比例。又武帝時户數、墾田數皆不及平帝時，武帝時之水、旱田比例應較表中爲高。

〔註 31〕 《漢書・循吏傳》，卷八十九，頁 3642。南陽郡水田面積增加至三萬頃，則水、

郡水田面積可能也增加不少。〔註 32〕除了上述地區外，其它地區的灌溉事業也相當發達，史稱「今西方諸郡，以至京師東行，民皆引河、渭山川水灌田」、「它小渠及陂山通道者，不可勝言」。〔註 33〕這種遍及全國的灌溉事業受到政府的重視，可從中央及地方上設有專司水利運用的官吏中窺得端倪。〔註 34〕到了西漢末年，由於水利建設的普遍化，水、旱田的比例可能在一比十一左右。〔註 35〕

東漢時，政府對黃河流域的原有灌溉渠水重加維修，對於江淮地區的陂水灌溉則積極開發，工程規模雖較小，但卻更爲普及。〔註 36〕整個灌溉系統所涵蓋的面積可能不遜西漢時期，有些地區的水、旱田比例則更非西漢時所能比擬，如章帝章和元年（西元 87 年），馬棱爲廣陵太守，「興復陂湖，溉田二萬餘頃」。〔註 37〕如以每戶擁田七十畝計算，則水、旱田比例高達一比三以上。〔註 38〕

總結前文，如果水田的一般產量爲六斛四斗，旱田爲二斛半，水、旱田比例爲一比十一，則水、旱田平均產量爲每畝二斛八斗餘。〔註 39〕仲長統曰：「今通肥饒之率，計稼穡之入，令畝收三斛」，〔註 40〕如果「饒」爲「墝」之誤，〔註 41〕則每畝三斛的產量正和前述的估計相類似。

穀價的多少和農民的收支皆有密切關係。漢代計算穀物的單位，常見者有

旱田比例增至 1：8（30,000 頃÷244,000 頃≒1：8）。

〔註 32〕《後漢書・何敞傳》，敞於和帝永元年間爲汝南太守，修舊渠，墾田增三萬頃，可能有部分爲西漢時餘惠，卷四十三，頁 1487。

〔註 33〕《漢書・溝渠志》，卷二十九，頁 1684、1697。

〔註 34〕參見嚴耕望，〈漢代地方行政制度〉，《史語所集刊》二十五本，頁 64、181；黃耀能，《中國古代農業水利史研究》（台北，六國出版社，民國 67 年 3 月，初版），頁 188。

〔註 35〕（$\frac{1}{7.5}+\frac{1}{8}+\frac{1}{8}+\frac{1}{10}+\frac{1}{20}+\frac{1}{26}$）÷6≒$\frac{1}{11}$。南陽郡水、旱田比例以一比八計算。

〔註 36〕黃耀能，前引書，頁 222～223，246～247。

〔註 37〕《後漢書・馬援傳》，卷二十四，頁 862。

〔註 38〕20,000 頃÷（0.7 頃×83,907 户）≒$\frac{1}{3}$。

〔註 39〕（6.4×1＋2.5×11）÷12≒2.83（斛）。

〔註 40〕《後漢書・仲長統傳》，卷四十九，頁 1656。

〔註 41〕依仲長統之意似在平均肥沃與墝埆之田地而言，故乃「通」而言之，如單指肥饒田地而言，則「通……之率」頗不可解。再者，肥墝並提爲兩漢習見，如《論衡・率性篇》：「夫肥沃墝埆，土地之本性也。肥而沃者性美，……，墝而埆者性惡……」，卷二，頁 35；《淮南子・主術篇》：「肥墝高下，各因其宜」，卷九，頁 28。故而，「通肥饒之率」的「饒」字很可能是「墝」之誤。

石和斛，一爲衡法，一爲量法，其大小則略等。〔註 42〕有關漢代穀價的資料甚多，〔註 43〕但多屬豐年穀賤，或荒年穀貴的例子。李悝雖曾指出「石三十」，〔註 44〕但一來時代不同，二來幣值相異，〔註 45〕作爲漢代一般穀價的標準則偏低甚多。由於新資料的出土及新方法的運用，近代學者對於漢代穀價的看法頗爲相近。從文獻和漢簡中，勞榦先生以爲就通常市價言之，西漢每石米應爲百餘錢，穀價七八十錢；東漢應爲米價二百錢，穀價百錢；〔註 46〕陳直先生則以爲西漢末年穀價每石略高於百錢；〔註 47〕王栻先生在討論漢代官俸半錢半穀時，提出漢代穀價每石百錢不爲高；〔註 48〕李劍農先生則以爲西漢時每石穀價在百錢上下，東漢以較低的價格估計當在三十至八十錢之間。〔註 49〕諸家說法中除了李劍農先生對東漢穀價採較低估計外，餘者大抵皆在百錢上下。

如果兩漢農民一般擁田七十畝，畝產三石，則年收穀二百一十石，試以此作爲下文討論的依據。

第二節　農民的支出

農民的一般支出，當以衣食消費、賦稅徵收及社禮祭祀費用等爲主。在討論這些問題以前，漢代家庭的口數和組織必須先加釐清，因爲舉凡食用的消費、賦稅的徵收都和此息息相關。

就漢代家庭的口數而言，李悝曰：「一夫挾五口」、鼂錯曰：「農夫五口之家」，〔註 50〕五口之家似乎是普遍的現象。據兩漢書地理志所載，兩漢每戶平

〔註 42〕參見呂思勉，《秦漢史》（台北，臺灣開明書店，民國 64 年 4 月，臺 4 版），頁 522；王栻，〈漢代的官俸〉，《思想與時代》第 25 期，頁 29。

〔註 43〕參見陳嘯江，〈兩漢底通貨單位和物價〉，《中山大學文史學研究所月刊》二卷 2 期，頁 84～85；勞榦，《居延漢簡考證》，頁 57～58；韓復智，〈兩漢物價的變動與經濟政策之關係〉，收入氏著《漢史論集》（台北，文史哲出版社，民國 69 年 10 月，初版），頁 24～27。

〔註 44〕《漢書·食貨志》，卷二十四上，頁 1125。

〔註 45〕陳嘯江，前引文，頁 85；王栻，前引文，頁 32。

〔註 46〕勞榦，《居延漢簡考證》，頁 58。

〔註 47〕陳直，〈從秦漢史料中看屯田制度〉，收入《中國歷代土地制度問題討論集》（北京，三聯書店，1957 年 9 月，1 版），頁 89。又，陳直，《兩漢經濟史料論叢》（陝西，人民出版社，1958 年），頁 58。

〔註 48〕王栻，前引文，頁 32。

〔註 49〕李劍農，前引書，頁 207。

〔註 50〕《漢書·食貨志》，卷二十四上，頁 1125、1132。

均口數約在五人上下；〔註 51〕由江陵出土的鄭里廩簿統計，每戶平均口數爲四點六七人，〔註 52〕五口之家爲漢代家庭最普遍的數目，應是可信的。就家庭組織而言，漢襲秦俗，子壯出分，一般以夫婦及其子女所組成爲主體，父母同居者不多，兄弟姊妹同居者更少。〔註 53〕因此，一般家庭的成員可能包括夫妻二人及未成年的子女三人，子女三人中，假設十五歲以上者一人，七至十四歲者二人，〔註 54〕作爲我們討論農民支出的依據。

李悝曰：「人月食一石半」，〔註 55〕這個數字指未舂過的穀而言，〔註 56〕但此平均數與漢代資料相比則偏低很多。月食一石半對孤苦貧寒者猶且不足。〔註 57〕《鹽鐵論·散不足篇》：「十五斗粟，當丁男半月之食」，〔註 58〕每月食三石粟；趙充國上屯田奏：「凡萬二百八十一人，用穀月二萬七千三百六十三斛」，〔註 59〕人月食二斛六斗六升多，然此數字可能有誤；〔註 60〕王莽時，嚴尤曰：「計一人三百日食，用糒十八斛」，〔註 61〕人月食糒一斛八斗，糒者乾飯也，換算爲穀則亦月三斛。楊聯陞先生據漢簡資料以爲漢將士及其家屬每月廩給量爲：大男（15 歲以上）粟三石三斗三升少，或三石；大女（15 歲以上）與使男（7～14 歲）粟二石一斗六升多，或二石九升少；使女（7～14 歲）與未使男（6 歲以下）粟一石六斗六升多；未使女（6 歲以下）粟一石一斗六升，或一石六斗。〔註 62〕大男的廩給量和文獻載丁男之食量類似。準此，則一般五口之家每年食穀一百四十九石至一百二十七石之間，〔註 63〕平均約

〔註 51〕參見許倬雲，〈漢代家庭的大小〉，收入氏著《求古編》，頁 539～540。

〔註 52〕杜正勝，〈傳統家族試論（上）〉，《大陸雜誌》，六十五卷 2 期，頁 65～66。

〔註 53〕許倬雲，前引文，頁 528、530、538；杜正勝，前引文，頁 68。

〔註 54〕參見柳翼謀，〈漢人生計之研究〉，《史地學報》，一卷 2 期，頁 317。

〔註 55〕《漢書·食貨志》，卷二十四上，頁 1125。

〔註 56〕李悝的討論以粟爲準，粟是未舂過的穀之一種，參見勞榦，〈關於漢代官俸的幾個推測〉，收入氏著《勞榦學術論文集甲編》，頁 1039。

〔註 57〕《三國志·管寧傳》，注引《魏略》，卷十一，頁 365～366。

〔註 58〕《鹽鐵論校注》，頁 204。

〔註 59〕《漢書·趙充國傳》，卷六十九，頁 2985～2986。

〔註 60〕參見勞榦，〈大石與小石〉，《大陸雜誌》一卷 11 期，頁 21。

〔註 61〕《漢書·匈奴傳》，卷九十四，頁 3824。

〔註 62〕楊聯陞，前引文，頁 1～3。

〔註 63〕如果五口之家爲夫婦二人，子三人，則年需（3×2+2.16×3）×12≒149（石），夫及十五歲以上的兒子各月食三石，妻及七至十四歲的兒子各月食二石一斗六升，此最多者。如果爲夫婦二人及女三人，則（3+2.16×2+1.66×2）×12≒127（石），此最少者。

一百四十石。

衣服是李悝〈平糴論〉中的另一大消費，不過男耕女織是中國農村的普遍現象，漢代亦復如此，「農夫釋耒，女工下織」〔註 64〕只見於大動亂時。此項消費應可自給自足，不假外求。〔註 65〕

農民對政府的義務，主要有田租、算賦、口賦、更賦和貲算等。兩漢賦稅制度都略有變易，〔註 66〕但大部分時間仍有常制可尋。各項賦稅中，田租以徵收穀物爲主，雖然田租並不是按照每年總收成量課徵而是有定額，〔註 67〕不過在制定額數時仍可能參考平常的年收穫。以三十稅一計算，則每年田租七石。算賦、口賦的徵收以貨幣爲主，年十五至五十六歲，每人每年百二十錢，是爲算賦；年七至十四歲，每人每年二十三錢，是爲口賦。一般五口之家算賦、口賦的支出每年共四百零六錢。更賦又可分爲兩類：一爲每年給郡縣一月繇役，可以錢代替，需三百錢；二爲一生服役一年的戍卒，亦可以錢代替。〔註 68〕由於戍卒一生服役一年，且代役錢隨著工資的波動並無一定標準，如以錢代役每年需負擔的數字較難估計，如以每年三百錢計，〔註 69〕則一般家庭每年約需負擔六百錢。貲算的徵收以戶爲單位，依財產總值多寡徵收，每萬錢收一百二十七錢。景帝時四算（四萬）爲廉士，〔註 70〕廉士即可爲宦，則一般農戶的貲產可能更在廉士之下，如以兩萬計算，〔註 71〕則年需二百五十四錢。

李悝估計社錢的支出爲三百錢，相當於當時十石粟的價錢，〔註 72〕如果以漢代每石百錢計算，則爲千錢。又居延漢簡：「入秋社錢千二百」，〔註 73〕一般社錢的花費可能需千錢以上，試以一千二百錢計算。

總計一般農戶每年支出穀約一百四十七石（食用與田租），錢約二千四百

〔註 64〕《史記・酈生傳》，卷九十七，頁 2694。

〔註 65〕參見 Cho-yun Hsu, Han Agriculture，頁 70～71。

〔註 66〕關於賦稅制度的種類及變革，參見李劍農前引書，頁 259～268；高敏，〈秦漢賦稅制度考釋〉，收入氏著《秦漢史論集》，頁 58～120。

〔註 67〕裘錫圭，〈湖北江陵鳳凰山十號漢墓出土簡牘考釋〉，《文物》，1974 年 7 期，頁 57。

〔註 68〕參見勞榦，〈漢代兵制及漢簡中的兵制〉，《史語所集刊》十本，頁 24，43～45。

〔註 69〕Cho-yun Hsu，前引書，頁 79。

〔註 70〕《漢書・景帝紀》，卷五，頁 152。

〔註 71〕Cho-yun Hsu，前引書，頁 76。其估計一般農戶貲產爲：房屋一間三千錢，田地七十畝七千錢，牛兩頭六千錢，牛車兩輛四千錢，共二萬錢。

〔註 72〕《漢書・食貨志》，卷二十四上，頁 1125。

〔註 73〕勞榦，《居延漢簡考釋之部》，頁 66。

六十（賦稅與社錢）。

第三節　農民流亡的原因

由前文中，一般農戶的收支情形大抵如下：

收入：

穀	210 石

支出：

1.食用	140 石
2.田租	7 石

以上以穀支出

3.算賦	360 錢
4.口賦	46 錢
5.更賦	600 錢
6.貲算	254 錢
7.社錢	1200 錢
	共 2460 錢

以上以貨幣支出

收入二百一十石，扣掉以穀支出者一百四十七石，猶餘六十三石，如果常年的穀價每石以百錢計，則農民賣出二十五石穀即足以支付賦稅、社錢等支出，一年可剩下三十餘石穀，或積蓄或供婚喪喜慶、醫療等額外開銷。也就是說，在常態的收支下，一般農戶應可維持收支平衡的程度。

除了常年的收成外，在大自然不可避免的影響下，可能出現風調雨順的豐年或水旱蟲災的荒年。據李悝的估計，大豐年時的收成可能比常年多出四倍，大歉收時則僅及平常的五分之一。〔註 74〕在沒有任何剝削的理想狀況下，豐年及常年的積蓄可供荒年的需求，《禮記．王制篇》：「三年耕必有一年之食，九年耕必有三年之食，以三十年之通，雖有凶旱水溢，民無菜色」，〔註 75〕正是這樣的理想社會。然而，兩漢時期土地兼并，農民流亡的記載層出不窮，

〔註 74〕《漢書．食貨志》，卷二十四上，頁 1125。

〔註 75〕《鹽鐵論校注．力耕篇》，注引《禮記》，頁 14。

顯示在農民的收支問題上存在著某些困難，導致農民在收支失去平衡的情況下不斷流亡。關鍵可能在於賦稅制度中以錢幣完稅的規定，這個規定給予商人操縱物價，剝削農人的機會。

假設說：豐年產量爲平常的兩倍，即四百二十石的收成，扣掉食用及田租，尚餘二百七十三石，如果照平常穀石百錢計算，農戶可以有二百多石的積蓄。但是，在商人操縱物價的影響下，穀價滑落，以每石三十錢計算，〔註 76〕農民需賣出八十餘石穀方足支付賦稅、社錢等，如此，農戶豐年時只能剩餘一百九十石左右。如果連續豐年，穀價更低落，可能至石五錢而已，〔註 77〕農人利益照樣損失。而如果荒年的產量爲平常的一半，即只有一百〇五石，則食用及田租即需挪用豐年時的積蓄補足，餘者負擔賦稅後所存不多。如果不幸遇到連續災荒，在食用且不足的情況下，將不免於賣地鬻子以求支付賦稅所需。更嚴重的是，當賴以生產的土地減少後，產量亦隨之減少，在面對災年的衝擊下，其所能應變的能力無疑也隨之降低，一有災荒即不免於流亡他地冀求糊口。

關於商人操縱物價的情形，我們可以從宣帝元康年間（共四年）穀價的波動中看出：元康中，魏相曰：「今歲不登，穀暴騰踴」，〔註 78〕到了元康四年（西元前 62 年）：「比年豐，穀石五錢」。〔註 79〕

除了商人的剝削外，田租徵收的不合理也對農民造成傷害。漢代田租雖名爲三十稅一，似乎是按照產量的多寡徵收，但事實上卻不可能按照每年產量的不同而課徵不同的額數。因此，田租的徵收可能是按照土地的肥瘠加以分等，估計其產量而加以課徵，也就是有其定額的。〔註 80〕這個制度一方面可能給予不肖官吏以瘠爲肥，課徵較多田租的機會；〔註 81〕一方面由於田租的數額一定，荒年時產量不豐，卻仍需負擔同樣的田租。〔註 82〕常年或豐年

〔註 76〕文帝時，穀石至數十錢，上下饒羨；明帝時，百姓殷富，粟斛三十。試以石三十錢作爲豐年時之穀價。參見勞榦，《居延漢簡考釋之部》，頁 57～58。

〔註 77〕《漢書・宣帝紀》，卷八，頁 259；〈食貨志〉，卷二十四上，頁 1141。

〔註 78〕《漢書・魏相傳》，卷七十四，頁 3137。

〔註 79〕《漢書・食貨志》，卷二十四上，頁 1141。

〔註 80〕參見裘錫圭，前引文，頁 57；Cho-yun Hsu，前引書，頁 72～73。

〔註 81〕《後漢書・循吏傳》，秦彭於建初元年爲山陽太守，「每於農月，親度頃畝，分別肥墝，差爲三品，各立文簿，藏之鄉縣。於是姦吏跼蹐，無所容詐」，卷七十六，頁 2467。在秦彭未立文簿前，田租的課徵額數可能即由官吏任意規定，姦吏以瘠爲肥，課徵過多的田租當不可避免。

〔註 82〕《東觀記》曰：「劉敞（爲刺史）臨盧江歲餘，遭旱，行縣，人持枯稻，自言稻皆枯，吏強責租」，可見即使歲荒歉收，田租仍需繳納。《後漢書・宗室四

時，三十稅一的田租不可謂重，但災年時，田租卻是加困農民的一大負擔。昭帝時的鹽鐵會議，文學即曾發出不平之鳴：

> 田雖三十而以頃畝出稅，樂歲粒米梁糲而寡取之，凶年飢饉而必求足。加以口賦更繇之役，率一人之作，中分其功。農夫悉其所得，或假貸而益之。是以百姓疾耕力作，而飢寒遂及己也。〔註 83〕

總而言之，天災誠然是農民流亡的最直接原因，但是商人的剝削、姦官污吏和重賦苛稅等，卻是腐蝕農民使其無力抵抗天災的根本原因。

王三侯傳》，注引，卷十四，頁 560。事實上，地方官吏有權於荒年時酌減田租，然而為了上計時獲得佳績，「郡國欲獲豐穰虛飾之譽，遂覆蔽災害」，自然不能減少田租的數目，《後漢書・殤帝紀》，卷四，頁 198。因此，為了杜絕地方官吏的此種惡習，有時即由皇帝下詔災區減租，如安帝永初七年：「郡國被蝗傷稼十五以上，勿收今年田租，不滿者，以實除之。」《後漢書・安帝紀》，卷五，頁 220。

〔註 83〕《鹽鐵論校注》，頁 106。又《漢書・于定國傳》，元帝曰：「民田有災害，吏不肯除，收趣其租，以故重困」，亦類此，卷七十一，頁 3044。

第五章　人口遷徙的影響

第一節　人力的流動

在二、三兩章所述及的各類遷徙中，強幹弱枝政策下的遷徙、罪徙及元狩三年（西元前 120 年）關東大飢下貧徙往西北地區，大抵皆屬於永久性的遷徙；至於因戰亂及飢餓等引起的流民，則可能是永久性的遷徙或短時間的暫住。然而，不論是永久性的或暫時性的遷徙，這批爲數不少的人力都隨著遷徙而流動。

在西漢十一次強幹弱枝政策的遷徙中，人數多少不等。高祖時徙東方大族十餘萬口；〔註 1〕「武、昭、宣三陵邑皆三萬戶」，〔註 2〕這裡所謂的三萬戶有可能指實陵的戶數而言。其中武帝所置的茂陵，到平帝元始二年（西元 2 年）時，戶數達六萬一千八十七戶，〔註 3〕武帝徙民茂陵到平帝時約有一百三十年，人口成長一倍頗爲可能；〔註 4〕如果茂陵的三萬戶指當時徙入者的戶口而言，則昭、宣陵邑的三萬戶也可能指此而言。這是幾次實陵人數較多者，至於惠帝時則只徙五千戶至安陵，〔註 5〕景帝時實陵人數不詳，如亦以五千戶

〔註 1〕《史記・劉敬傳》，卷九十九，頁 2720。

〔註 2〕《漢舊儀補遺》（收入《漢官六種》，台北，臺灣中華書局，民國 62 年 11 月，3 版），卷下，頁 5。

〔註 3〕《漢書・地理志》，卷二十八上，頁 1547。

〔註 4〕參見 Cho-yun Hsu, Han Agriculture，頁 17。

〔註 5〕《漢書補註・地理志》，卷二十八上，頁 38。

計算，歷代徙居諸陵的戶數可能在十二萬戶左右。〔註6〕平帝時，三輔戶數約六十四萬戶，〔註7〕實陵者及其後裔所佔的比例相當高。

實陵者以關東籍的吏二千石及豪強富貲爲主，這些人可能都饒於財富。在這些人遷到關中後，其原在關東的產業如何處理？史書未明。然而大抵不外遙領或變賣二途。由於地理阻隔，遙領有其不方便處；再者，富厚之家徙至關中後，爲其生活或經營投資等需要，最少也要攜帶一些至關中。由「關中之地，於天下三分之一，而人眾不過什三，然量其富，什居其六」〔註8〕看來，遷至關中的豪富應以變賣後攜至關中爲主。這麼多的資金流入關中，由於實陵者富有貲財者居多，想從土地兼并中獲取財富，短期間可能不太容易。因此，這批資金可能以流入商業用途最多，《漢書．貨殖傳》曰：

> 關中富商大賈，大氐盡諸田，田牆、田蘭。韋家栗氏、安陵杜氏亦鉅萬。前富者既衰，自元、成訖王莽，京師富人杜陵樊嘉，茂陵摯網，平陵如氏、苴氏，長安丹王君房，豉樊少翁、王孫大卿，爲天下高訾。〔註9〕

在班固提到的十一個富商大賈中，徙陵者佔了七個之多，此或者是徙陵者中投身商業者多，故而佔了關中富商大賈之多數。

犯罪遷徙者中，史書記述較爲清楚的是諸侯王和各級官吏，但是這些人卻是其中的絕少部分，人數較多的應該還是一般平民。西漢時，河西四郡的居民「或以關東下貧，或以報怨過當，或以誖逆亡道，家屬徙焉」。〔註10〕除關東下貧外，餘者皆是因罪徙居者，而不論是關東下貧或罪徙，整個河西的開發得利於外來人口則可確定。〔註11〕東漢因罪徙往北邊的人數較諸西漢可能有增無減，邊區的屯戍工作幾乎全賴刑徒擔任，一旦徙者撤還，邊戍即無以爲繼。〔註12〕章帝章和元年（西元87年）四月，赦天下繫囚減死罪一等詣金城，亡命者不包括在內。據郭躬估計「今死罪亡命無慮萬人」，〔註13〕如果繫囚人數和亡命

〔註6〕 高帝時徙十餘萬口，以每户五口計算，當有二萬餘户。

〔註7〕 《漢書．地理志》，卷二十八上，頁1543～1546。

〔註8〕 《史記．貨殖傳》，卷一二九，頁3262。

〔註9〕 《漢書．貨殖傳》，卷九十一，頁3694。

〔註10〕 《漢書．地理志》，卷二十八下，頁1644。

〔註11〕 參見張春樹，《漢代邊疆史論集》（台北，食貨出版社，民國64年4月，初版），頁64～65。

〔註12〕 《後漢書．楊終傳》，卷四十九，頁1597～1598。

〔註13〕 《後漢書．郭躬傳》，卷四十六，頁1544～1545。

相當也在萬人左右，而東漢全期類似章和元年（西元 87 年）四月的詔令共有十八次（參見附表三），累積的人數可能高達一、二十萬。兩漢罪徙者除了強遣北方外，亦有至南方者，人數多少不詳。然而從兩漢罪徙南方的地點看來，西漢時集中於合浦，無一例外；東漢時，徙合浦者相當少，僅有和帝永元四年（西元 92 年）鄧疊、鄧磊、郭璜、郭舉等。明、章二世徙南方者集中於九真，亦無例外；和帝以後，除前述永元四年（西元 92 年）徙合浦較特殊外，其餘的全部徙至日南（參見第二章）。從合浦至九真再至日南，地理上愈來愈往南，這種趨勢可能代表著嶺外的逐漸開發，〔註 14〕則兩漢徙至此地的罪犯當不在少數。

因罪徙邊者其本來的身份可能頗爲複雜，不過，兩漢罪徙者其財產大抵都予沒收，〔註 15〕因此，當其徙往邊區時可能都頗爲窮困。這些罪徙者到達邊區後，主要的工作應是從事屯田開墾工作，〔註 16〕可能也包括其它雜役工作。〔註 17〕至於罪徙者的家屬可能較爲自由，如王章的家屬徙合浦，結果數年間「采珠致產數百萬」。〔註 18〕雖然王章的家屬是徙往南方，但同爲刑徙家屬，待遇應該類似，可能除了不准內徙外，行動仍可自主。但是這些占著邊縣的家屬幸運如王章家屬者難得一見。大部份的人在寡於貲財的情形下，爲了謀生可能爲人傭作。章帝建初中，賈宗爲朔方太守時，即發現「舊內郡徙人在邊者，率多貧弱，爲居人所僕役，不得爲吏」。這裡所謂的僕役，除了眞正淪爲奴隸外，可能指爲傭爲佃的自由民，因此，賈宗乃能「擢用其任職者，……，或以功次補長吏」。〔註 19〕

因飢餓或戰亂遷徙者，人數可能是各種遷徙類型中最多的，而且幾乎隨時隨處皆有。〔註 20〕其中除元狩三年（西元前 120 年）七十餘萬流民由政府安排至西北屯墾，成爲政府佃農外；〔註 21〕其餘絕大多數的流民事件，有的

〔註 14〕大庭脩，《秦漢法制史の研究》（東京，創文社，昭和五十七年），頁 187。

〔註 15〕成帝時，王章妻子徙合浦，後上赦章妻子還故郡，「時蕭育爲泰山太守，皆令贖還故田宅」，《漢書・王章傳》，卷七十六，頁 3239。和帝時，陰綱家屬罪徙日南，安帝永初四年「鄧太后詔赦陰氏諸徙者悉歸故郡，還其資財五百萬」，《後漢書・皇后紀》，卷十上，頁 417。是者，兩漢罪徙者貲產大抵遭沒收。

〔註 16〕參見勞榦，〈漢簡中的河西經濟生活〉，《勞榦學術論文集甲編》，頁 516；管東貴師，〈漢代屯田的組織與功能〉，《史語所集刊》四十八本四分，頁 511。

〔註 17〕張春樹，前引書，頁 156～157。

〔註 18〕《漢書・王章傳》，卷七十六，頁 3239。

〔註 19〕《後漢書・賈復傳》，卷十七，頁 667。

〔註 20〕Cho-yun Hsu，前引書，頁 19。

〔註 21〕勞榦，〈漢簡中的河西經濟生活〉，前引書，頁 517～518。

接受政府救濟後重還故鄉；有的則在聽任流民「欲留，留處」〔註 22〕或「其不欲還歸者，勿強」〔註 23〕的情況下，隨遇而安。這些居留在外的流民可能以無產業貲財者爲多，爲了維生，只有出賣勞力，而能提供其維生所需的不外豪強大族和朝廷。因此，這批流民一部分可能依倚大家，爲人傭保，如《鹽鐵論》所載：

往昔豪強大家……，一家聚眾或至千餘人，大抵盡收放流人民也。〔註 24〕

這種情況可能相當多，「流庸」連用大概就是因爲「去其本鄉而行爲人庸作」〔註 25〕的現象相當普通所致罷！史書中這種例子頗爲常見，如欒布「窮困，賃傭於齊，爲酒人保」；〔註 26〕江革遭天下亂，負母逃難，「行傭以供母，便身之物，莫不必給」；〔註 27〕賈馥亡命爲「冶家傭」；〔註 28〕李燮「變名姓爲酒家保」；〔註 29〕杜根亡爲「山中酒家保」；〔註 30〕梁鴻「依大家皐伯通，……，爲人賃舂」〔註 31〕等大抵類此。更甚者則淪爲奴婢，如高祖詔曰：「民以飢餓自賣爲人奴婢者」；〔註 32〕王莽時「邊民流入內郡，爲人奴婢」，〔註 33〕皆指此。

除了爲大家傭保外，流民耕種公田，爲公家佃農的情況也很多，如黃香「延平元年（西元 106 年），遷魏郡太守，郡舊有內外園田，常與人分種，收穀歲數千斛」；〔註 34〕張禹元和三年（西元 86 年）爲下邳相，「徐縣北界有蒲陽坂，傍多良田，而堙廢莫修。禹爲開水門，通引灌溉，遂成熟田數百頃，……，鄰郡貧者歸之千餘戶，室廬相屬，其居成市」。〔註 35〕第三章提及流民流居良吏駐所，可能也是仰賴耕種公田爲生。

〔註 22〕《史記・平準書》，卷三十，頁 1437。
〔註 23〕《後漢書・和帝紀》，卷四，頁 191。
〔註 24〕《鹽鐵論校注》，頁 42。
〔註 25〕《漢書・昭帝紀》，卷七，頁 222。
〔註 26〕《史記・欒布傳》，卷一〇〇，頁 2733。
〔註 27〕《後漢書・江革傳》，卷三十九，頁 1302。
〔註 28〕《後漢書・黨錮傳》，卷六十七，頁 2202。
〔註 29〕《後漢書・李固傳》，卷六十三，頁 2090。
〔註 30〕《後漢書・杜根傳》，卷五十七，頁 1839。
〔註 31〕《後漢書・逸民傳》，卷八十三，頁 2768。
〔註 32〕《漢書・高帝紀》，卷一下，頁 64。
〔註 33〕《漢書・王莽傳》，卷九十九中，頁 4139。
〔註 34〕《後漢書・文苑傳》，卷八十上，頁 2615。
〔註 35〕《後漢書・張禹傳》，卷四十四，頁 1497～1498。

除了上述兩類外，也有部分逃竄山林，採集耕種爲生，如高祖詔曰：「民前或相聚保山澤」、〔註 36〕劉宣「隱避林藪」〔註 37〕等。至若別無他途，則群起爲盜賊，如「宣帝即位，渤海左右郡歲飢，盜賊並起」；〔註 38〕王莽時「民棄城郭流亡爲盜賊」；〔註 39〕桓帝永興元年（西元 153 年）：「百姓荒饉，流移道路，冀州盜賊尤多」；〔註 40〕靈帝時黃巾爲亂，其中也有流民參與，故而楊賜「欲切勅刺史、二千石，簡別流人，各護歸本郡，以孤弱其黨，然後誅其渠帥」。〔註 41〕

就兩漢的所有遷徙者來說，強幹弱枝政策下的遷徙者應是富有貲產居多，這批人在地方上居於領導地位；至於其他諸多遷徙者則通常是寡於貲產，役於人者。這兩類身份迥異的遷徙者在遷徙過程中對於社會的影響亦有所不同。

先就吏二千石、豪強富貲而言。這批人遷到關中後，其原在關東的產業由於管理不便，變賣後攜至關中者居多。本來集中於一家一姓的產業可能隨之而分散，陳湯以爲徙關東豪強實陵的一個功用是「使中家以下得均貧富」，〔註 42〕可能即指此而言。再者，由於兩漢地方長吏限用非本地人，而掾吏限用本地人士的規定，使得長吏不熟一方人情。地方長吏爲行事方便只得任用地方上的領導人物作爲掾史，這些掾吏由於接近長吏所以亦常爲地方察舉的對象，地方豪強和仕途結合。〔註 43〕當西漢初年實行徙民實陵時，地方上的領導人物可能因之徙往關中，因此，地方上的仕宦之途爲少數人把持的機會相對減少，西漢士族遲至西漢末年方取得社會主導的地位，〔註 44〕或許與西漢徙民關中的政策有所關連。徙民關中的另一個影響是三輔地區風氣的改變，關中地區原本「有先王遺風，好稼穡，務本業」的風俗，隨著西漢的徙民實陵，「是故五方雜厝，風俗不純。其世家則好禮文，富人則商賈爲利，豪桀則游俠通姦。瀕南山，近夏

〔註 36〕《漢書・高帝紀》，卷一下，頁 54。
〔註 37〕《後漢書・卓茂傳》，卷二十五，頁 872。
〔註 38〕《漢書・循吏傳》，卷八十九，頁 3639。
〔註 39〕《漢書・王莽傳》，卷九十九中，頁 4125。
〔註 40〕《後漢書・朱穆傳》，卷四十三，頁 1470。
〔註 41〕《後漢書・楊震傳》，卷五十四，頁 1784。
〔註 42〕《漢書・陳湯傳》，卷七十，頁 3023。
〔註 43〕許倬雲，〈西漢政權與社會勢力的交互作用〉，收入《求古編》，頁 474～476。
〔註 44〕余英時，〈東漢政權之建立與士族大姓之關係〉，收入氏著《中國知識階層史論》，頁 116～117。

陽，多阻險輕薄，易爲盜賊，常爲天下劇。」〔註 45〕從另一個角度來看，關中風俗的轉爲輕薄對朝廷而言無寧是一種益處，如果放任這批人在關東原籍輕薄通姦，爲害將更甚於其在關中的影響，主父偃以爲徙天下豪桀兼并之家、亂眾之民於茂陵，可收「外銷姦猾」〔註 46〕的功效，蓋即著眼於此。

再就其餘寡於資產的遷徙者而言。爲數眾多的遷徙者中，除了少數隱於山林或淪爲盜賊外，餘者不是依附朝廷就是歸依大家。以朝廷的立場而言，這些遷移的人力如能由政府善加利用，投之土地農業開發，一方面可免於社會動亂，一方面可增加稅收；相反地，這些人力如爲大家控制或淪爲盜賊，對於政權的安定是一種潛在的威脅。因此，我們可以在兩漢時期看到不少朝廷爭取遷移人力的措施。如鼓勵地方長吏招撫流民，開發公田，王成、召信臣皆因之而增秩賜金；〔註 47〕如開放山林池陂，假貸或賜予貧民，這種措施除了有安輯流亡，驅民地著〔註 48〕的用意外；有時也帶有與豪強爭奪人力的意味，如明帝永平十三年（西元 70 年）賜貧民田，即明言「無令豪右得固其利」。〔註 49〕朝廷不遺餘力的爭取流民地著，另方面也反映豪強之家役使貧民的嚴重性。這些豪強之家役使的人力，或許以爲佃、爲客爲多，〔註 50〕當政權依然穩固時，這些依附豪強的佃客尚是朝廷的編戶齊民；一旦朝綱失振，這些依附民可能就逐漸成爲大族的私有了。三國以降，世家大庇廕戶口成爲普遍現象，〔註 51〕可視之爲兩漢時期朝廷爭取流民失敗的結果。

第二節　地方的開發

隨著人力流動的影響，加速了遷移人口集中處的開發。關中及西北地區是兩漢時期遷移人口集中的地區；江南、嶺南地區則兩漢皆然；關東地區墾

〔註 45〕《漢書・地理志》，卷二十八下，頁 1642。

〔註 46〕《漢書・主父偃傳》，卷六十四上，頁 2802。

〔註 47〕《漢書・循吏傳》，卷八十九，頁 3627、3642。

〔註 48〕參見羅鎮岳，〈也談漢代田税征課中的若干問題〉，《中國史研究》，1982 年 3 期，頁 17；王毓銓，〈民數與漢代封建政權〉，收入《中國社會經濟史參考文獻》，頁 251。

〔註 49〕《後漢書・明帝紀》，卷二，頁 116。

〔註 50〕參見 Cho-yun Hsu，前引書，頁 65；曾謇，〈三國時代的社會〉，《食貨半月刊》五卷 10 期，頁 422。

〔註 51〕參見武仙卿，〈魏晉時期社會經濟的轉變〉，《食貨半月刊》一卷 2 期，頁 31、34。

田數的增加可能也和流民占墾有關。

關中地區於秦末漢初經過了不少次的天災人禍，劉邦、項羽先後入關，稍後劉邦又北伐關中三王，兵連禍結；再加上高祖二年（西元前 205 年）關中大飢，民就食蜀漢，〔註 52〕人民流失的情況可能相當嚴重。高祖九年（西元前 198 年），劉敬倡議徙民關中時就指出：「秦中新破，少民」，〔註 53〕可見漢初關中人口並不多，土地資源等尚待開發。雖然徙民關中的主要著眼點並非地方的開發，但是隨著人口的陸續移入，也間接促使地方更進一步的發展。高祖九年（西元前 198 年），徙齊、楚大族十餘萬口，「與利田宅」；〔註 54〕武帝徙三萬戶至茂陵，每戶賜「田二頃」；〔註 55〕昭帝始元三年（西元前 84 年）募民徙雲陵，「賜錢田宅」；宣帝本始元年（西元前 73 年），爲「徙民起第宅」。〔註 56〕除了這幾次史書明載賜予田宅外，其餘幾次徙民可能也多曾賜予田宅，陳湯可能就是知道這種慣例，所以在某鼓勵成帝徙民實陵時，就預知「可得賜田宅」。〔註 57〕西漢幾次徙民實陵，總戶數在十二萬戶左右，開發的土地應是相當可觀。關中地方素稱沃野，劉敬稱關中「地肥饒」，陳湯謂「初陵，京師之地，最爲肥美」，這些肥沃土地的開發，對於關中經濟力量的增強和政府賦稅的增加，助益不小。

關中地區的開發到東漢時出現嚴重衰退的現象。主要的原因可能是戰亂的影響，先是王莽末年的紛亂，後有西羌的不斷入侵，內亂外患交迭，人民流亡內地；再者，隨著政治中心的東移，關中地區淪爲外圍地區，〔註 58〕不再吸引人民移入。關中由西漢時的人口遷入地轉爲東漢時的遷出地，東漢時三輔人口不及西漢時的四分之一，〔註 59〕不再如往昔光輝。

〔註 52〕《漢書・高帝紀》，卷一上，頁 38。
〔註 53〕《史記・劉敬傳》，卷九十九，頁 2719。
〔註 54〕《漢書・高帝紀》，卷一下，頁 66。
〔註 55〕《漢書・武帝紀》，卷六，頁 158。
〔註 56〕《漢書・昭帝紀》，卷七，頁 221；〈宣帝紀〉，卷八，頁 242。
〔註 57〕《漢書・陳湯傳》，卷七十，頁 3023。
〔註 58〕許倬雲，〈漢代中國體系的網絡〉，收入《中國歷史論文集》，頁 23。
〔註 59〕勞榦，〈兩漢户籍與地理之關係〉，《勞榦學術論文集甲編》，頁 23。兩漢三輔人口之變化如下：

郡　名	前　漢　口　數	後　漢　口　數
京兆尹	682,468	785,574
左馮翊	917,822	145,195
右扶風	836,070	93,091

西北地區包括河套及河西的開發，外來移民是其主力。不過，以西北地區的天然條件而言，並不構成對人民的吸引力；且外有匈奴威脅，被人視爲危地。因此，秦雖曾在河套地區投入大批人力屯戍，但在諸侯叛秦後，其在河套的經營即告中斷。西漢爲了對抗匈奴，銳意經營西北地區，先是文帝時鼂錯主張募民徙塞下，希望藉著志願性的實邊，增加國防力量；武帝時更在軍事勝利的掩護下，藉著強遣罪犯、姦猾吏民、報怨過當、誖逆亡道，利導荒年饑民，大量投注人力，屯田經營河套及河西地區，上郡、朔方、西河、河西有戍田卒六十萬人，河西開啓四郡，〔註 60〕奠立了漢民族在此區域的經營基礎。不過，檢討西北地區的開發人力時，除了被迫強遣，無所選擇外，應募者或因勢利導者，絕大部分都是貧民。這些貧民也可能都是因原居地生存不易，別無良途的情況下，乃應募至西北開發。吸引他們到此地的不是天然條件的優渥，而是政府所許下的諸多獎勵辦法。如在生產自給自足以前，生活上的基本需要由政府供給，賜爵、免除賦稅、傜役，以及地方安全〔註 61〕等。文帝、武帝時爲了國防力量的增強，對於這些基本需求可能較能滿足移民，乃能吸引貧民應募。但是隨著匈奴的衰弱，國防上的威脅減輕後，前述得以吸引人徙居的條件也隨之消失，西北地區所呈現的是不如一般內地的自然條件。在宣帝以後，北方數世無警〔註 62〕的情形下，西北地區的人口猶可自然滋息。王莽時，北方再啓戰端，在生存沒有保障的情況下，即有「邊民流入內郡，爲人奴婢」〔註 63〕的情形出現。東漢初年，群雄並起，邊民流入內地的情況更爲嚴重，甚至到了建武二十一年（西元 45 年）時，北疆只能空置太守、令長。〔註 64〕雖然光武、明帝曾多次徙邊民在中國者還居本處，〔註 65〕但已非西漢時可比。東漢因北方國防的威脅不似西漢時大，對西北地區的經營遠不如西漢之積極。除了強遣罪犯徙邊外，不再招募貧民往西北開墾，在外來人力不足而邊民又時而流入內郡的情況下，〔註 66〕

〔註 60〕參見管東貴師，〈漢代屯田的組織與功能〉，《史語所集刊》四十八本四分，頁 503～514；〈漢代的屯由與開邊〉，《史語所集刊》四十五本一分，頁 48～60。

〔註 61〕管東貴師，〈漢代屯田的組織與功能〉，《史語所集刊》四十八本四分，頁 517。

〔註 62〕《漢書・匈奴傳》，卷九十四下，頁 3832～3833。

〔註 63〕《漢書・王莽傳》，卷九十九中，頁 4139。

〔註 64〕《續漢書・郡國志》，注引《漢官》，卷二十三，頁 3533。

〔註 65〕建武二十六年、中元二年、永平五年各有一次遣還邊民的舉措，《後漢書・光武紀》，卷一下，頁 78；〈明帝紀〉，卷二，頁 96、109。

〔註 66〕《後漢書・張奐傳》：「舊制邊人不得內徙」，卷六十五，頁 2140，邊人內徙的情況可能相當多，故乃立法禁止。

西北地區的經營開發大爲衰退。西漢時，隴西、北地、西河、上郡、朔方及河西四郡，在大量移民的經營下，平帝時人口達兩百萬以上，東漢時此地區的人口只剩下二十餘萬，〔註 67〕較諸西漢十存其一。比較兩漢時期，西北地區開發的盛衰，我們可以說：西漢時期西北地區開發的成功得利於外來的人口，而構成人力移入的吸引力在於政府的諸多獎勵；東漢時期由於開發西北的態度不夠積極，吸引人力投入的條件消失，在天然條件不如內地的情況下，雖有罪犯遷入，卻也有邊民不斷流入內郡的情形，在人力大減的情況下，導致西北地區開發的嚴重衰退。

相對於關中及西北地區的沒落，江南與嶺南則呈現持續開發的狀態。

江南地區的地理環境，太史公描述曰：

> 總之，楚、越之地，地廣人希，飯稻羹魚，或火耕而水耨，果隋蠃蛤，不待賈而足，地埶饒食，無飢饉之患，以故呰窳偷生，無積聚而多貧。是故江淮以南，無凍餓之人，亦無千金之家。〔註 68〕

根據記載，我們可以看出當時江淮地區人口稀少、自然物資豐富、生產技術低下，這樣的地理環境無疑對北方流民構成相當大的吸引力。江南地廣人稀，所以可以留置大量人口，如元狩三年（西元前 120 年），武帝徙關東貧民七十餘萬口，其中就有一部分徙至會稽，〔註 69〕因爲自然物資豐富，所以可供流民獲取溫飽，元鼎二年（西元前 115 年），山東被河災，「令飢民得流就食江淮間，欲留，留處」；〔註 70〕安帝永初年間，樊準也建議朝廷徙貧民於荊、揚孰

〔註 67〕勞榦，〈兩漢户籍與地理之關係〉，前引書，頁 16～17，西北地區人口變化如下：

郡　名	前　漢　口　數	後　漢　口　數
隴　西	236,824	29,637
北　地	210,688	18,637
上　郡	606,658	28,599
西　河	698,836	20,838
朔　方	136,628	7,843
武　威	76,419	34,226
張　掖	88,731	26,040
酒　泉	18,137（户數）	12,706（户數）
敦　煌	38,335	29,170

〔註 68〕《史記・貨殖傳》，卷一二九，頁 3270。

〔註 69〕《漢書・武帝紀》，卷六，頁 178。

〔註 70〕《漢書・食貨志》，卷二十四下，頁 1172。

郡。〔註 71〕具體的例子，如建武六年（西元 30 年），李忠爲丹楊太守，「墾田增多，三歲閒流民占著者五萬餘口」，〔註 72〕兩漢時期不斷有流民移入江南是可確信的。

江南地區的另一個地理優點是地處偏僻，非四戰之地，當中原喪亂之際，中原人士避亂者亦多。三國時期吳國的基業得利於過江避亂者，此眾所皆知。而實際上，在王莽覆敗，中原板盪時，江南地區即吸引了不少過江避亂者，如更始元年（西元 23 年），任延爲會稽都尉，「時天下新定，道路未通，避亂江南者皆未還中土，會稽頗稱多士」；〔註 73〕又如士燮先人、〔註 74〕胡廣六世祖剛〔註 75〕亦皆於此時遠跡交州一帶。漢代以後，每遇亂事，中原人南遷，幾成通則。〔註 76〕

江南地區的逐漸開發可以由幾個方面得知：一是此地區人口的急速增加，零陵郡的人口成長七倍有餘；〔註 77〕二是隨著北方人力的流入加速了此地區的經濟發展，這可從東漢時江南地區鐵官的設立、水利的開發以及農桑技術的進步等得知；〔註 78〕三是文化水準的提高，東漢時經師碩儒在南方講學者漸多，江南人士至京師太學亦屢有所見。〔註 79〕東漢時，會稽和吳郡人口佔全國的百分之二點四，孝廉卻佔了可考人數中的百分之九點七，顯示吳會地區的文化教育水準已居於全國的重要地位。〔註 80〕

嶺南地區的開發和兩漢時期罪犯的南徙有密切關係。早在秦始皇三十二年（西元前 214 年），秦帝國即曾「發諸嘗逋亡人、贅壻、賈人略取陸梁地，爲桂林、象郡、南海，以適遣戍」，〔註 81〕試圖經略嶺南地區，秦亡後，尉佗

〔註 71〕《後漢書・樊宏傳》，卷三十二，頁 1128。
〔註 72〕《後漢書・李忠傳》，卷二十一，頁 756。
〔註 73〕《後漢書・循吏傳》，卷七十六，頁 2460～2461。
〔註 74〕《三國志・士燮傳》，卷四十九，頁 1191。
〔註 75〕《後漢書・胡廣傳》，卷四十四，頁 1504。
〔註 76〕勞榦，〈兩漢户籍與地理之關係〉，前引書，頁 32。
〔註 77〕勞榦，前引文，頁 30～31。
〔註 78〕參見唐長孺，《三至六世紀江南大土地所有制的發展》（帛書出版社，？），頁 12～13；蕭璠，《春秋至兩漢時期中國向南方的發展》（國立臺灣大學文史叢刊，民國 62 年 12 月，初版），頁 154～168。
〔註 79〕蕭璠，前引書，頁 189～193。
〔註 80〕邢義田，〈東漢孝廉的身分背景〉，收入《第二屆中國社會經濟史研討會論文集》（台北，漢學研究資料及服務中心，1983 年，初版），頁 29～30。
〔註 81〕《史記・秦始皇本記》，卷六，頁 253。

繼續治理，至漢高祖十一年（西元前 196 年），適戍人數「不耗減」。〔註 82〕但直到西漢初期，此地區雖置郡縣，但「言語各異，重譯乃通。人如禽獸，長幼無別」，其受中國文化的被覆，有賴於兩漢時期罪犯的陸續南徙，「後頗徙中國罪人，使雜居其間，乃稍知言語，漸見教化」。〔註 83〕當然，除了罪徙者移入外，亦間有如前述士燮先人、胡廣六世祖剛因戰亂移入者，不過在江南猶有餘地的情況下，遠跡此處的例子並不多見。兩漢罪徙者的不斷遷入，使得合浦、九眞、日南等地人口均見成長，〔註 84〕漢末，士燮且以春秋左氏傳聞名中原，〔註 85〕漢人在此的開發蓋亦頗有功致。

關東地區本爲人口密集地區，流民的發生亦以此地區爲多。〔註 86〕關東流民除了遷移至西北及江南外，大部分可能還是止於鄰郡鄰縣棲息，這些人有的即參與公田的墾植，良吏駐所墾田的增加與流民占著可能即是一種互動互益的關係。有的流民則湧至本爲皇室所有的山林澤陂處採蔬助食，這些本來禁止百姓芻牧采樵者，在荒年時屢有開放之例。〔註 87〕在這些覓食較易之處，可能會有流民因而佔墾。朝廷爲了趨民地著，有時即將池籞禁苑租借給百姓，或者直接賜予，不論是假或賦，〔註 88〕兩漢的例子都有不少。〔註 89〕這種將皇室私有

〔註 82〕《漢書・高帝紀》，卷一下，頁 73。

〔註 83〕《後漢書・南蠻傳》，卷八十六，頁 2836。

〔註 84〕勞榦，〈兩漢户籍與地理之關係〉，前引書，頁 31。三郡人口變化如下：

郡　名	前漢口數	後漢口數
合　浦	78,980	86,617
九　眞	166,013	209,844
日　南	69,485	100,676

〔註 85〕《三國志・士燮傳》，卷四十九，頁 1191～1192。

〔註 86〕參王仲犖，《魏晉南北朝史》，頁 6～9。在其表列的兩漢流民事件中，因飢餓致流亡中有地域記載者，關東地區有二十次，關西則只有三次，其中尤以青、冀、兗、豫爲主；張春樹先生由漢簡中得河西地區外來者的籍貫，以今河北、河南、山東等地爲最多，《漢代邊疆史論集》，頁 4。

〔註 87〕《漢書・武帝紀》，卷六，頁 157。

〔註 88〕師古曰：「賦，給與之也。貸，假也」，《漢書・元帝紀》注，卷九，頁 279。是者，賦是給予，假是借貸。

〔註 89〕兩漢假、貸貧民田的例子如下：

時　間	假 賦 情 況	資 料 來 源
高祖二年	故秦苑囿園池，令民得田之。	《漢書・高帝紀》1 上/33
武帝建元元年	罷苑馬，以賜貧民。	《漢書・武帝紀》6/157

土地假賦給貧民的舉措，促使了關東地區地方的更進一步發展，西漢末年，王政君、王莽姑侄兩次獻出私田賦民，或許與郡國公田大抵墾植，所剩無幾有關。〔註 90〕東漢時賦、假貧民田的例子集中於明、章兩朝，這些措施對於墾田數的增加幫助可能相當大，到了和帝時，東漢墾田的數目達於高峯。

昭帝元鳳三年	罷中牟苑賦貧民。	《漢書・昭帝紀》7/229
宣帝地節元年	假郡國貧民田。	《漢書・宣帝紀》8/246
地節三年	池籞未御幸者，假與貧民。	《漢書・宣帝紀》8/249
元帝初元元年正月	以三輔、太常、郡國公田及苑可省者，振業貧民。	《漢書・元帝紀》9/279
初元元年四月	江海陂湖園池屬少府者以假貧民。	《漢書・元帝紀》9/279
永光元年	大赦天下，令厲耕自新，各務農畝，無田者皆假之。	《漢書・元帝紀》9/287
哀帝建平元年	太皇太后詔外家王氏田非冢塋，皆以賦貧民。	《漢書・哀帝紀》11/338
平帝元始二年	公卿「獻其田宅者二百三十人，以口賦貧民」。	《漢書・平帝紀》12/353
明帝永平九年	詔郡國以公田賜貧人各有差。	《後漢書・明帝紀》2/112
永平十三年	汴渠成，詔「濱渠下田，賦與貧人」。	《後漢書・明帝紀》2/116
章帝建初元年	詔以上林籞田賦與貧人	《後漢書・章帝紀》3/134
元和三年	告常山、魏郡、清河、鉅鹿、平原、東平郡太守曰：「……，今肥田尚多，未有墾闢，其悉以賦貧民」。	《後漢書・章帝紀》3/154
安帝永初元年	以廣城游獵地及被災郡國公田假與貧民。	《後漢書・安帝紀》5/206

〔註 90〕羅鎮岳，〈也談漢代田租征課中的若干問題〉，《中國史研究》，1982 年 3 期，頁 17。

第六章　結　論

本文「緒論」中提到的問題，在前文中已有所申述。接下來要討論的是兩漢遷徙行爲和朝廷措施的關係，以及後代歷史上的一些相關現象。

當高祖決定以關中作爲政治中心時，漢政權不可避免地面對兩個問題，一是關東地區的潛在威脅，二是北方匈奴的威脅，「匈奴河南白羊、樓煩王，去長安近者七百里，輕騎一日一夕可以至」。〔註 1〕漢初對於這兩個問題，似乎較重視前者，因此，從高祖時即勵行強幹弱枝政策，希望藉著遷徙關東大族於關中，消弭關東的威脅於無形。到了武帝時，關東對於帝國的威脅大爲減輕，北方的匈奴成爲帝國的主要威脅，建設北方及西北方成爲當務之急，建設的人力當然仍可以關東大族充當，但卻不免激起反抗，〔註 2〕因此，建設的人力轉由罪犯的強遣及貧弱農民的因勢利導代替。漢代強遣罪犯於邊始自武帝，蓋亦形勢有以致之。西漢時，藉著遷徙各種人力到關中及西北地區，得以解決政權上的兩大威脅，是其成功之處。然而，不論是關中或西北，農業條件皆不如關東，有賴關東的經濟支援，一旦移入太多的外來民時，其依賴性也更爲嚴重，高祖時，漕轉關東粟以給關中，「歲不過數十萬石」，〔註 3〕到了武帝時，「下河漕度四百萬石，及官自糴乃足」。〔註 4〕當關中爲政治中心時，尚可藉著政治力量維繫其繁榮，一旦政治中心東移，關中及西北都不免

〔註 1〕《漢書・劉敬傳》，卷四十三，頁 2123。

〔註 2〕豪強遷徙關中已不太願意，欲令其遷至西北不毛之地，可能會有較激烈的反抗行爲。伍被以爲徙郡國豪傑於朔方，可激起民怨，淮南王可乘機而起。《漢書・伍被傳》，卷四十五，頁 2174。

〔註 3〕《漢書・食貨志》，卷二十四上，頁 1127。

〔註 4〕《漢書・食貨志》，卷二十四下，頁 1171。

在得不到經濟支援的情況下，日漸衰退。東漢以洛陽爲都，一方面政治和經濟中心合而爲一，一方面距離的阻隔，使得國防的威脅不似西漢時嚴重，因此，西漢建國時的兩大威脅至東漢時都淡化許多。在這種前提下，東漢不必再行強幹弱枝的遷徙，對西北的建設也不似西漢時的積極，徙邊的人力只限於罪犯。

至於流民事件，就朝廷的立場而言，並不欲見。但是兩漢流民事件層出不窮，卻非朝廷所能控制，朝廷的措施只是事後被動的救濟工作。在兩漢數目眾多的流民事件中，我們可看到歷史發展上難以避免的兩個趨勢。一是朝廷和豪強對於人力的爭奪。當中央朝廷仍有威信時，豪強縱有隱庇人口的行爲，但在「首匿之科，以懲隱匿」的限制下，其行爲畢竟是隱晦、不公開的。因此，兩漢時期豪強大族役使人力的方式以傭、佃爲主；這些人力基本上仍是國家的編戶齊民，非一家一姓所有。但是，一旦中央朝廷失去控制地方的能力，人力的爭奪遂成爲公開的行爲。如獻帝時，關中流民「歸者無以自業，諸將各競招懷，以爲部曲；郡縣貧弱，不能與爭」。〔註5〕三國時期，魏、蜀、吳政權的建立得利於豪強大族的合作。〔註6〕因此，對於世家大族掠奪人口的行爲非但無力糾正，甚且加以認可。不論是曹魏的給客制度，東吳的復客、賜客制度，或蜀漢承認豪強佔有依附民，〔註7〕都可說是豪強爭奪人力上的一大勝利。二是江南的逐漸開發。西漢政權對於江南地區的開發遠不如其對西北地區的經營。然而憑藉著優渥的自然條件，江南地區不斷地接納一波波避亂、逃荒的流民，逐步開發。和西北地區相較，西北地區接受外來人力的動力來自政治力量的推引；江南地區則是以天然條件的優渥，成爲吸引外來民遷居的力量。當中原喪亂時，西北地區無法再得到政治力的支持，其發展必然大爲衰退，故而，歷史上西北地區的開發呈時起時落的現象；相反地，江南地區卻於中原紛亂時，在大量人力投注其中的情形下，更顯光采。江南地區從逐步開發到成爲中國經濟的中心，從兩漢時期流民的自動歸附可見徵兆。

〔註5〕《三國志・衛覬傳》，卷二十一，頁610。

〔註6〕參見毛漢光，〈三國政權的社會基礎〉，《史語所集刊》四十六本一分，頁1～28。

〔註7〕蔣福亞，〈由戶口變動看蜀漢時期巴蜀地區的地主經濟〉，收入《中國社會經濟史論叢》第一輯，頁209。

附表一：〈西漢徙民關中表〉

時　代	人　名	原　籍		資料來源
高　祖	車千秋先人	齊	本姓田氏，其先齊諸田徙長陵。	《漢書》66/2883
	田　何	齊	以齊田徙杜陵。師古曰：「高祖用婁敬之言徙關東大族，故何以舊齊田氏見徙也。初徙時未爲杜陵，蓋史家本其地追言之也。」	《漢書》88/3597
	田延年先人	齊	其先齊諸田也，徙陽陵。師古曰：「高祖時徙之，其地後爲陽陵縣。」	《漢書》90/3665
	第五倫先人	齊	其先齊諸田，諸田徙園陵者多，故以次第爲氏。倫，京兆長陵人。	《後漢書》41/1395
	田邑先人	齊	馮翊蓮芍，其先，齊諸田。	姚輯《東觀漢紀》14/115
惠　帝	爰盎父	楚	其父故爲群盜，徙安陵。	《漢書》49/2267
	馮唐父	代	其父爲戰國末代相，漢興，徙安陵。	《漢書》50/2312
	籍　孺		以婉媚貴幸，與上臥起，徙家安陵。	《漢書》93/3721
	閎　孺		以婉媚貴幸，與上臥起，徙家安陵。	《漢書》93/3721
景　帝	周　仁	任　城	景帝初立，拜仁爲郎中令，家徙陽陵。	《漢書》46/2203
武　帝	杜　周	南陽杜衍	武帝時徙茂陵。周仕至延尉。	《漢書》60/2660、2683
	杜鄴父	魏郡繁陽	其祖父及父積功勞皆至郡守，武帝時徙茂陵。	《漢書》85/3473
	董仲舒	廣　川	家徙茂陵。	《漢書》56/2525、2495

武帝	馬援先人	邯鄲	其遠祖，武帝時以吏二千石自邯鄲徙茂陵。	《後漢書》24/827 姚輯《東觀漢紀》12/93
	耿弇先人	鉅鹿	其先武帝時，以吏二千石自鉅鹿徙茂陵。	《後漢書》19/703
	公孫述先人	東平國無塩	其先武帝時，以吏二千石自無塩徙茂陵。	《後漢書》13/533
	張孺	河東平陽	孺爲上谷太守，徙茂陵	《漢書》76/3216
	石奮	長安	奮本溫人。高祖時徙家長安戚里。武帝時徙居茂陵居陵里。	《漢書》46/2193、2196
	張湯	杜陵	其子安世，武、昭、宣世輒隨陵，凡三徙，復還杜陵。（以上以吏二千石徙）	《漢書》59/2657
	黃霸	淮陽陽夏	以豪桀役使徙雲陵。	《漢書》89/3627
	郭解	河內軹	以豪俠遷茂陵，後代有郭伋者猶居茂陵。	《漢書》92/3700、3704 《後漢書》31/1091
	原涉祖父	潁川陽翟	祖父武帝時以豪桀自陽翟徙茂陵。	《漢書》92/3714
	梁橋	北地	以貲千萬徙茂陵。陶輯《東觀紀》千萬作十萬，可能有誤。	《後漢書》34/1165 陶輯《東觀紀》下/35
	司馬相如	蜀郡成都	相如與卓氏婚，饒與財，既病免，家居茂陵。	《漢書》57下/2589、2600
昭帝（宣帝本始元年募吏民徙平陵）	韋賢	魯國鄒	昭帝時徙平陵。（此或有誤，昭帝時未有徙平陵事，或指宣帝本始元年徙民平陵之事。平陵，昭帝寢。下同）	《漢書》73/3115
	何比干	汝南汝陰	比干遷丹陽都尉。因徙居平陵。　何氏家傳:「本始元年,自汝陰徙平陵,代爲名族。」	《後漢書》43/1480
	張安世	茂陵	武帝時徙茂陵，隨陵遷至平陵。	《漢書》59/2657
宣帝	賈光	洛陽	爲常山太守，宣帝時以吏二千石徙平陵。	《後漢書》36/1234
	竇融高祖父	常山	高祖父宣帝時以吏二千石徙平陵。玄孫竇武猶居平陵。	《後漢書》23/795、69/2239
	何並祖父	汝南平輿	以吏二千石徙平陵。	《漢書》77/3266

宣　帝	魏　相	濟陰定陶	徙平陵。	《漢書》74/3133
	夏侯勝	東平國	九十卒官，賜冢塋，葬平陵。（以上以吏二千石徙）	《漢書》75/3159
	鄭崇祖父	高　密	以訾徙平陵。	《漢書》77/3254
	平當祖父	梁國下邑	以訾百萬徙平陵。	《漢書》71/3048
	朱　雲	魯	少時通輕俠，借客報仇。徙平陵。	《漢書》67/2912
	張安世	平　陵	安世隨陵再遷杜陵。	《漢書》59/2657
	韋玄成	平　陵	父賢，徙平陵。宣帝時，玄成別徙杜陵。	《漢書》73/3115
	馮奉世	上黨潞	徙杜陵。後代子孫衍，猶居杜陵。	《漢書》79/3293 陶輯《東觀紀》上/36
	杜延年	茂　陵	父周，武帝時徙茂陵，至延年徙杜陵。後代子孫篤，猶居杜陵。	《漢書》60/2683 《後漢書》80上/2595
	尹翁歸	河東平陽	徙杜陵。	《漢書》76/3206
	韓延壽	燕	徙杜陵。	《漢書》76/3210
	張　敞	茂　陵	祖父孺徙茂陵，敞隨陵徙杜陵。	《漢書》76/3216
	蕭望之	東海蘭陵	徙杜陵。	《漢書》78/3271
	趙充國	隴西上邽	為後將軍，徙杜陵。（以上以吏二千石徙）	《漢書》69/2995
	王　商	涿　郡	徙杜陵。	《漢書》82/3367、97上/3962
	史　商	魯	徙杜陵。（以上以列侯徙）	《漢書》82/3375、97上/3961
	廉范先人	中山國苦陘	以廉氏豪宗，徙杜陵。	《後漢書》31/1101
成　帝	辛慶忌	隴西狄道	為將軍，徙昌陵，昌陵罷，留長安。	《漢書》69/2998
	班　況	鴈門樓煩	貲累千金，徙昌陵。昌陵罷，大臣名家皆占數于長安。	《漢書》100上/4198

附表二：〈兩漢諸侯王罪遷表〉

時　間	諸侯王	罪　名	遷徙地及其它	資料來源
文　帝 六　年	淮南王 長	謀反（有司請誅）	遷蜀，死於途中（《漢書》紀作遷，表作徙。）	《史記・漢興以來諸侯王年表》17/831， 《漢書・文帝紀》4/121，〈諸侯王表〉14/403。
武　帝 建元三年	濟川王 明	坐射殺中尉（有司請誅）	遷房陵（《史記》表、世家作遷，《漢書》紀、表作遷，傳作徙）	《史記・諸侯王年表》17/853、854，〈梁孝王世家〉58/2088， 《漢書・武帝紀》6/158，〈表〉14/407，〈文三王傳〉47/2213
元鼎元年	濟東王 彭離	剽攻殺人（有司請誅）	遷上庸（《史記》世家、表作遷，《漢書》紀、傳作徙，表作遷）	《史記・表》17/866，〈梁孝王世家〉58/2089， 《漢書・武帝紀》6/182，〈表〉14/408，〈文三王傳〉47/2213。
元鼎三年	常山王 勃	坐父憲王舜喪服姦（有司請誅）	遷房陵（《史記》紀、世家作遷，《漢書》紀、表、傳作徙）	《史記・孝武本紀》12/458，〈五宗世家〉59/2103， 《漢書・武帝紀》6/183，〈表〉14/417，〈景十三王傳〉53/2435
宣　帝 本始四年	廣川王 去	坐亨姬不道（有司請誅）	遷上庸，自殺（《漢書》紀作遷，表、傳作徙）	《漢書・宣帝紀》8/246，〈表〉14/415，〈景十三王傳〉53/2432
地節四年	清河王 年	淫亂	遷房陵（紀、表作遷，傳作徙）	《漢書・宣帝紀》8/253，〈表〉14/409，〈文三王傳〉47/2212
甘露四年	廣川王 海陽	殺人	遷房陵（紀作遷，表，傳作徙）	《漢書・宣帝紀》8/272，〈表〉14/416，〈景十三王傳〉53/2433
元　帝 建昭元年	河間王 元	殺人	遷房陵（紀、傳作遷，表作徙）	《漢書・元帝紀》9/294，〈表〉14/409，〈景十三王傳〉53/2412
平　帝 元始三年	梁王 立	坐與平帝外家中山衛氏交通	徙漢中（傳、表作徙）	《漢書・平帝紀》12/357，〈表〉14/407，〈文三王傳〉47/2219
明　帝 永平十三年	楚王 英	謀反（有司請誅）	遷丹陽涇縣（紀作遷，傳作徙）	《後漢書・明帝紀》2/117，〈光武十三王傳〉42/1429

附表三：〈東漢減死罪一等戍邊表〉

時　間	詔　令　內　容	資　料　來　源
明　帝 永平八年十月	詔三公募郡國中都官死罪繫囚，減罪一等，勿笞，詣度遼將軍營，屯朔方、五原之邊縣；妻子自隨，便占著邊縣；父母同產欲相代者，恣聽之。	《後漢書·明帝紀》2/111
永平九年三月	詔郡國死罪囚減罪，與妻子詣五原、朔方占著，所在死者皆賜妻父若男同產一人復終身，其妻無父兄獨有母者，賜其母錢六萬，又復其口算。	〈明帝紀〉2/112
永平十六年九月	詔令郡國中都官死罪繫囚減死罪一等，勿笞，詣軍營屯朔方、敦煌，妻子自隨，父母同產欲求從者，恣聽之，女子嫁爲人妻，勿與俱。	〈明帝紀〉2/121
章　帝 建初七年九月	詔天下繫囚減死一等，勿笞，詣邊戍；妻子自隨，占著所在；父母同產欲相從者，恣聽之；有不到者，皆以乏軍興論。	〈章帝紀〉3/143
元和元年八月	郡國中都官繫囚減死一等，勿笞，詣邊縣，妻子自隨，占著在所。	〈章帝紀〉3/147
章和元年四月	令郡國中都官繫囚減死一等，詣金城戍。	〈章帝紀〉3/156
章和元年七月	死罪囚犯法在丙子赦前而後捕繫者，皆減死，勿笞，詣金城戍。	〈章帝紀〉3/157
章和元年九月	詔郡國中都官繫囚減死罪一等，詣金城戍。	〈章帝紀〉3/158
和　帝 永元八年八月	詔郡國中都官繫囚減死一等，詣敦煌戍。	〈和帝紀〉4/182
安　帝 元初二年十月	詔郡國中都官繫囚減死一等，勿笞，詣馮翊、扶風屯，妻子自隨，占著所在，女子勿輸。	〈安帝紀〉5/224
延光三年九月	詔郡國中都官死辠繫囚減罪一等，詣敦煌、隴西及度遼營。	〈安帝紀〉5/240
順　帝 永建元年十月	詔減死罪以下徙邊。	〈順帝紀〉6/253
永建五年十月	詔郡國中都官死罪繫囚減罪一等，詣北地、上郡、安定戍。	〈順帝紀〉6/257
建康元年十一月	令郡國中都官繫囚減死一等，徙邊，謀反大逆，不用此令。	〈順帝紀〉6/276

桓　帝 建和元年十一月	減天下死罪一等，戍邊。	〈桓帝紀〉7/291
和平元年十一月	減天下死罪一等，徙邊戍。	〈桓帝紀〉7/296
永興元年十一月	詔減天下死罪一等，徙邊戍。	〈桓帝紀〉7/298
永興二年閏月	減天下死罪一等，徙邊戍。	〈桓帝紀〉7/300

參考書目

（一）古　籍

1. 《史記》，鼎文書局新校標點本，台北，民國 70 年 8 月，4 版。
2. 《漢書》，鼎文書局新校標點本，台北，民國 70 年 2 月，4 版。
3. 《後漢書》，鼎文書局新校標點本，台北，民國 70 年 4 月，4 版。
4. 《三國志》，鼎文書局新校標點本，台北，民國 69 年 9 月，4 版。
5. 《魏書》，鼎文書局新校標點本，台北，民國 68 年 2 月，2 版。
6. 《新唐書》，鼎文書局新校標點本，台北，民國 74 年 2 月，2 版。
7. 《漢書補註》，藝文印書館，台北。
8. 劉安撰、劉文典集解，《淮南鴻烈集解》（台灣商務印書館，台北，民國 58 年 8 月，台 1 版）。
9. 桓寬撰、王利器注，《鹽鐵論校注》（世界書局，台北，民國 68 年 6 月，3 版）。
10. 王充撰、劉盼遂集解，《論衡集解》（世界書局，台北，民國 47 年 5 月，初版）。
11. 王符撰、汪繼培箋，《潛夫論箋》（漢京文化事業有限公司，台北，民國 73 年 5 月，初版）。
12. 衛宏撰，《漢舊儀補遺》，收入《漢官六種》（台灣中華書局，台北，民國 62 年 11 月，3 版）。
13. 常璩撰，《華陽國志》（世界書局，台北，民國 68 年 12 月，3 版）。
14. 鄭樵撰，《通志》（楊家駱主編，史學叢書第一集第二冊，世界書局，台北，民國 45 年）。
15. 李昉編，《太平御覽》（台灣商務印書館，台北，民國 64 年 4 月，台 3 版）。
16. 陳彭年等著，《廣韻》（世界書局，台北，民國 49 年 11 月，初版）。
17. 嚴可均編，《全上古三代秦漢三國六朝文》（世界書局，台北，民國 52 年 5 月，2 版）。

(二)專 書

1. 王仲犖,《魏晉南北朝史》(仲信出版,?)。
2. 史念海,《中國史地論稿》(弘文館出版社,台北,民國75年1月,初版)。
3. 呂思勉,《秦漢史》(台灣開明書局,台北,民國64年4月,台4版)。
4. 李劍農,《先秦兩漢經濟史稿》(華世出版社,台北,民國70年12月,初版)。
5. 余英時,《中國知識階層史論》(聯經出版公司,台北,民國69年8月,初版)。
6. 沈家本,《歷代刑法分考》(台灣商務印書館,台北,民國65年10月,台1版)。
7. 馬持盈,《中國經濟史》(台灣商務印書館,台北,民國70年7月,1版)。
8. 唐長孺,《三至六世紀江南大土地所有制的發展》(帛書出版,?)。
9. 陳直,《兩漢經濟史料論叢》(人民出版社,陝西,1958年,初版)。
10. 高敏,《秦漢史論集》(中州書畫社,河南,1982年,1版)。
11. 許倬雲,《求古編》(聯經出版公司,台北,民國73年3月,再版)。
12. 許倬雲等著,《中國歷史論文集》(台灣商務印書館,台北,民國75年1月,初版)。
13. 許倬雲、毛漢光、劉翠溶主編,《第二屆中國社會經濟史研討會論文集》(漢學研究資料及服務中心,台北,1983年,初版)。
14. 歷史研究編輯部編,《中國歷代土地制度問題討論集》(三聯書局,北京,1957年9月,1版)。
15. 勞榦,《居延漢簡考釋之部》(史語所專刊之四十,台北,民國49年4月,初版)。
16. 勞榦,《勞榦學術論文集甲編》(藝文印書館,台北,民國65年10月,初版)。
17. 程樹德,《九朝律考》(台灣商務印書館,台北,民國54年3月,台1版)。
18. 黃耀能,《中國古代農業水利史研究》(六國出版社,台北,民國67年3月,初版)。
19. 張春樹,《漢代邊疆史論集》(食貨出版社,台北,民國64年4月,初版)。
20. 賀昌群,《論兩漢土地佔有形態的發展》(人民出版社,上海,1956年,初版)。
21. 華世出版社編,《中國社會經濟史參考文獻》(華世出版社,台北,民國73年10月,初版)。
22. 趙岡、陳鍾毅,《中國土地制度史》(聯經出版公司,台北,民國71年4

月，初版）。

23. 編輯部編，《中國社會經濟史論叢》第一輯（人民出版社，山西，1981 年，1 版）。
24. 睡虎地秦墓竹簡整理小組，《睡虎地秦墓竹簡》（文物出版社，1978 年）。
25. 韓復智，《漢史論集》（文史哲出版社，台北，民國 69 年 10 月，初版）。
26. 蕭璠，《春秋至兩漢時期中國向南方的發展》（國立台灣大學文史叢刊，台北，民國 62 年 12 月，初版）。
27. Cho-Yun Hsu, Han Agriculture（University of Washington Press , 1980）。
28. 大庭脩，《秦漢法制史の研究》（創文社，東京，昭和五十七年）。

（三）論　文

1. 王毓銓，〈民數與漢代封建政權〉，收入《中國社會經濟史參考文獻》（華世出版社，台北，民國 73 年 10 月，初版）。
2. 王栻，〈漢代的官俸〉（《思想與時代》，25 期，民國 32 年 8 月）。
3. 毛漢光，〈三國政權的社會基礎〉（《史語所集刊》四十六本一分，民國 63 年 12 月）。
4. 史念海，〈秦漢時代的農業地區〉，收入《中國史地論稿》（弘文館出版社，台北，民國 75 年 1 月，初版）。
5. 余英時，〈東漢政權之建立與世族大姓之關係〉，收入《中國知識階層史論》（聯經出版公司，台北，民國 69 年 8 月，初版）。
6. 杜正勝，〈傳統家族試論（上）〉（《大陸雜誌》六十五卷 2 期，民國 70 年 8 月）。
7. 邢義田，〈試釋漢代的關東、關西與山東、山西〉（《食貨月刊》十三卷 1、2 期，民國 72 年 5 月）。
8. 邢義田，〈「試釋漢代的關東、關西與山東、山西」補遺〉（《食貨月刊》十三卷 3、4 期，民國 72 年 7 月）。
9. 邢義田，〈東漢孝廉的身份背景〉，收入《第二屆中國社會經濟史研討會論文集》（漢學研究資料及服務中心，台北，1983 年，初版）。
10. 何茲全，〈三國時期農村經濟的破壞與復興〉（《食貨半月刊》一卷 5 期，民國 24 年 2 月）。
11. 武仙卿，〈魏晉時期社會經濟的轉變〉（《食貨半月刊》一卷 2 期，民國 23 年 12 月）。
12. 柳翼謀，〈漢人生計之研究〉（《史地學報》一卷 2 期，民國 11 年 1 月）。
13. 馬非白，〈秦漢經濟史資料（三）——農業〉（《食貨半月刊》三卷 1 期，民國 24 年 12 月）。

14. 陳嘯江，〈兩漢底通貨單位和物價〉（《中山大學文史研究所月刊》二卷 2 期，民國 22 年 11 月）。
15. 陳嘯江，〈三國時代的人口移動〉（《食貨半月刊》一卷 3 期，民國 24 年 1 月）。
16. 陳直，〈從秦漢史料中看屯田制度〉，收入《中國歷代土地制度問題討論集》（三聯書局，北京，1957 年 9 月，1 版）。
17. 高敏，〈試論漢代抑商政策的實質〉，收入《秦漢史論集》（中州書畫社，河南，1982 年 8 月，1 版）。
18. 高敏，〈秦漢賦稅制度考釋〉，收入《秦漢史論集》。
19. 許倬雲，〈西漢政權與社會勢力的交互作用〉，收入《求古編》（聯經出版公司，台北，民國 73 年 3 月，再版）。
20. 許倬雲，〈漢代家庭的大小〉，收入《求古編》。
21. 許倬雲，〈三國吳地的地方勢力〉，收入《求古編》。
22. 許倬雲，〈漢代中國體系的網絡〉，收入《中國歷史論文集》（臺灣商務印書館，台北，民國 75 年 1 月，初版）。
23. 曾謇，〈三國時代的社會〉（《食貨半月刊》五卷 10 期，民國 26 年 5 月）。
24. 勞榦，〈漢代的豪彊及其政治上的關係〉（《清華學報：慶祝李濟先生七十歲論文集（上）》，民國 54 年 9 月）。
25. 勞榦，〈漢代兵制及漢簡中的兵制〉（《史語所集刊》十本，民國 37 年 4 月）。
26. 勞榦，〈兩漢户籍與地理之關係〉，收入《勞榦學術論文集甲編》（藝文印書館，台北，民國 65 年 10 月，初版）。
27. 勞榦，〈關於漢代官俸的幾個推測〉，收入《論文集甲編》。
28. 勞榦，〈漢簡中的河西經濟生活〉，收入《論文集甲編》。
29. 楊聯陞，〈漢代丁中、廩給、米粟、大小石之制〉（《食貨月刊》十一卷 8 期，民國 70 年 11 月）。
30. 裘錫圭，〈湖北江陵鳳凰山十號漢墓出土簡牘考釋〉（《文物》，1974 年 7 期）。
31. 管東貴，〈漢代的屯田與開邊〉（《史語所集刊》四十五本一分，民國 62 年 10 月）。
32. 管東貴，〈漢代屯田的組織與功能〉（《史語所集刊》四十八本四分，民國 66 年 12 月）。
33. 管東貴，〈戰國至漢初的人口變遷〉（《史語所集刊》五十本四分，民國 68 年 12 月）。
34. 蔣福亞，〈由户口變動看蜀漢時期巴蜀地區的地主經濟〉，收入《中國社會經濟史論叢》第一輯（人民出版社，山西，1981 年 7 月，1 版）。

35. 韓復智，〈西漢物價的變動與經濟政策之關係〉，收入《漢史論集》（文史哲出版社，台北，民國 69 年 10 月，初版）。

36. 羅鎮岳，〈也談漢代田租征課中的若干問題〉（《中國史研究》，1982 年 3 期）。

37. 嚴耕望，〈漢代地方行政制度〉（《史語所集刊》二十五本，民國 43 年 6 月）。